流动人口网络社区的文化认同

Cultural Identity of Migrant Workers Online Community

董敬畏 著

社会科学文献出版社
SOCIAL SCIENCES ACADEMIC PRESS (CHINA)

图书在版编目(CIP)数据

流动人口网络社区的文化认同／董敬畏著 . -- 北京：
社会科学文献出版社，2021.10

（中国社会科学博士后文库）

ISBN 978 - 7 - 5201 - 8953 - 8

Ⅰ.①流⋯　Ⅱ.①董⋯　Ⅲ.①民工 - 研究 - 中国
Ⅳ.①F323.6

中国版本图书馆 CIP 数据核字（2021）第 180303 号

·中国社会科学博士后文库·

流动人口网络社区的文化认同

著　　者／董敬畏

出 版 人／王利民
组稿编辑／谢蕊芬
责任编辑／张小菲
责任印制／王京美

出　　版／社会科学文献出版社·群学出版分社　（010）59366453
　　　　　　地址：北京市北三环中路甲 29 号院华龙大厦　邮编：100029
　　　　　　网址：www.ssap.com.cn
发　　行／市场营销中心（010）59367081　59367083
印　　装／三河市龙林印务有限公司

规　　格／开　本：787mm × 1092mm　1/16
　　　　　　印　张：16.75　字　数：280 千字
版　　次／2021 年 10 月第 1 版　2021 年 10 月第 1 次印刷
书　　号／ISBN 978 - 7 - 5201 - 8953 - 8
定　　价／99.00 元

本书如有印装质量问题，请与读者服务中心（010 - 59367028）联系

第九批《中国社会科学博士后文库》
编委会及编辑部成员名单

序　言

　　博士后制度在我国落地生根已逾 30 年，已经成为国家人才体系建设中的重要一环。30 多年来，博士后制度对推动我国人事人才体制机制改革、促进科技创新和经济社会发展发挥了重要的作用，也培养了一批国家急需的高层次创新型人才。

　　自 1986 年 1 月开始招收第一名博士后研究人员起，截至目前，国家已累计招收 14 万余名博士后研究人员，已经出站的博士后大多成为各领域的科研骨干和学术带头人。其中，已有 50 余位博士后当选两院院士；众多博士后入选各类人才计划，其中，国家百千万人才工程年入选率达 34.36%，国家杰出青年科学基金入选率平均达 21.04%，教育部"长江学者"入选率平均达 10% 左右。

　　2015 年底，国务院办公厅出台《关于改革完善博士后制度的意见》，要求各地各部门各设站单位按照党中央、国务院决策部署，牢固树立并切实贯彻创新、协调、绿色、开放、共享的发展理念，深入实施创新驱动发展战略和人才优先发展战略，完善体制机制，健全服务体系，推动博士后事业科学发展。这为我国博士后事业的进一步发展指明了方向，也为哲学社会科学领域博士后工作提出了新的研究方向。

　　习近平总书记在 2016 年 5 月 17 日全国哲学社会科学工作座谈会上发表重要讲话指出：一个国家的发展水平，既取决于自然科学发展水平，也取决于哲学社会科学发展水平。一个没有发达的自然科学的国家不可能走在世界前列，一个没有繁荣的哲学社会科学的国家也不可能走在世界前列。坚持和发展中国特色社会主义，需要不断在实践和理论上进行探索、用发展着的理论指导发展着的实践。在这个过程中，哲学社会科学具有不可替代的重要地位，哲学社会科学工作者具有不可替代的重要作用。这是党和国家领导人对包括哲学社会科学博士后在内的所有哲学社会科学领域的研究者、工作者提出的殷切希望！

中国社会科学院是中央直属的国家哲学社会科学研究机构，在哲学社会科学博士后工作领域处于领军地位。为充分调动哲学社会科学博士后研究人员科研创新积极性，展示哲学社会科学领域博士后优秀成果，提高我国哲学社会科学发展整体水平，中国社会科学院和全国博士后管理委员会于 2012 年联合推出了《中国社会科学博士后文库》（以下简称《文库》），每年在全国范围内择优出版博士后成果。经过多年的发展，《文库》已经成为集中、系统、全面反映我国哲学社会科学博士后优秀成果的高端学术平台，学术影响力和社会影响力逐年提高。

下一步，做好哲学社会科学博士后工作，做好《文库》工作，要认真学习领会习近平总书记系列重要讲话精神，自觉肩负起新的时代使命，锐意创新、发奋进取。为此，需做到：

第一，始终坚持马克思主义的指导地位。哲学社会科学研究离不开正确的世界观、方法论的指导。习近平总书记深刻指出：坚持以马克思主义为指导，是当代中国哲学社会科学区别于其他哲学社会科学的根本标志，必须旗帜鲜明加以坚持。马克思主义揭示了事物的本质、内在联系及发展规律，是"伟大的认识工具"，是人们观察世界、分析问题的有力思想武器。马克思主义尽管诞生在一个半多世纪之前，但在当今时代，马克思主义与新的时代实践结合起来，愈来愈显示出更加强大的生命力。哲学社会科学博士后研究人员应该更加自觉坚持马克思主义在科研工作中的指导地位，继续推进马克思主义中国化、时代化、大众化，继续发展21世纪马克思主义、当代中国马克思主义。要继续把《文库》建设成为马克思主义中国化最新理论成果的宣传、展示、交流的平台，为中国特色社会主义建设提供强有力的理论支撑。

第二，逐步树立智库意识和品牌意识。哲学社会科学肩负着回答时代命题、规划未来道路的使命。当前中央对哲学社会科学愈发重视，尤其是提出要发挥哲学社会科学在治国理政、提高改革决策水平、推进国家治理体系和治理能力现代化中的作用。从2015年开始，中央已启动了国家高端智库的建设，这对哲学社会科学博士后工作提出了更高的针对性要求，也为哲学社会科学博士后研究提供了更为广阔的应用空间。《文库》依托中国社会科学院，面向全国哲学社会科学领域博士后科研流动站、工作站的博士后征集优秀成果，入选出版的著作也代表了哲学社会科学博士后最高的学术研究水平。因此，要善于把中国社会科学院服务党和国家决策的大智库功能与《文库》的小智库功能结合起来，进而以智库意识推动品牌意识建设，最终树立《文库》的智库意识和品牌意识。

第三，积极推动中国特色哲学社会科学学术体系和话语体系建设。改革开放30多年来，我国在经济建设、政治建设、文化建设、社会建设、生态文明建设和党的建设各个领域都取得了举世瞩目的成就，比历史上任何时期都更接近中华民族伟大复兴的目标。但正如习近平总书记所指出的那样：在解读中国实践、构建中国理论上，我们应该最有发言权，但实际上我国哲学社会科学在国际上的声音还比较小，还处于有理说不出、说了传不开的境地。这里问题的实质，就是中国特色、中国特质的哲学社会科学学术体系和话语体系的缺失和建设问题。具有中国特色、中国特质的学术体系和话语体系必然是由具有中国特色、中国特质的概念、范畴和学科等组成。这一切不是凭空想象得来的，而是在中国化的马克思主义指导下，在参考我们民族特质、历史智慧的基础上再创造出来的。在这一过程中，积极吸纳儒、释、道、墨、名、法、农、杂、兵等各家学说的精髓，无疑是保持中国特色、中国特质的重要保证。换言之，不能站在历史、文化虚无主义立场搞研究。要通过《文库》积极引导哲学社会科学博士后研究人员：一方面，要积极吸收古今中外各种学术资源，坚持古为今用、洋为中用；另一方面，要以中国自己的实践为研究定位，围绕中国自己的问题，坚持问题导向，努力探索具备中国特色、中国特质的概念、范畴与理论体系，在体现继承性和民族性，体现原创性和时代性，体现系统性和专业性方面，不断加强和深化中国特色学术体系和话语体系建设。

新形势下，我国哲学社会科学地位更加重要、任务更加繁重。衷心希望广大哲学社会科学博士后工作者和博士后们，以《文库》系列著作的出版为契机，以习近平总书记在全国哲学社会科学座谈会上的讲话为根本遵循，将自身的研究工作与时代的需求结合起来，将自身的研究工作与国家和人民的召唤结合起来，以深厚的学识修养赢得尊重，以高尚的人格魅力引领风气，在为祖国、为人民立德立功立言中，在实现中华民族伟大复兴中国梦征程中，成就自我、实现价值。

是为序。

王京清

中国社会科学院副院长

中国社会科学院博士后管理委员会主任

2016 年 12 月 1 日

摘　要

　　随着中国社会从农业社会向工业社会乃至向信息社会转型，互联网在中国城乡社会开始普及，网络与数字技术等对中国社会发展的影响越来越明显，信息技术带来的时空压缩让中国民众感受到了"咫尺天涯"。作为信息社会的一种新形态——网络社区也开始出现，并因其虚拟性、与现实互构性而形成自身特点。这种虚拟和现实互构的效应也影响到网络社区中的参与主体。城市化进程中的流动人口在网络社区中也受到了影响。"双重二元结构"和"双重脱嵌"背景下的流动人口，通过网络社区，尤其是微博、QQ和微信的线上和线下的交流、沟通和互动，其文化认同呈现什么样态？网络社区的互动对流动人口群体的结群产生什么影响？是促进流动人口群体的组织化还是消解了流动人口群体的组织化？这些既是研究的问题意识，也是新型城镇化背景下需要深入研究的理论与现实问题。

　　笔者使用深度访谈、田野观察、案例分析、比较研究等方法，兼取一定数量的问卷调查分析对流动人口群体网络社区的文化认同进行了研究。经过初步研究，笔者认为流动人口的个体化与网络社区的分散化、碎片化特征契合，这种契合在一定程度上消解了流动人口的群体认同与集体意识的形成。网络社区在现阶段的流动人口群体中仅发挥了信息交流和沟通的平台功能，作为群体意识和群体认同发生器的功能还未形成，尽管我们预期它有可能承担这种功能。流动人口网络社区的行为与现实生活中的行为是相分离的，网络社区对于流动人口而言，是从另一个侧面强化了其个体化倾向，笔者称其为"网络社区认同的个体化"。流动人口群体在网络社区的互动与沟通不是促进了流动人口群体的组织化，而是在某种程度上消解了流动人口群体的组织化。

流动人口网络社区中的个体化认同既是网络自身特征和逻辑的结果，又是工业乃至信息文明与农耕文明遭遇的产物。流动人口网络认同个体化的背后，既呈现中国社会原有结群方式的逐步改变，也进一步提出现代化进程中乃至现代化之后中国社会的结群方式问题。在原有结群方式逐步改变的过程中，流动人口群体与网络的遭遇，他们在网络社区的沟通与互动，典型地表现出转型的特征。也即这一群体既有利用现代技术实现结群的一面，也有利用原有的血缘、地缘和业缘结群的一面。这是农民工网络社区认同个体化影响的一方面。农民工网络社区认同个体化其他方面的影响表现在对中国的社会结构、城乡关系、农民工个体各种社会权利的实现、群体分化和阶级形成、城市融入等方面。未来，随着信息社会在中国社会的深入推进及网络社区形态的不断变化，农民工群体的群体认同和群体意识的形成到底通过何种方式、这一群体在实体社会与虚拟社会中的交互关系及其影响依然处于需要继续观察和不断深入探究的阶段。

关键词： 农民工　网络社区　认同　个体化

Abstract

With the transformation of Chinese society from an agricultural society to an industrial society and even to an information society, the Internet has begun to spread in China's urban and rural society. The influence of the Internet and digital technologies on the development of Chinese society has become more and more Significant. The compression of time and space brought by information technology has made the Chinese people Feeling "The End of the World is next to each other". As a new form of the information society, the network community has also begun to emerge, and has its own characteristics due to its virtuality and interactivity. This effect of mutual construction between virtual and reality also affects the participants in the online community. The migrant workers in the process of urbanization has also been affected in the online community. The migrant workers under the background of "double dilemma" and "double de – embedding", through the online and offline communication, communication and interaction of online communities, especially Microblog, QQ, and WeChat, what kind of state does their cultural identity present ? What impact does the interaction of online communities have on the formation of migrant workers groups? Is it to promote the organization of the migrant workers group or to eliminate the organization of the migrant workers group? These are not only the problem consciousness to be studied, but also the theoretical and practical problems that need to be studied in depth in the context of the new urbanization.

The author makes use of in – depth interviews, field observations, case analysis, comparative research, and a certain number of questionnaire surveys to analyze the cultural identity of the migrant workers group online community. After preliminary examination, the author put forward that the individualization of the migrant workers fits with the decentralized and fragmented characteristics of the network community, and this fit to some extent eliminates the formation of the migrant workers' group identity and collective consciousness. The online community has only played the platform function of information exchange and communication among the migrant workers groups at current stage. The function as a generator of group consciousness and group identity has not yet been formed, although we expect it may take on this function. The behavior of the migrant workers in network community is separated from the behavior in real life. For the migrant workers, the network community strengthens its individualization tendency from another aspect. The author calls it "the individualization of the network community identity." The interaction and communication of the migrant workers groups in the online community does not promote the organization of the migrant workers groups, but to some extent eliminates the organization of the migrant workers groups.

The individualized identity in the migrant workers network community is not only the result of the network's own characteristics and logic, but also the product of the encounter between industry and even information civilization and farming civilization. Behind the individualization of the identity of the migrant workers network, it not only presents the gradual change of the original grouping method of Chinese society, but also further raises the question of the grouping method of Chinese society in the process of modernization and even after modernization. In the process of gradual changes in the original way of grouping, the encounters between the migrant workers groups and the Internet, and their communication and interaction in the online community, typically show the characteristics of transformation. That is to say, this group not only uses modern technology to achievegrouping together, but also uses the original blood, geographic and karmic relationships to grouping together. This is one aspect of the influence of individualized recognition by the migrant worker network community. The influence of other aspects of migrant worker network community identity individuation is manifested in the social structure of China, the relationship between urban and rural areas, the realization of migrant workers' individual economy, social and even political rights, group differentiation and class formation, and urban integration. In the future, with the information society going further in Chinese society and the continuous changes in the form of online communities, how will the group identity and group consciousness of the migrant worker group be formed, and the interactive relationship between this group in the physical society and the virtual society And its impact is still in a stage that requires continued observation and continuous exploration.

Keywords: Migrant Workers   Network Community   Identity
Individual

农民工与农民工的网络参与
（代序）

张　翼

　　董敬畏曾师从我做博士后研究。

　　博士后期间，感觉他是一个勤奋的人——能够深入实际调查以推进写作进度；他也是一个热衷学术的人——渴望把握时代脉搏，提出独到见解；他还是一个把个人旨趣与社会关怀紧密结合的人——以学术为志业，浸润草根并期望改变弱势群体的生活面貌。他有一颗热衷学术研究的拳拳之心，因此，稍经努力就能生出创新理念以增加知识的丰富性。

　　博士后期间，他申请了国家社科基金——"流动人口网络社区的文化认同"的资助，并依此完成了出站报告。他关注的焦点是：在科技创新及其应用改变整个社会的生活方式、社会组织方式和消费方式过程中，农民工这个特殊群体会发生什么变化。将这个题目具化为我们现在讨论的话题，即农民工的网络社区参与及文化认同。可以说，当前社会的最大变化，就是互联网、人工智能和大数据的民用化所推动的全域变化，即现实社会的网络化。现在，他的出站报告要出版了，请我写一篇序。思考良久，勉力为之，写下下面的话。

　　应该说，这是一个非常复杂的题目。将农民工与网络结合起来研究本身就是一种创新尝试。

　　因为当前的农民工已经不是原来的农民工了。当前的网络，也已通过各种改进而大踏步进入寻常百姓家。农民工的转型与互联网的转型以及软件的转型共同促进了商业化与日常化。智能手机的使用推进了公民的网民化：不仅形成了新消费，而且形成了新圈层。毕竟，农民的农民工化、农民工的产业工人化、社会结构的中产化、现实社会的网络化等构成中国当前现代化的宏大叙事主题。不理解这一点，就很难认识改革开放以来中国社会发生的根本变化。

"农民工"一词，为中国社会科学院社会学研究所张雨林老师首创。我在任社会学研究所副所长兼工会主席时，与陆学艺老师一起参加了张雨林研究员的遗体告别仪式，并以社会学研究所的名义撰写了追念通稿——突出强调了他的这个重大贡献。在社会学重建初期，社会学研究所的研究主要集中在理论社会学、城市社会学、家庭社会学、农村社会学和工业社会学等问题上。张雨林研究员在1983年理论化地阐明了"农民工"的概念，并将这个概念推广至政府部门和学界的文本体系，使之成为中国社会学本土化的标识性概念，由此发展出"农民工研究"的有关理论体系。但这个概念在不同时代指称不同的人群。

首先，不同时代农民工的主体结构不同。用大家都熟知的话语表示，即老一代农民工和新生代农民工不同。"代"本是人口学的同期群概念，从社会创造人的角度或从一个生物人必经社会化才能成为"社会人"的角度理解，不同"代"的人的成长环境决定了其基本特征——受教育程度不同、劳作方式不同、收入结构不同，因而其消费方式和交往方式也会不同。因此，敬畏在其研究中将农民工分成三代。但如果将农民工的历史再向前推，则20世纪70年代初就有农民工进城，他们应该是第一代农民工，他们在"社办企业"的旗帜引导下进城，他们在票据管理时代自带口粮进城，他们在人民公社、生产大队和生产队的三级组织下以"搞副业"的方式进城，他们在计划经济缝隙中寻找改变贫苦村貌的机会，并解决乡村急需的现金问题。改革开放之后很长一段时间，那些以此种方式进城的农民工，也在"拾遗补缺"和"有计划的商品经济"规制下被赋予此种属性。但从代际而言，第二代农民工流动的"正式组织性"减弱了，不再以人民公社和生产大队的名义集体成行，而主要借助熟人关系、亲缘结构等流动——市场与"强关系"是最大的支撑力量。他们进城之后务工经商的职业选择也多元化了。城市虽然将他们视为"打工人"，但市场化之下的合同制代替了组织联系的承包制。可在"盲流"话语背景的影响下，这一代农民工经常被"劝阻回家"，他们没有现在我们所说的社会保险的制度性保障，有些人还曾被当作无业游民而被请进收容所。他们的流动经常会被多种形式的暂住证标识化、类型化，有人持有 A 类暂住证，有人持有 B 类暂住证，有人持有 C 类暂住证。办暂住证还要收费——仅此一项，可以给少数相关部门创造不菲收入。但伴随着城市人口的老化以及城市市场规模的扩大，在企业对劳动力的需求与城市管理的滞后性矛盾中，农民工转变为"第三代"，即改革开放之后出生的农民工，他们的一部分属于所谓的"80 后"。这些人的教育资本提升了，劳动过程的技能复杂化了，在城市的居留时间延长了，其对城市生活与工作的权利意识也觉醒了。进入新世纪之后，中国迎来了第四代农民工，他们是经九年义务教育而毕业的农民工，其中很大一部分还是在技校培养过的技能型农民工，更是人口大战中城市竞争到的、处于收入提升通道的农民工，还是被作为"大国工匠"之来源的农民工。

其次，不同代际农民工进城打工的目的不同。原来的农民工，如第一代、第二代进城的主要目的是在城市挣钱，到农村消费。农民工更像"农闲出来务工的农民工"，也更像在农村建构其人生价值的农民工。但从第三代农民工开始，其价值观念开始转型，他们中越年轻的人就越不愿回农村。最初他们还在农忙季节不得不返乡耕种，后来即在比较收益影响下逐渐"常住"，形成城市里的"新市民"或都市里的村庄——尽管没有户口，却在渐进养成城市的生活方式。到第四代农民工，或者 1990 年之后出生的农民工和 2000 年之后出生的农民工，则完全将自己的生命价值建筑在城镇化这个"国之大者"的背景之上。现在，虽然我们把户口在农村但进城务工经商的人都叫作农民工，可这些人越来越不像"两栖"人，他们不再经常往返于城市与乡村之间，他们中的绝大多数常年在城市，或者跨越户籍县、户籍市、户籍省而长距离流动到其他城市——国家统计局把他们分类为"本地农民工"和"外出农民工"。第四代农民工的主要追求是"脱离农门"——离土。即使"不离乡"也要离土，即使回乡也要离土。农业机械化、土地确权与土地流转、城市人口老化出现的民工荒与招工难等，提升了农民工的讨价还价能力，使农民工获得"用脚投票"的机会。农民工的技能化——人力资本的提升与中国制造技术升级的速度决定了农民工的产业工人化和城镇化特征。在市场的全球化影响下，中国农民工也成为国际供应链和生产链上不可分割的组成部分，由此也被打上跨国生产者的烙印。

再次，不同代际农民工的家庭化趋势不同。第一代和第二代农民工是男性进城打工，女性留守乡村，因此，农民工作为一个特殊群体，以男性、重体力劳动、就业于城里人不愿就业的行业和职业为主，或以脏、乱、差类与危险类职业就业为主。改革开放以后很长一个历史时期，农民工以年龄在18~35岁的小学和初中毕业生为主。这使农村留守人口呈现典型的"386160"特征，即女性留守、儿童留守、老人留守。但从第三代农民工开始，伴随着城市服务业的扩张，也伴随着对服务业劳动力需求的增加，女性进城打工的比例迅速增加。农民工从单身进城到夫妻进城，再到携带子女进城渐成趋势。到第四代农民工或者2010年后进城的农民工，则以流动的家庭化和就业的稳定化加固了其常住化趋势。很多调查表明，只有约20%的农民工会经常更换就业地，而剩余80%左右的农民工却倾向于在某个城市"常住"就业，其会更换工作，但不会经常更换城市。这使农民工成为城市尤其是大城市、特大城市和超大城市的主要劳动力人口。

最后，农民工在城市居住区位固定化了。在城市形成的初期，城市中心区的城中村性质，为其提供了廉价的居住支撑。但伴随着城市改造力度的加大，城市中心区的物业——不管是住房小区还是商业环境等，都在更新升级中提高了租金和房价，这使城市中心区伴随着"去城中村化"而呈现"去农民工化"趋势。也就是说，城市改造的过程就是城市物业的再分配过程，更是城市空间的阶层化和标签化过程。农民工作为收入较低的群体，逐渐从城市中心搬迁到城市环状边缘，形成巨大的农民工"围城"结构。农民工的熟人化与城市户籍居民的陌生人化同时存在。在农民工聚集区域，农民工这个已经城镇化和产业工人化的群体，这个已经不熟悉农村生活却熟悉城市生活的群体，逐渐在现实社会生成了群体认同意识。城市越大，农民工对城市的认同度就越低。城市基本公共服务分配的区隔化政策，在某种程度上巩固了农民工群体自我认同的制度结构，成为农民工群体意识生产与再生产的环境孵化器。被标签化为农民工的这个群体，在其人力资本提升的过程中，在其阅读能力、书写能力与分析能力提升的过程中，越来越作为被标签化的"他者"思考着其所赖以生存的城市。当前，大多数城市已经可以自由落户。城市户口的价值并不如农村户籍那样"值钱"。因此，以落户诱使农民工定居的政策正与政策设计的初衷渐行渐远。特大城市和超大城市的户口对农民工有吸引力，但这些城市还不愿放开限制。农民工的户口需求与城市部门给出的落户吸力出现了错位，所以，农民工经由落户而推进的市民化仍然是一个需要研究的问题。

因此，当前我们言说的农民工，只是一个继承下来的被"时代"定义的群体性指称。社会的现代化、农民工自身代际结构的变化、城市人口提前老化对农村户籍劳动力人口的依赖等，越来越强烈地改变着农民工的面貌。

另外，中国人口的转型过程，也会率先释放出劳动力人口转型的信号，继之则推动流动人口数量自峰值掉头向下。体现在劳动力人口数据上就是：在2012年前后，15～60岁的劳动力人口达到峰值，此后每年平均净减少300多万人。体现在流动人口数量上就是：其在2014年达到峰值2.53亿人后掉头向下，在2019年减少到2.36亿人。因为流动人口的主体是"农-城流动人口"——农民工，所以，农民工的年龄结构也随之转型，出现大龄化趋势。2019年，农民工中50岁以上的人数已增长到1/4左右。农民工的水池中，流出的水少，流进的水也少，所以，留下的那些人在城市生活中积累了丰富经验。但遗憾的是，乡村作为城市劳动力的蓄水池已经干涸了。

2020 年全国农民工的数量比 2019 年下降了 1.8%，降低到 2.8 亿多人。

正因为如此，当前的农民工是经过多年历史性选择之后而留在城市的农民工。他们被赋予推动社会转型的划时代动力。在城镇化过程中，"农民工"一词终将成为历史。但现在却需要被我们牢牢铭记于心。毕竟——

他们是城市与农村的桥梁与黏合剂：在城市，他们是最理解城市的乡村人。在乡村，他们是最理解城市的城里人。他们在城市就业，常住城市，只在过年回乡探亲。但他们通过收入转移，助力中国农村摆脱绝对贫困。中国社会之所以没有在现代化过程中断裂，一个重要力量就是农民工与农民的天然血肉联系，就是农民工为社会流动架设的亲缘桥梁，就是农民工这个黏合剂所生成的社会团结。因为他们只是桥梁，还不能在身份上成为市民，城市基本公共服务的大门还未向其打开（仍以城市户籍为基础设计），他们还深受流入地的制度性歧视。敬畏在研究中将其称为"边界"。

他们是现代消费的传导者：城市作为"时髦"的发源地，源源不断地形成产品升级拉力。农民工把城市的商品转变为乡村可以接受的时代符号，输入到乡土社会的消费文化之中，改变了乡村的生活结构，并赋予乡村以现代性，这从厨房的革命中可见一斑。

他们是最后一代小农的终结者：农民工在现代化产业体系中，学懂弄通了集约经营效率，看明白了产业链所形成的合作关系与市场关系，习得了生产、流通、分配与消费等复杂的经济学流程，比较了小农的维生性与大农业的商品性，他们以亲身参与的市场实践终结了小农观念，这使乡村的小农终将成为最后一代小农。农民工已经逐渐不熟悉乡村而熟悉城市了。他们即使回乡务农，也将在大农业、机械化农业、科学种田与商品化农业的思路中布局未来的农业。一句话，农业农村的现代化，实际萌芽在农民工草根化流动的整个历史记忆与社会记忆中。他们现在推动着乡村的非农化和商品化，以后将推进乡村的居民化。

他们是中国城镇化的顽强支撑力量：小农的终结、职业农民的兴起、城镇化的拉力，最终会在现代化过程中将农民工转变为城市市民。这是一个历史的转型过程。在百年未有之大变局中，乡村最大的变局是小农的萎缩与职业农民的崛起，是农民工自发草根性流动对社会结构的改造，因而，当前的农民工形成中国社会转型的可持续支撑力量。

　　以上所说的这些，在敬畏的研究中，只为其后要论述的问题奠定逻辑基础，只是他没有谈及改革开放前的农民工。我的年龄和我的经历，却在历史的路径依赖中不可回避。敬畏通过深入调查，不仅将农民工自身的转型融汇在社会转型中，而且进一步论证了最具时代特征的话题——农民工在网络社会的网络交往问题。截至2020年6月，中国网民规模达9.40亿人，其中，小学及以下学历者占17.2%，初中学历者占41.1%，高中、中专、技校学历者占22.2%，大专及以上学历者占19.5%。根据2019年的调查，农民工中文化程度为小学及以下的占16.3%，初中的占56%，高中、中专、技校的占16.6%，大专及以上的占11.1%。农民工的文化程度结构与网民的文化程度结构基本相近。在外出农民工中，大专及以上文化程度者已经占14.8%——且这一数字处于持续提升态势——这使农民工完全有能力迎接和融入网络社会。

　　在敬畏的调查中，网络社区既有熟人社会，也有半熟人社会。由家庭成员——家族成员乃至村庄的伙伴群体等所形成的微信圈就是典型的熟人社会。以职场关系组建的微信群也是熟人社会。以自我交往形成的微信群，既可能是熟人社会，也可能是半熟人社会。有些200～300人的大群所形成的微信群就更多体现陌生人社会特征。总之，网络社会扩大了农民工的交往范围，更为持久地保持了社会交往的信息痕迹，使他们更为方便地积淀社会记忆，并将之塑造为自我必不可少的心理结构。原来我们设想的网络社会，是匿名化的网络社会。但在具体发展过程中，网络社会实际是符号化的现实社会，是现实社会的现代化变局，是可以被追溯为具体个体的实名制社会。

　　所以，网络社会是现实社会中的人在网络社会的符号化生存。在现实社会你可能是一个人，其肉身只生活在一个具体的时空场景，这使"空间体现着共享时间之社会实践的物质支持"特性。但在网络社会，你几乎可以同时在不同的社区或群自由进入，只要你的群接受你，允许你发声，你就可以肉身在此，网游在彼；你就可以既以文字表达，也以声音表达，还以图像表达。你既可以转发帖子，也可以书写帖子。你的观点可以完全与现实的你一致，但也可以通过群与圈的边界，只显示网络社会的"你"——一个极其个性化、本真化与圈层化的你，当然在私密的网络共享社区，还可以表现"本我"意义的你。这使网络空间体现出典型的"流动性"特征——你可以同时——在共享时间的架构下出入于不同的群体，流动在不同的群体，活跃在不同的群体，也学习与交往于不同的群体，由此体现其"通过流动而运作的共享时间之实践"节点特征。

在传统文字表征体系中，农民工的书写能力与言说能力被限定在一定范围，甚至经常不会舆论化地表达自己和言说自己，或表达深层结构中的自己。尤其是在规范的文件体系或分层消费的文化体系中，农民工难以形成符号体系并影响大传统的表征世界。但网络社会扩展了农民工的言说方式与表达途径、丰富了圈层化的符号世界，跨时空地组织了农民工的网络社区。这样，现实的"我"与网络中的"我"就共同形塑着农民工的形象。在网络中，不同"圈"中的"我"又形成不同意义的"我"。一句话，网络社会及其建构的技术系统"复杂化"了农民工的具体样貌，使农民工也产生了符号的生产和再生产能力。在大传统难以进入小传统的格局中，反倒是网络社区的小传统解构了现实社会的大传统。千百万小传统的边界，对大传统形成了边界性区隔。对此，我们仍然知之不多、论之不多。

在以自身实践为中心的社会交往中，农民工更加关心与己相关的事物，使社会变迁建立在个体变迁之上。网络作为工具建构了选择信息的自主性，这使农民工提升了以其个性偏好搜索、选择与最终消费信息和传播信息的能力。他们既是"受众"，也是"传者"。网络形成了"多中心"信息传播结构与链接点——这好似社会学的关系桥。每个人都以其偏好转帖或自己写帖与跟帖——表达的是一个为其所认同的网络社区所接受的自我。在日常实践中，他们在自我建构的符号世界，不再是可以被忽略的对象，而可能是不可缺少的存在。由于存储系统获得的便捷性与廉价性，他们在他们的世界彰显其价值，并以交往关系留下记忆文本。也就是说，在社会学意义的交往中，他们与他们的朋友在"我群"和"我的社区"中，被记录为独一无二的个体叙事，并通过个体叙事的嵌入，构造出群和圈的集体叙事，最后转化为社会记忆和历史叙事，将虚拟性的自我世界和网络世界强有力地植入现实社会世界，从而生长出具有宏大社会叙事特征的、在网络与现实之间互嵌互动的一个又一个"节"与"桥"等"结构"。自此，平凡的农民工在平凡的世界，留下了并不平凡的记忆。这是自有纸张革命以来又一次以电子化和数字化为主生发的文本革命。

文本与网络中的主体不同。文本的存在会使文本脱离主体而形成社会意识。在圈层化的自我世界，如果大传统不能介入小传统，或者社会世界与自我世界的意义相去甚远，则自我的圈层就可以通过自我的意义体系消解社会世界的叙事，并建构出自我认同为"重要"的新的社会世界，使之成为历史文本——这些文本也会成为网民的社会化教科书。如此，农民工在自己建造的"小传统"中生成了圈层化的"群体传统"。每一个新入圈或新入群的人，都会在"爬楼"过程中研习圈层的主导意识，从而生产圈层的认同之心。这是网络社区的最大特征

当然，由于网络的多中心和多渠道特征，一个现实社会的人可以在网络社会生成无数个主体，生活在不同的场域与时空。所以，网络社会更具有现代人的现代性。不同的圈层、不同的网络社区，会在运行过程中形成典型的"区隔社会"（segmented society），这会导致农民工因其所处网络社区的不同而出现意见分疏。网络平台又以自己的算法，通过信息推送的排序与浏览的便捷性，加固或诱导这种分疏性。群体意识的分疏性会解构阶级意识的一致性。亲缘群体成员在不同社区入圈的跨界层性，会在一定程度上强化阶层之间的交流，疏解社会

的阶层化所生成的张力。这也是网络社会的主要特征。

网络社会绝非话语平等的社会。的确，网民都有权发言或发帖或跟帖评论，但网民的话语能力存在差别，这使网络社会充满了信息宰制与信息霸权。现实世界的意见领袖经常会成为网络世界的意见领袖。有没有话语能力，或者是否能够形成话语能力，是网络社会信息传播并形成影响的基础。在敬畏的研究中，他给我们展现了更为复杂的农民工网络参与。当然，他也研究了农民工在遭遇不公时的网络表达——这些表达的确会对企业形成压力，形成某种程度的劳动关系平衡机制——中国社会的中产化也会支持"公理"对"强权"的平衡机制。在人人皆可言说的网络里，公理易于经过辨析而形成公众认同，使之以压力集团的方式改变现实社会。在很多场景，网络围观改变着权力配置。这也是我们在网络社会不可回避的研究议题。

我写下上面的内容，算是一个铺垫。敬畏在其著作中揭示了更多有趣的话题。只要用心去读，相信读者会收益良多。谨以此为序。不到之处请多多批评。

张　翼

2021 年 3 月 8 日

目　录

Contents

导　论

第一节　研究缘起

在一本名为《农民工改变中国农村》的书中，爱尔兰学者瑞雪·墨菲指出农民工[①]以自己在城乡之间的钟摆式流动和"两栖"状态改变了中国农村。这种改变源于农民工群体自身的价值、追求的目标、自身拥有的资源。墨菲指出，农民工群体深植于社会的价值导致他们愿意承受这种钟摆式流动和生活的"两栖"状态。[②] 在农民工流动过程中，其亲戚、朋友为其提供各种支持，农民工也会通过各种方式回报这些亲友并通过各种纽带与家乡、亲人进行联系。比如，农民工每年向家乡汇款就深刻地改变了家乡的面貌。在笔者看来，农民工的流动是中国改革开放和社会主义现代化建设时期社会领域最重大的事件之一，是社会转型引发的流动对原有体

[①] 根据张庆五的研究，流动人口概念分别从流出地与流入地进行界定。从流出地来说，流动人口主要指离开本县、市户籍所在地临时外出的人口及长期在外未回归的人口。从流入地来说，流动人口主要指：一是在旅店、宾馆、饭店、招待所等处登记住宿的客人；二是在居民户、集体中申报登记的暂住人口；三是进入城镇务工、经商和从事劳动服务的寄住人口（参见张庆五《关于人口迁移与流动人口概念问题》，《人口研究》1988年第3期；陈祥松《近当代人口流动价值观比较》，《中国人民公安大学学报》2006年第6期）。文中涉及的流动人口群体，从本研究理论初衷出发，主要指进入城镇务工、经商和从事劳动服务的寄住人口，也即社会上俗称的农民工，因此后文全部以农民工群体指代题目中的流动人口。按照国家统计局的口径，农民工指户籍是农业户口，但在城镇地区从事非农就业的人群。

[②] 瑞雪·墨菲：《农民工改变中国农村》，黄涛、王静译，浙江人民出版社，2009。

制的冲击而引发的一种结果。20 世纪 80 年代，全国只有 600 万左右的农民工，90 年代为 2000 万左右，2000 年为 1 亿左右，2010 年则为 2.6 亿左右，2016 年为 2.8 亿，2017 年为 2.86 亿。① 大规模的人口流动使城乡二元的制度结构和体制边界逐步被打破，城乡之间的资源配置模式开始改变，随之引发了社会结构的转变。大规模的人口流动还直接推动了农业农村发展路径、发展方向的改变，农业现代化和新型城镇化开始成为农业农村发展的必然选择。人口流动给农村和农民带来的更为深刻的影响在于，基于农耕经济基础的乡土社会开始走向终结，作为一种政治身份的农民开始逐步消失，作为职业身份的农民开始出现。随着作为第一产业的农业规模的缩小，外出流动的从业人员增多，乡村民众的家庭结构、性别地位、婚姻模式等都出现某种转型和变动，也即学界讨论的农民的终结问题。② 曾经离土不离乡、进厂不进城的发展模式是我们以为的最优模式，然而今天回头去看，这只是那个特殊年代的发展策略。今天，农民工主动离土又离乡、进城才进厂，甚至以家庭为单位，举家进城之后不再返乡。整个中国社会在由农业文明向工业文明，甚至信息文明转向过程中，呈现一种从有根到无根、从熟悉到陌生的社会和文化转型。在流动和转型进程中，民众开始怀念农业文明下稳定的田园生活，反思工业文明带给个体的压力，乡愁由此兴起。

乡愁思绪的出现不仅是城市居民回到乡村，发现自己记忆中山清水秀的故乡没有了，更重要的在于 2.8 亿农民工的钟摆式流动和"两栖"状态带来的"进不去的城，回不去的乡"这种社会现实及其引发的社会问题。学界针对这一群体提出的概念从最初的"盲流"到"农民工"，再到"新市民"，概念的变化反映了学界对于这一群体的构成、从业方式乃至研究重心的变化。研究内容从农民工流动的经济动因到结构性限制，再到农民工群体权利的讨论。研究概念、重心和内容的变迁既体现出学界的人文情怀，也呈现了中国结构转型的多种面相，同时也表明中国社会转型的长期性、复杂性。尽管学界和政府做了诸多努力，但农民工群体"既游离于制度性权力结构和福利保障体系之外，也在客观纽带和主观认同上脱

① 国家统计局：《2017 年农民工监测调查报告》，http：//www.stats.gov.cn/tjsj/zxfb/201804/t2018042 7_1596389.html。
② 法国学者也讨论过法国类似的发展历程，参见孟德拉斯《农民的终结》，李培林译，社会科学文献出版社，2010。

离传统乡土中国的双重脱嵌"[1] 的生存和社会状态依然未能有重大改观。农民工这一特殊社会群体在市场体制下因市场二元的出现而不断地被再生产出来，甚至行政二元和市场二元的交织使这一群体再生产的速度更快、规模更大、问题更多，解决这些问题面临的形势更复杂。同时，农民工群体自身也随着形势的变化出现了各种职业分化和代际分化，这种职业分化和代际分化导致这一群体内部对政策和其他方面的需求也不尽相同，解决这一群体问题的政策很有可能是"按下葫芦浮起了瓢"。从代际分化角度考察，老一辈[2]农民工可以忍受城市的各种权益缺失，因为他们的社会支持网络和社会价值重心在乡村；新生代农民工则因为受教育程度的提高及其他种种原因，价值重心在城市，他们希望从城市中找寻到更好的机会，同时他们对于在城市的权益缺失更为关注。从农民工群体的职业分化考量，建筑行业基本不需要太高文化水平，再加上现有建筑行业的分包体制，这一行业中的老一辈农民工比较多；其他一些新兴服务行业，比如快递行业、出租车行业、高新技术行业等，新生代农民工比较聚集。然而，新生代农民工群体在这些行业的就业情况却出现"短工化和工漂族"的趋势。[3] 也就是说从行业和代际分化角度考察，农民工尤其是新生代农民工群体出现了高流动和水平化的趋势。根据清华大学社会学系课题组的研究，农民工总体中有 66% 的人在就业过程中更换过工作，在更换过工作的农民工群体中有 25% 的人在 7 个月内更换了工作，50% 的农民工在 1.8 年内更换了工作。另外，农民工进入城市之后所能获得的内部上升通道特别有限和狭窄，他们的薪酬、技能和管理层级基本呈现水平化的发展，即使更换工作也无法带给他们社会地位、职业声望和经济收入的提升。超过 60% 的农民工因对工作单位不满意而主动辞职，辞职后的新工作并未让他们感到满意，更换工作的农民工中只有 42% 的人能够在工资方面有所增加，11% 的人在技术方面有所提高，还有 15% 的人在这些方面根本没有

---

① 朱妍、李煜：《双重脱嵌：农民工代际分化的政治经济学分析》，《社会科学》2013 年第 11 期。

② 文中的老一辈农民工和新生代农民工的区分按照中央文件标准，以出生年代划分。参见《中共中央、国务院关于加大统筹城乡发展力度 进一步夯实农业农村发展基础的若干意见》，http://www.gov.cn/gongbao/content/2010/content_ 1528900.htm，最后访问日期：2019 年 1 月 30 日。

③ 清华大学社会学系课题组：《短工化：农民工就业趋势研究》，载沈原主编《清华社会学评论》（第六辑），社会科学文献出版社，2013。

任何改变。① 网络平台经济兴起之后，更为凸显的是大量新生代农民工进入这一领域，成为数字劳工。②

上述调查数据显示了即使在政府和学界对农民工群体的城市融入进行了大量政策调整和研究工作之后，农民工的城市融入和社会融合依然处于困境。这种困境也进一步显示出农民工城市融入问题的长期性、复杂性、全局性。按照中央政府公布的城镇化率，中国的城镇化率在 2019 年已达 60.60%，而户籍人口的城镇化率只有 44.38%③。巨大的数字差距背后，是新型城镇化进程中农民工群体的生存状态和社会状态，即这一群体未能完成市民化过程或者未能完全融入城市，导致这一群体在教育、医疗、社保等方面与户籍人口存在巨大差异。这些差异是学界提出"拆分型劳动力生产体制"④ 和"宿舍劳动体制"⑤ 两个概念的现实基础。"拆分型劳动力生产体制"使乡村发展无法获得有效和稳定的支撑，乡村的空心化日益明显，乡村在当前体制下开始呈现破败景象。而城市也因为拆分型劳动力生产体制而出现发展困境，城市的企业无法获得经过长期人力资本投资后的熟练技术工人，城镇的产业升级因此面临熟练的技术工人短缺的问题。因为缺乏熟练的技术工人，产业只能徘徊在劳动密集型周围而无法实现产业的转型升级。同时，农民工在流动过程中面临鲍曼提出的"恐惧问题"，他认为个体惧怕的危险分为三类：一是威胁人身及其所属品；二是威胁社会秩序的持久性和可靠性，而民生（收入、就业）的安全感或者人在残疾或老年时的生存则依赖于社会秩序的稳定；三是个体在世界上的位置——在社会中的地位、身份（阶级、性别、种族、

---

① 清华大学社会学系课题组：《短工化：农民工就业趋势研究》，载沈原主编《清华社会学评论》（第六辑），社会科学文献出版社，2013。
② 陈龙：《"数字控制"下的劳动秩序》，《社会学研究》2020 年第 6 期，第 113～135 页。
③ 国家统计局：《中华人民共和国 2017 年国民经济和社会发展统计公报》，https://finance. ifeng.com/a/20180228/16002427_ 0. shtmlhttp：//china. caixin. com/2017－01－20/101047161. html。
④ "拆分型劳动力生产体制"指的是工人的打工收入可以维持自身劳动力的简单再生产，但赡养老人、养育子女等活动只能在老家进行。参见任焰、潘毅《跨国劳动过程的空间政治》，《社会学研究》2006 年第 4 期。
⑤ "宿舍劳动体制"指外来工集中居住在由工厂或当地政府在工厂之内或附近提供的宿舍之中并被隔离于当地社会之外。参见任焰、潘毅《宿舍劳动体制：劳动控制与抗争的另类空间》，《开放时代》2006 年第 3 期。

信仰）等。① 农民工在流动过程中如何消除这种恐惧，成为他们在城市立足的必要条件。

在这种情况下，信息时代的来临为中国的发展提供了新机遇，移动互联网及其应用的普及也为农民工群体提供了新的沟通和交流方式。农民工利用移动互联网（包括信息），一方面，可能消除信息不对称带给自身的制约；另一方面，移动互联网络及其应用也提供了新的结群途径和工具，这些途径和工具使他们能够在陌生的环境中实现结群与适应。与乡村相比，中国城市的信息化程度和水平无疑是较高的，发展水平是较快的，网络对城市居民生活的影响是深刻的。城市中的互联网打破了中国社会原有的结构边界和文化边界，西方意义上的公共领域在某种程度上首先是在中国城市社会的互联网中出现的。以差序格局为基本组织的社会结构格局也被打破，网络的平等性、主体性为其参与者提供了一个话语平台，原有的社会话语结构和权力结构逐步被打破，社会开始由于网络新媒体的出现而呈现扁平化趋势。社会中的不同群体对网络的认识、利用、依赖程度不同，网络发展成为社会分化的新的影响因素。互联网突破了时空界限，使民众的时空感开始改变。可以说，因为有了互联网，中国的社会结构和社会生活才被改变。这种改变不仅表现在信息获取和传播方式等方面，也表现为虚拟社会形态的出现。在这方面，学界的反应是敏锐的，从已有文献检索来看，2013～2015 年，中文社会科学引文索引期刊就累计发表了5000 多篇以"互联网"为主题的论文。也就是说，互联网引发了中国社会的极大改变，并得到了学界的关注。

2014 年 11 月，在浙江乌镇召开的世界互联网大会以"互联 互通 共享 共治"为主题，这标志着世界进入了一种新的信息共享模式：互联互通时代。在这种信息传播模式下，个人行为、社会政治、经济和文化之间的相互联结、相互依存也因互联网的出现而发生极大改变。这种改变主要表现在信息传播和时空限制被进一步打破，无限沟通成为可能。在互联网基础上发展起来的移动互联互通、社交媒体等推动了新的社会结群途径和方式的出现。在互联互通时代，每个个体不仅是信息的使用者，也是信息的传播者，更是信息的节点。这导致人和媒体统一，社会开始出现生活媒

---

① 齐格蒙特·鲍曼：《前言：关于恐惧的起源、动力和使用》，载《流动的恐惧》，谷蕾等译，江苏人民出版社，2012，第 4 页。

介化和媒体生活化的双重趋势。无论是传播价值还是传播内容，在移动互联背景下都开始改变。传播价值方面，如果没有用户的参与和创造，传播将是无价值的。传播内容方面，开放、包容、无约束、无极限，线上与线下紧密联动，形成了网络化、社会化的生产模式。传统的线性、单向组织开始向多线、双向甚至多向组织转变。以前通过信息和舆论传播能够实现控制的可能逐渐消解，新的联结个人、组织、群体、国家的方式开始出现。可以说，网络与移动通信工具的特性，使传播的控制功能开始转向联结功能。

在互联网引发的社会形态变迁背景下，网络虚拟社会开始被学界关注。无论是基于信息技术形态的网络化社会还是基于互联网架构而形成的虚拟社会，一方面形塑了个人的观念和行为；另一方面，网络技术在改变原来社会环境的同时，还使网络中的虚拟互动与传统的现实互动形成线上与线下的交互，"在线－离线""虚拟－现实"的交织，使活跃于其中的人产生一种时空倒置或错位的感觉。在"缺场交往"①的背景下，网络中行动者的交往模式、信息传递、网络社区中的认同成为新的研究热点。而网络中各个社会群体的行为也成为人们讨论的话题。学界一直在讨论网络社区是否具有实质性，有资料证明网络社区和社群成员之间具有实质的、经常的联系，提供心理上的相互支持，而且发生实质上的资源流动。② 韦尔曼等学者指出，网络社区和实质社群只是社群的不同形式，具有特殊的法则和动态。以地域为根基的社群只是社会网构建和维持的众多选择之一，以互联网为根基的社群是另一种选择。③

笔者同意林南和韦尔曼等学者的观点，即网络社区和实质社群只是社群的不同形式。虚拟社会以互联网为基础，并将现实社会中人与人之间的关系投射到网络。虚拟社会也是人们交互作用的产物，无论是面对面的人际互动还是通过电脑的虚拟互动，其本质都是人与人构成的社会网络，只不过这种互动因为互联网而抽离了时空而已。甚至在网络虚拟社会中，人

---

① 刘少杰：《网络社会的结构变迁与演化趋势》，中国人民大学出版社，2019，第59~63页。

② 林南：《社会资本——关于社会结构与行动的理论》，张磊译，上海人民出版社，2005，第218页。

③ Caroline Haythornthwaite and Barry Wellman, "The Internet in Everyday Life: An Introduction," in *The Internet in Everyday Life*, ed. Barry Wellman and Caroline Haythornthwaite (Malden: Backwell Publishing, 2002), p. 33.

们传播的信息、使用的语言、发表的见解、形成的舆论等，都是基于现实实践的一种真实或虚假的反映。民众可以利用互联网实现自己的一些新想法、新目标。新华网曾经以《农民工爱上互联网＋》为题报道了农民工通过网络论坛、QQ群、微信公众号等打广告、缴费、接单等。① 然而，网络交往的匿名化，使参与的个体会产生不同身份之间认同的交错，这种交往方式扩大了个体的交往范围，突破了个体交往的时空限制，但也存在一些问题，即个体在网络中形成的虚拟认同与现实认同交互的问题。这种匿名化交往背后的信任关系、互动模式等都成为研究的新问题。

从政府角度考量，无论是基于信息技术形态的网络化社会还是基于互联网架构而形成的虚拟社会，都对政府治理提出了新的要求。从网络传播的角度考量，政府关注的是网络社会及其群体活动带来的社会影响。通过"阿拉伯之春""占领华尔街运动""伦敦骚乱"事件，可以发现以网络为支撑的新媒体对国家、社会、政治、经济等的冲击。很多网友因为对现实不满，所以在网络中发表一些非理性言论，宣泄情绪。另外，公共参与渠道的不畅和决策过程的透明程度不足引发了对公权力的质疑，很多网络传播过程中的信息最后发现竟是谣言，有经验的网友对这种网络传播失范的态度是"让子弹多飞一会儿"，这也引发了政府对网络社区中的传播失范更加关注。很多群体性事件最早都是好事的网友发在网络社区中，从而引发网友集体关注，甚至最后影响了法院的判断。

2015年2月3日公布的《中国第35次互联网发展统计报告》显示，农村外出务工人员、制造业企业工人、商业服务业职工三者合计占网民总数的10％。随着政府通过"互联网＋"的方式推进经济转型发展，网络向农村拓展的力度更大。在这一背景下，使用网络的农民工数量逐渐增多，其中占主体的新生代农民工的手机上网行为更加普遍。根据笔者2016年的课题调查和其他一些媒体的发现，新生代农民工使用最多的手机软件是QQ和微信，并且他们会长时间在线。腾讯互联网与社会研究院专门就新生代农民工的社交网络使用情况进行了调查。在社交网络带给自身的经济影响、发展影响、城市融入、城市生活满意度、行为市民化程度、社会支持程度等方面，他们得出了积极的结论。

基于农民工群体的流动与网络兴起的社会事实，本研究的问题是：

---

① 《农民工爱上互联网＋》，http：//news. xinhuanet. com/newmedia/2015 - 06/15/c_ 134326233. htm。

在"双重二元结构"和"双重脱嵌"背景下，农民工群体在网络社区中的参与，尤其是 QQ 和微信的线上与线下的交流、沟通和互动，能否促使其形成新的文化和身份认同？网络社区的参与能否助推农民工群体意识的形成？农民工网络社区的认同呈现何种样态？网络社区参与对农民工群体融入城市和社会融合有何影响？笔者试图通过研究，描述和解释当前农民工群体和网络社区遭遇的场景，并试图回答这一遭遇对未来中国社会新城镇化和城乡一体化的影响。

第二节　相关研究回顾

本研究对象和主题既涉及当前中国社会的农民工群体，又涉及网络社区的相关研究，而这两个对象在经济学、社会学、心理学、传播学等学科中都有研究，从这个角度而言，笔者的研究事实上属于一种交叉学科的研究。因此，文献回顾部分以社会学研究为主，兼顾其他学科的研究。笔者分别从农民工群体、网络社区研究等层面进行回顾，然后进行综合分析。

一、农民工群体的相关研究

梳理已有农民工群体的研究现状，大体可分为三种思路。第一种思路是阶级形成思路，从农民工群体的角度出发，认为农民工群体现在经历的是一种"未完成的无产阶级化"过程，农民工群体正处于半无产阶级化阶段。随着农民工群体的代际变迁，原有的拆分型劳动力再生产模式与农民工群体的期望出现偏差，这种偏差将会给现有的社会结构带来不可避免的影响。[①] 第二种思路是劳工社会学思路，从生产过程入手，讨论世界工厂背景下，工厂政体对工人阶级意识形成的影响和对工人抗争意识和行为

---

① 潘毅：《阶级的失语和发声》，《开放时代》2005 年第 2 期；潘毅、陈敬慈：《阶级话语的消逝》，《开放时代》2008 年第 5 期；潘毅、卢晖临等：《农民工：未完成的无产阶级化》，《开放时代》2009 年第 6 期；陈峰：《国家、制度与工人阶级的形成》，《社会学研究》2009 年第 5 期。

的塑造。① 第三种思路笔者称之为"农民工一般研究"，即借鉴西方的劳动力迁移理论、社会融入理论等对流动人口进行的相关研究，这些研究分别探讨了农民工群体流动的经济原因、导致流动人口困境的权利原因及农民工群体在融入方面遭遇的制度困境与社会排斥等。② 这三种研究思路为我们认识当前农民工群体的现状、问题及未来趋向提供了不同的理论视野和分析框架，有助于我们深入思考中国社会进入城乡一体化和城乡融合发展阶段之后，前一阶段遗留的问题如何解决。下面我们分别对一些学者的观点进行综述。

（一）群体和阶级、阶层意识形成的相关研究

亚当·普沃斯基在《无产阶级的阶级形成历程》中讨论了马克思主义理论中关于阶级形成必须从"自在阶级"向"自为阶级"转变的论述中存在的一些困境。③ 作者认为，在阶级形成的过程中，不仅经济因素，而且其他的包括政治、意识形态的条件一起构成影响因素，这些因素对各种阶级的组织、解组或重组产生影响。作者认识到了马克思主义发展史上对于阶级问题的两种分析思路：一是阶级能自发地、单独地产生于生产关系之中；二是阶级要成为集体行动者，需要一种唯意志论的、外在主体的帮助。前一种是苏联、中国等社会主义国家持有的阶级形成观点，后一种是西方马克思主义者持有的观点，比如英国作家 E. P. 汤普森的《英国工人阶级的形成》和保罗·威利斯的《学做工》。在《英国工人阶级的形成》一书中，作者采用马克思主义视角，选取英国工业革命时期的工人作为考察对象，阐述了工人阶级及其形成过程的理论，详尽地考察了工人阶级经历的政治、文化、生产、生活的每一个方面，从这个阶级的成长全

---

① 迈克尔·布若威：《制造同意》，李荣荣译，商务印书馆，2008；李静君：《中国工人阶级的转型政治》，载李友梅、孙立平、沈原编《当代中国社会分层理论》，社会科学文献出版社，2006；沈原：《社会转型与工人阶级的再形成》，《社会学研究》2006 年第 2 期；汪建华：《互联网互动员与代工厂工人集体抗争》，《开放时代》2011 年第 11 期；闻翔：《西方劳动过程理论与中国经验》，《中国社会科学》2007 年第 3 期。

② 陈映芳：《"农民工"：制度安排与身份认同》，《社会学研究》2005 年第 3 期；王小章：《从生存到承认：公民权视野下的农民工问题》，《社会学研究》2009 年第 1 期；洪朝辉：《论中国农民工的社会权利贫困》，《当代中国研究》2007 年第 4 期；李强：《中国城市化进程的"半融入与不融入"》，《河北学刊》2011 年第 5 期；杨菊华：《从隔离、选择融入到融合》，《人口研究》2009 年第 1 期。

③ 亚当·普沃斯基：《无产阶级的阶级形成历程》（刘建洲译），载沈原主编《清华社会学评论》（第六辑），社会科学文献出版社，2013，第 132 - 189 页。

貌中回顾了英国工人阶级作为"外力的产物"和"自身的发明",创造出属于他们的阶级意识和政治意识的过程。"我使用'形成',因为这是一个在动态过程中进行的研究,其中既有主观的因素,又有客观的条件。工人阶级并不像太阳那样在预定的时间升起,它出现在它自身的形成中。"[1]在《学做工》一书中,作者使用民族志的书写方法,精彩地向读者呈现和解释了"底层工人阶级的孩子最终依然成为工人阶级"的过程,分析了孩子们在反对学校权威过程中形成的"反学校文化",认为正是工人子弟在特定环境下能动地创造出的"反学校文化"将其引向工人阶级的宿命,并放弃了向中产阶级流动的机会。"反学校文化"可以被视为工人阶级对资产阶级的一种反抗,只是这种反抗是以一种扭曲的、非正式的方式表现出来:违反学校教条,不愿学习;蔑视文凭,认为文凭对他们找工作毫无用处;崇尚体力劳动,排斥脑力劳动,认为体力劳动是真正男子汉该做的,脑力劳动是"娘娘腔"的女孩子的工作。正是这种"体力劳动优于脑力劳动"的反智文化将孩子们最终推入了底层工人阶级的大门。威利斯在书中明确地指出工人阶级的子弟最终成为工人在一定程度上是一种扭曲的"自我诅咒",只有极少的孩子能够逃脱这种"宿命"。[2]

改革开放30周年之际,中山大学华南农村研究中心、香港理工大学联合北京大学中国社会工作研究中心主办了第一期"中国城乡协调发展研究高级讲习班"(2009年1月11~18日),这次讲习班的主题是"农民工与农民工社区"。在这次讲习班上,学者们分别从理论和实践层面讨论了中国社会中的农民工群体,后来《开放时代》将这些学者的与会发言整理出来,并以《农民工:未完成的无产阶级化》为题予以发表。尽管与会学者的观点不尽相同,但总体而言,大家对于农民工群体的转型是一个未完成的无产阶级化过程产生了高度共识。[3] 这次讲习班的举办,既是对前期有关农民工群体与阶级形成关系的一个理论总结,同时也标志着使用马克思理论研究当代中国农民工群体的一个理论流派的产生。

潘毅指出农民工的认同是断裂的,原因在于中国特殊的城乡二元体制将劳动力生产与再生产分割开来,这种身份的断裂又造就了一种不完整的

---

[1] E. P. 汤普森:《英国工人阶级的形成》,钱乘旦等译,译林出版社,2013,前言。

[2] 保罗·威利斯:《学做工》,秘舒、凌旻华译,译林出版社,2013,第2~11页。

[3] 潘毅、卢晖临等:《农民工:未完成的无产阶级化》,《开放时代》2009年第6期。

劳动主体，正是这种不完整的劳动主体使第一代农民工处于"我既是农民又是工人"的交叉模糊状态和第二代、第三代农民工的"既不是农民工也不是工人"的认同。潘毅认为农民工认同断裂有结构性原因，这种结构性原因引发了农民工自身的劳动力生产和再生产的分割和断裂。① 潘毅将马克思分析欧洲工人阶级的观点用来分析中国的农民工群体。

卢晖临分析了英国作家汤普森的《英国工人阶级的形成》，认为汤普森提出的不是客观利益一致性创造了阶级，而是对这种同一性的感觉和明确表达制造了阶级，阶级完全是主体的一种主观感受。他在马克思的经济基础与上层建筑之间创造了一种中介，即作为主体的工人阶级的经验。因为在工人阶级形成的过程中，包括两面——"造就自己"和"被制造"。卢晖临认为马克思考察的是工人阶级被制造的一面，汤普森强调的是工人阶级"造就自己"的一面。当前，中国的农民工群体依然处于一种"被制造"的过程。②

蔡禾基于行政赋权和劳动赋权的结构分析了农民工权利变迁的制度文本。他将农民工的权利分为三类：一是就业权利；二是社会保险权利；三是公民权。蔡禾认为改革开放以来农民工的权利变迁，本质是行政赋权的过程。这种赋权的性质决定了农民工的权利不是当然的权利，而是或然性的。行政赋权与行政限制通常相互伴随。然而，行政赋权无法形成劳动者的自我规定性的权利意识，从而最终难以完成向工人阶级的转变；无法形成稳定的职业行为和人力资本投资意识，从而最终难以完成向市民化的转变。③

严海蓉从中国历史上城乡关系演变的角度考察农民工群体的生成。她认为传统中国家庭内部生产和消费没有分离，家庭是一个生产单位，也是一个消费单位。近代以来，随着西方资本主义大工业的进入，中国的城乡关系产生了变化。大工厂都在城市。因为在城市，工厂背后的资本能够最大限度地发挥其集聚效应和规模效益。由此，农村的土地、资金、农民开始向城市流动。资本及大工厂背后是源自西方的现代性，在这种现代性的影响下，中国城乡关系发生了重大转变，农民工是在这种背景下产生的。④

---

① 潘毅、卢晖临等：《农民工：未完成的无产阶级化》，《开放时代》2009 年第 6 期。
② 潘毅、卢晖临等：《农民工：未完成的无产阶级化》，《开放时代》2009 年第 6 期。
③ 潘毅、卢晖临等：《农民工：未完成的无产阶级化》，《开放时代》2009 年第 6 期。
④ 潘毅、卢晖临等：《农民工：未完成的无产阶级化》，《开放时代》2009 年第 6 期

"未完成的无产阶级化"的观点是潘毅提出的。[①] 他梳理了中国的"阶级"概念从前30年到后40年的变迁系谱，并用这个概念考察农民工群体的日常生活实践。在系列研究中，潘毅也从更加学理的层面分析中国阶级概念形成的双重异化，包括前30年对阶级和阶级斗争的表述、后40年阶级话语的消逝。这种双重异化既是政治力量发挥作用的结果，也是社会结构制约力失灵的体现——它否定了快速变迁的中国社会中已经产生的关系。潘毅通过自己对中国社会分层和社会不平等的研究否定了阶级斗争概念，也间接呼应了20世纪80年代以来西方阶级分析终结的观点。[②]

从某种角度而言，潘毅看到了中国发展进程中的一些问题，尤其是农民工群体因为在当前社会结构中所处位置而引发的一系列问题。中国以市场经济为取向的改革激发了社会的活力，使资源配置得到最大限度的优化。然而，社会学从来就认为市场制度是"嵌入"在社会结构中的，市场的特征是由社会结构决定的。农民工未完成的无产阶级化也是中国在向市场转型进程中，受到原有社会结构和路径依赖的制约而形成的独特场景。实践层面，新自由主义理论指导下的发展推动了农村的市场化改革，解放了计划体制下被束缚在土地上的劳动力，城市又在地产资本主导下形成了城市中心主义。这种发展模式既推动中国成为世界工厂，又使涌入城市中的农民工群体因结构制约而无法顺利完成劳动力的生产与再生产，拆分型劳动力再生产模式成为必然，这种拆分型劳动力生产模式属于典型的未完成的无产阶级化。[③]

（二）劳工社会学研究

劳工社会学思路最早源于劳动过程理论。马克思通过区分劳动和劳动力的差别，说明了剩余价值如何产生和阶级斗争如何出现。在剩余价值生产的过程中，劳动力是被塑造和控制的，劳动过程如何组织并将劳动力转

---

① 潘毅：《阶级的失语与发声》，《开放时代》2005年第2期。

② 潘毅、陈敬慈：《阶级话语的消逝》，《开放时代》2008年第5期。

③ 沈原教授认为，当代中国正在重新形成一个既包括农民工群体，又包括原有国有企业的工人群体在内的工人阶级群体。新形成的工人阶级群体的两个分界是因为推动其形成的动力、过程、特征、结果都不一样。"新古典社会学"和"社会学的马克思主义"两个流派都看到了社会主义国家市场转型对工人阶级各个方面的影响。从这个角度而言，潘毅老师提出的"未完成的无产阶级化"也是"把工人阶级带回分析的中心"的一种努力。参见沈原《社会转型与工人阶级的再形成》，《社会学研究》2006年第2期。

化为劳动，是马克思研究的一个重大问题。

　　布雷弗曼此后重新阐释了垄断资本主义的劳动过程与生产关系。他强调管理手段对维持资本主义生产方式的重要性，认为现代化的机械大规模生产使劳动者不再像工业革命前的工匠那样拥有技术且能够对生产过程进行控制，而是被现代化管理和机械生产剥离并成为单纯的劳动力。①

　　布洛维在《公共社会学》中提出了社会学的使命，而在《制造同意》一书中，他提出要把握"劳动过程"本身的含义。布洛维认为，劳动过程包括生产关系和劳动过程两方面的含义，即关系层面和行动层面。一个工厂生产一件产品，虽然是一个使用工具的过程，但更多是关系层面的生产，即资本家和工人之间的生产关系的生产。另外，布洛维提出的核心问题是："为何工人这么努力地工作？"作者使用民族志的方法，试图寻找产业工人自愿依照资本家的意愿来参与生产，而不是像经典的马克思主义者认为的那样——工人和资本家之间关系的主调是对立与冲突。工人自发的同意与资本主义微妙的强制，二者的结合塑造了生产行为。内部劳动市场与内部国家的运作是"制造同意"的两大重要机制。②

　　20 世纪 90 年代中后期，在重新形成的工人阶级中，原有的国有企业下岗工人因为企业重组和市场改革而开始出现捍卫自身合法权益的行动。这是新古典社会学讨论的结构转型议题中的一部分。然而，这种捍卫自身合法权益的行动从规模层面考量并未形成全国性的运动，同时从阶级意识层面考量并未推动这些工人形成整体的阶级意识。也就是说，马克思主义经典作家所讨论的传统的工人阶级运动并未形成。更为引人关注的是新兴工人阶级的行为。农民工群体从改革后的农村涌入城市，第一代农民工中很少出现大规模的捍卫自身合法权益的行动。然而，第二代、第三代农民工中捍卫自身合法权益的行动开始增加，这种增加不仅是数量上的，也是质量上的。很多新生代农民工学会利用各种方式和途径捍卫自身权益，并将矛头指向资本。③从捍卫工人群体权益角度出发，在劳工社会学思路下，如何重新认识劳工的力量需要仔细思考。20 世纪最后 20 年里，社会

①　何明洁：《劳动与姐妹分化》，四川大学出版社，2009，第 7~8 页。

②　迈克尔·布若威：《制造同意》，李荣荣译，商务印书馆，2008，第 184~191 页。

③　2010 年，广州花都汽车城的工人集体提出"增加工资、提高福利"，2010 年广汽本田的工人甚至提出"重整工会，重新选举工会主席和相关工作人员"的口号。

科学界已经达成了劳工运动和劳动研究面临双重危机的共识。首先是劳工运动的危机，具体表现为劳工斗争日渐消退，工会密度不断下降，实际工资逐步减少，工作不稳定程度日益增加。在此基础上，劳动研究日益成为边缘学科。甚至曼纽尔·卡斯特认为，信息时代的来临改变了国家主权和劳动者的工作体验，并且以不同方式削弱了劳工运动作为社会凝聚力和工人代表性的主要来源的能力；同时，信息时代还削弱了工人在未来成为解放的主体和任何可能性，即构成新的规划性认同的来源。①

正是在劳动过程理论的指导下，在中国新兴工人活动的推动下，重新认识和研究新兴工人阶级开始成为学界感兴趣的问题。新兴工人阶级群体中兴起的众多罢工事件开始推动学界从劳工社会学和生活政府的角度研究为什么不同代际的农民工对于抗争的认识不同、参与程度不同。甚至英国《金融时报》还于2014年5月以《崛起的中国劳工力量》为题，报道了新兴工人阶级即农民工群体捍卫自身合法权益的行动。②

谭深分析了一家外资工厂中女工的集体搜身事件与其引发的阶级意识的萌生之间的关系。他认为女工处于弱势地位，生存文化要求她们在日常生活中采取以防御为主的消极自我保护策略。这种策略有两方面内容：一是小心谨慎干好工作；二是同伴之间相互帮助、彼此认同，这种认同是阶级意识萌生的基础。③ 郑广怀从国家与劳工关系的角度出发，分析了劳工权益保护和劳资关系领域的一些问题。通过对中国劳资关系调整过程中的集体协商或集体谈判的做法选择、政策文本与政策实践的断裂、工人利益受损时的物质安抚和精神安抚等方面的考察，郑广怀提出了"安抚型国家"的分析概念。这个概念具有三个特点：一是模糊利益冲突，国家维持现状，就事论事地解决问题；二是言行分离，国家更多采用政策实践解决问题，而非按照公布的法律法规和政策本身解决问题，政策文本只是实践的参照；三是点面结合，国家在整体上对劳工进行精神安抚，在个别问题上进行物质安抚。④

---

① 参见贝弗里·J. 西尔弗《劳工的力量》，张璐译，社会科学文献出版社，2012，第2～8页。
② 《崛起的中国劳工力量》，http://www.ftchinese.com/story/001056164。
③ 谭深：《搜身事件与萌生的阶级意识》，载郑广怀、朱健刚编《公共生活评论》（第二辑），中国社会科学出版社，2011，第116－124页。
④ 郑广怀：《劳工权益与安抚型国家》，载郑广怀、朱健刚编《公共生活评论》（第二辑），中国社会科学出版社，2011，第43－63页。

　　汪建华从农民工参与的劳动生产过程角度出发，研究了新生代农民工的生活形态，讨论了农民工群体的意识形态和团结问题。作者认为，一方面工人的行动能够借助日常生活的经验、关系资源、信息技术形成对官方意识形态的洞察和利用，并在一定范围内相互抱团、相互支持；另一方面，他们也不会简单地将自身利益等同于抽象的阶级利益，他们的抗争总体上是一种务实的、为改善境况的斗争，并没有寻求从根本上改变现有的国家制度。这是一种"实用主义"的团结文化，这种文化为世界工厂的劳资关系转型同样注入强大动力。① 作者也认为，对工人生活形态在形成集体抗争、推动劳资关系转型方面的潜力，可以从捍卫合法权益的行动、代工厂的内迁、非正式用工的盛行、工人工业化经历的积累等方面进行考察，这是一个持续的话题。因为上述这些方面都能够影响工人的生活形态，并影响生活中的团结和群体意识的形成。

　　在对新生代农民工生活的政治研究基础上，汪建华、郑广怀、孟泉、沈原又提出了新生代农民工组织化的命题。他们认为农民工群体进入城市后，因为是另外一种嵌入，因此面临着各种制度排斥和社会排斥，这种排斥既有可能强化农民工内部的"抱团倾向"，即利用各种非正式纽带团结起来，又有可能重新树立群体之间的边界。现实中我们发现，农民工从进城的方式开始，就是以老乡带老乡、以亲戚带亲戚的方式进行链式移民，这种链式移民的结果就是城市的边缘地带普遍形成了地缘群体社区，这种地缘群体社区以关系群体的方式应对来自城市的各种挑战。农民工总是在这种关系群体中寻找人脉资源、情感支持、社会生活、地方文化认同甚至公共服务的重要渠道。对于新生代农民工来说，这些已经远远无法满足其需求，农民工群体开始越来越多地向政府和企业要求制度化的组织资源。在集体行动中，对于现行企业工会未能很好地代表工人群体利益，他们表达不满，并寻求更好维护自身权益的途径；从企业工会的日常运作中，也可以看到部分工人在推动工会民主选举和集体谈判方面的努力。部分企业工会也开始回应工人的行动和诉求，从被动到主动，逐步推出工会捍卫工人权益的相关举措。②

---

① 汪建华：《生活的政治》，社会科学文献出版社，2015，第 222～227 页。
② 汪建华、郑广怀、孟泉、沈原：《制度化与激进化之间：新生代农民工的组织化趋势》，《二十一世纪》2015 年第 8 期。

何明洁从性别社会学角度，围绕建筑业农民工的欠薪过程讨论了劳动过程中的生产政体及群体意识形态。[1] 在建筑行业中，既存在找工作的关系霸权，又因为分包链的存在消解了工人集体行动的能力。[2]

上述这些对于农民工群体团结和意识形成的研究，为本研究提供了相应借鉴。然而笔者认为，受限于当前中国的结构性限制，农民工的群体团结和意识形态还处于萌生阶段和自发阶段，均未达到成熟和自为阶段。尤其是通过农民工网络社区认同的研究，笔者认为农民工群体在网络社会中的认同呈现一种"个体化认同"样态。这种认同样态，不仅影响农民工群体的团结和意识的形成，也影响到农民工对自身权利的捍卫和权益的实现。

（三）城乡流动中的农民工及其政策研究

农民工一般研究是指忽视农民工主体性问题，单纯从整体层面研究农民工的流动规模、流动贡献、流动时间、流动影响等。农民工一般研究主要包括国内学者借鉴西方的劳动力迁移理论、社会融入理论等对流动人口进行研究，这些研究分别提出了流动人口流动的经济原因、导致流动人口困境的权利原因及流动人口在融入方面遭遇的制度困境与社会排斥等。

王春光最早提出新生代农村流动人口的社会认同与城乡融合的关系问题。他分析了新生代农村流动人口对自身的社会特性、对有关的社会群体和社区环境的归属性认可情况、与社会组织和行政组织的关系、对自己未来归属的认可四个方面。他认为，当前我国独特的城乡社会空间与新生代农村流动人口的群体记忆之间的互动铸就了他们的社会认同。通过流动，新生代农村流动人口的社会认同趋向不明确和不稳定。从今天现实情况考察，新生代农民工认同的"内卷化"建构已经成为事实。[3] 在考察农村流动人口的社会融合问题时，他又提出"半城市"概念，以这个概念描述一种介于回归农村与彻底城市化之间的状态，它表现为各系统之间的不衔接、社会生活和行动层面的不融合，以及社会认同上的"内卷化"。[4]

在《都市里的村民》一书中，学者们分别从城市外来人口中的社会关系、外来人口管理政策、城市化与全球化背景下的人口流动等角度研究

---

① 何明洁：《劳动与姐妹分化》，四川大学出版社，2009，第1~6页。

② 亓昕：《欠薪与讨薪》，首都经济贸易大学出版社，2011，第211~222页。

③ 王春光：《新生代农村流动人口的社会认同与城乡整合的关系》，《社会学研究》2001年第3期。

④ 王春光：《农村流动人口的"半城市化"研究》，《社会学研究》2006年第5期。

了农民工群体。从城市外来人口中的社会关系角度而言，农民工群体从原有的文化和社会规范中脱嵌，进入城市等于重新嵌入，这种重新嵌入带来的问题就是强烈的相对剥夺感，这种相对剥夺感是个体丧失行为方向后的一种社会疏离感。在农民工进入和融入城市生活的两个阶段中，第一个阶段农民工是通过血缘、地缘和业缘的先遣式迁移途径进入城市，这种强关系为他们进入城市的最初阶段提供了相当的保护；第二个阶段开始出现一种关系性适应策略，此时农民工除了利用现有的同质关系外，还需要利用城市中的异质成分，寻求在城市中立足的信息、机遇和资源。从城市中的流动人口管理政策角度来看，学者们讨论了不同阶段的政策变迁：限制 - 容忍 - 整合。从今天发展的角度来看，前两个阶段的政策已经完成，而整合的任务，即流动人口的城市融入或融合的任务还远远没有完成。从城市化与全球化背景下的人口流动角度而言，学者们分析了中国的人口流动与全球化的关系。学者们认为，尽管流动人口进入城市，但他们实际上生活在一个二元社会中，与城市居民表现出很大区别，无法完成整合。[①]

在《农民工：中国进城农民工的经济社会分析》（2003）一书中，来自全国各相关学科的学者围绕"农民工流动：现状、趋势与政策"的主题进行研讨，从农民工流动与城市化的关系、农民工流动与回乡创业的关系、农民工进城与就业的关系、农民工流动与社会地位变化、农民工子女入学与受教育状况、城市空间结构与农民工居住区位安排等角度进行分析。在农民工回乡创业主题方面，白南生指出回流只是个别现象而非普遍现象。在城中村话题方面，李培林指出村落终结的艰难，不仅在于村民生活的改善，也不仅在于非农化和工业化，甚至也不仅在于改善城乡分割的户籍制度问题，主要在于要伴随着产权的重新界定和社会关系网的重组。城中村一方面反映了有村籍的村民从传统农民向城市居民身份和文化角色转化问题，另一方面反映了农民工在城市的居住和生活问题。在经济全球化与农民工阶层的主题方面，孙立平指出要理解农民工从乡村到城市的流动，必须理解当前的社会转型性质。在中国社会由生活必需品消费向耐用消费品消费的转变过程中，城乡之间的关系发生了转变。改革前城乡二元的强制性交换关系不存在了，城市越来越不需要乡村的支持，而变为与世界市场一体化，传统的行政主导的二元结构已经转变为市场主导的二元结

---

① 柯兰群、李汉林：《都市里的村民》，中央编译出版社，2001，第 1 ~ 12 页，导论。

构。王春光指出第一代农民工是传统农民工，第二代农民工是第一代农民工在城市的子女，新生代是介于第一代和第二代之间的过渡性流动人口。新生代农民工外出的动因是"习惯外出生活""羡慕城市现代生活""外出能够享受现代生活"，他们具有更多城市化冲动。① 这本书的许多作者后来多从事于与农民工群体相关的研究，这些学者的一些观点已成为研究当代中国流动人口群体的主要共识和研究基点。

韩长赋认为中国的农民工问题实际上是城乡二元结构长期积累的问题在体制转轨、社会转型快速期的集中释放。中国农民向城市迁移与国外的迁移有两点不同：一是进城目的不同，中国农民进城不仅是为了就业而进城；二是迁移的过程不同，在中国就业和迁移是两个过程，在国外则是一个过程。农民工构成了中国社会结构的"第三元"，农民工问题实质上要解决三个问题：一是1亿多进城农民的权益如何保障，就业环境如何改善；二是农民工如何有序进城生活，逐步成为市民，完成城市化；三是农村劳动力转移，如何实现充分就业。②

在《城市化进程中的农民工》一书中，蔡禾、刘林平、万向东等总结了农民工问题研究的三种基本理论范式。一是建立在个体理性选择基础上的理论，比如拉文斯坦的"推-拉"理论、舒尔茨的"投资-收益"模型、托达罗的绝对收入差距假设，这三种理论都是建立在个体主义假设立场上，注重考察农民工进城的目标选择和实现目标的手段选择。二是以马克思主义、刘易斯的二元结构结构论以及新制度主义学理论为经典，建立在整体主义立场上的制度解释或结构解释，它注重农民工行为的正式与非正式约束。三是以林南的社会资本理论为依据，建立在人际互动立场上的社会关系网络范式，它注重考察农民工的社会联系及这种联系在城市适应过程中的功能。在这本书中，蔡禾等整合了三种理论范式，从市场、制度与网络三种组织形式考察珠江三角洲的农民工问题。作者以珠江三角洲的地域为对象，分析了这一地域的城市化特点及其对农民工劳动力市场的影响，勾勒出一个从"行政赋权"到"劳动赋权"变化的制度变迁

① 李培林：《农民工：中国进城农民工的经济社会分析》，社会科学文献出版社，2003，第284~294页。
② 韩长赋：《序言：我的"农民工问题"观》，载《中国农民工的发展与终结》，中国人民大学出版社，2007，第1~6页。

趋势。①

　　在统筹城乡发展的过程中，农民工市民化是必然的选择。从这个角度而言，韩长赋提出的城镇居民、农村居民和城镇农民工三元结构必须加以改变。国务院发展研究中心课题组认为，在农民工市民化的进程中，户籍的转换是形，服务的分享是实。在户籍一时无法改变的前提下，通过逐步增加和完善农民工的公共服务，从而达到消除户籍待遇差别的目标。从增加农民工公共服务角度出发，农民工市民化是以农民工融入城市公共服务体系为核心，推动农民工工作融入企业、子女融入学校、家庭融入社区。在推进农民工市民化的过程中，城乡平等就业和收入分配制度还未成型；农民工各项社会保障从无到有，但参保率较低；覆盖农民工的城镇住房保障体系还未建立；农民工子女就学以公办为主的格局基本形成，但地区之间不平衡；农民工总体城市社会参与度比较低；户籍改革实质性进展不大；等等。在农民工市民化的进程中，这些问题既需要实践，更需要顶层设计。②

　　在《中国农民工市民化制度分析》一书中，黄锟认为我们通常谈及的农民工包括两类：一类是进城的农民工，另一类是在农村乡镇企业就业的农民工。中国农民的非农化和市民化不是同步的，而是先由农民转变为农民工，实现非农化，再由农民工转变为市民，实现城市化。中国农民工是城镇化滞后于工业化，户籍、就业、劳动保障、土地等制度落后于现实的产物，是特定制度条件下的过渡性的特殊群体。而农民工市民化主要有两大障碍：一是制度障碍，即户籍、劳动就业、保障、土地等相关制度的改革还不配套，这些不配套的制度限制着农民工的市民化；二是成本问题，即农民工市民化需要的大量资金没有有效的筹集渠道。作者主要讨论了城乡二元制度对农民工市民化的限制，包括二元户籍、二元土地、二元就业、二元社会保障。③ 这些问题确实是影响农民工市民化的关键制度问题，也正是这些制度问题导致了农民工市民化的困境。

　　除了上述研究之外，还有从人口学角度出发去研究农民工群体的。在《中国流动人口研究》一书中，作者分别阐述了流动人口的概念和度量问

① 蔡禾、刘林平、万向东等：《城市化进程中的农民工》，社会科学文献出版社，2009，第1~6页。
② 国务院发展研究中心课题组：《农民工市民化：制度创新与顶层设计》，中国发展出版社，2011，第2~29页。
③ 黄锟：《中国农民工市民化制度分析》，中国人民大学出版社，2011，第1~4页。

题，流动人口的基本状况和变动趋势问题，流动人口的空间分布和流动过程问题，人口流动的原因和影响问题，流动人口的就业问题，流动人口的收入、健康和保障的问题，流动儿童、留守儿童和第二代农民工等相关问题。[①] 国家人口和计划生育委员会流动人口服务管理司出版了《流动人口理念与政策综述报告》，这个报告从对流动人口理论的评价、对流动人口调查和研究方法的评价、对流动人口历史变动和发展趋势的评价、对流动人口体制和政策实践的评价、对国外流动人口研究的评价几个角度分别做了相应研究。[②] 中国工运研究所也编了一本与新生代农民工有关的书，研究者们根据对新生代农民工问题的研究，描述了新生代农民工的现状，分析了新生代农民工面临的问题，提出了相应的对策建议。[③]

已有的相关研究，为本研究提供了前期的参考和借鉴，本研究的许多观点和基础是从这些研究出发，同时受到这些研究的启发。比如对农民工群体各种权益缺失的讨论，其中农民工群体在代工厂受到工伤之后因时间、资源、能力等种种限制而无法与资方进行平等对话，进而利用网络在线寻求帮助就是在社会排斥理论和社会权利理论下衍生的思考路径。又比如对农民工流动原因的探讨，除了经济方面的利益之外，农民工群体的流动是否也出于对社会权利的追寻？尽管我们也可以将社会权利视为利益的一部分，但这些为本研究提供了很好的思路。随着全球信息科技向纵深推进，信息社会在中国发展的速度越来越快、规模越来越大，包括固定网络和移动互联网络的普及和广泛使用，以及政府和学界日益关注市场经济中各群体（包括农民工群体）在网络社区的相关活动。这也是本研究得以开展的原因。

二、网络社区的相关研究

(一) 网络社区概念的相关研究

"网络社区"这一概念最早由 Rheingold 提出，他认为相当数量的人

---

① 段成荣、杨舸、马学阳：《中国流动人口研究》，中国人口出版社，2012，第 1~5 页。

② 国家人口和计划生育委员会流动人口服务管理司：《流动人口理论与政策综述报告》，中国人口出版社，2011，第 1~9 页。

③ 中国工运研究所编《新生代农民工：问题·研判·对策建议》，中国工人出版社，2011，第 1~34 页。

长期讨论共同的话题，产生了充分的人类情感，在异度空间中结成人际关系网，从而在网络上生成的社会集合体就是虚拟社区。① 网络社会的概念最早是由曼纽尔·卡斯特提出的，他认为网络社会是一种社会结构，这种结构源于社会组织、社会变化及由数字信息和通信技术构成的一个技术模式之间的相互作用。②

在《社交网络改变世界》一书中，作者从社交网络的分类出发，提出了网络中的身份多元化、地位民主化、权力分散化的观点，这些观点在网络中确实成为事实，并且影响着参与网络的所有人。③ 从作者的这些观点出发，我们发现网络社会的运作逻辑和现实社会确实有差异，至少网络社会的存在向现实社会的权力结构发起了强有力的挑战。

国内部分学者也提出了网络社区的概念，即网络社区是由网民在电子网络空间进行频繁的社会互动所形成的具有文化认同的共同体及其活动场所。④ 然而，学界对于这个概念的内涵和外延争议较大，至今仍无统一的认识。

国内最早对网络社会进行研究的是戚攻，他认为虚拟社会对现实社会重组与再造的根本原因在于"虚拟"（特征与趋势）和"网络"（结构与关系）。虚拟社会命题的科学性在于虚拟与现实的差异性。⑤ 然而，网络社会的概念在学界也有两种用法。一种指作为社会结构形态的网络社会（network society），这是信息化社会共有的一种结构逻辑，这种网络社会一方面无法排除社会文化和制度的多样性，另一方面各社会网络尽管能够与全球网络连接，但各网络之间基于利益、价值观等因素不太可能一体化并完全整合为单一网络。另一种是基于互联网架构的电脑网络空间的网络社会（cybersociety），这种网络社会也称赛博空间，它是通过虚拟现实技术模拟现实情境而形成的一个沟通信息的空间。国内的网络社区研究主要是从这个意义上展开的。作者要求大家在使用网络社会概念时要做出清楚

① Howard Rheingold, *The Virtual Community*: *Homesteading on the Electronic Frontier* (Cambridge, MA: The MIT Press, 1993), p. 3.
② 曼纽尔·卡斯特：《网络社会》，社会科学文献出版社，2009，第1~4页。
③ 马修·弗雷泽、苏米特拉·杜塔：《社交网络改变世界》，谈冠华、郭小花译，中国人民大学出版社，2013，第1~27页。
④ 郑杭生：《社会学概论新修》第四版，中国人民大学出版社，2008。
⑤ 戚攻：《"虚拟社会"与社会学》，《社会》2001年第2期。

界定，否则很容易让人误解。① 王冠使用了 Network Society 和 Internet Society 对网络社会的内在逻辑进行区分，前者指社会的网络化逻辑，关注文化影响之下的形态多样性；后者注重技术的决定作用，关注网络空间与现实空间的差异。②

互联网与虚拟社区的关系到底是什么？有学者认为作为一种新兴的传播媒介，互联网融会了传统媒介的所有传播特点，同时又具有许多独特性，诸如信息的可储存和再现性、多方同时可及性、匿名性、开放性等。正因为如此，互联网对现实社区生活的影响与传统传播媒介有了本质上的不同。本研究认为通过互联网的传播与面对面的传播一样是真正的互动，并且这种互动也能够产生真正的社区，从而为成员提供真正意义上的社区联系和支持。因此，互联网不仅进一步疏远了现实社区中人与人之间的交往和联系，而且构建出一个完全脱离于现实社区之外的虚拟社会空间，以至于人与人之间的现实社会联系愈发萎缩直至变成虚拟的社会关系，最终现实社区将被虚拟社区取代。③

对于网络社会的研究，传播学背景的学者提出传统社区开始解体，网络作为新的传播方式和社会交往方式，能够在流动性增强的背景下重建社区。在这个基础上，作者将社会结构与传媒变迁作为网络社区产生的基础，同时将网络社区空间的特殊性及空间文化引发的网络社会区隔视为网络社区文化的根源。作者也认为，网络社区最突出的特征是人与人、人与机器之间的连接，这种连接将"我"变成"我们"。④

综上，在国内学界对于网络社会的研究依然存在两种路径，并为网络社会与现实社会的互动问题争论不休。这从另一个层面反映了网络社会本身的复杂性及其对现实社会影响的复杂性。

（二）网络社区的特征与分类的相关研究

在前述研究的基础上，学者们对网络虚拟社区的特征、分类也进行了研究。张发亮认为，虚拟社区是以现代信息技术为依托，在互联网上形成的，由相互间相对密切的人们组成的虚拟生活共同体，并以共同的兴趣和利益为纽带，把身处不同地方的人联结在一起，从而创造出一种虚拟的共

① 郑中玉、何明升：《网络社会的概念辨析》，《社会学研究》2004 年第 1 期。
② 王冠：《网络社会概念的社会学建构》，《学习与实践》2013 年第 11 期。
③ 刘瑛、杨伯溆：《互联网与虚拟社区》，《社会学研究》2003 年第 5 期。
④ 黄佩：《网络社区：我们在一起》，中国宇航出版社，2010，第 1~20 页。

同生活。根据不同标准，虚拟社区有不同类型，这些不同类型的虚拟社区各有其特点。① 类似的研究还包括《虚拟社区研究现状及展望》②、《虚拟社区与虚拟社区交往初探》③、《关系型虚拟社区的结构及商业价值研究》④ 等。

针对虚拟社区的行为及互动，也有学者进行了相应研究。陈晓强、胡新华认为虚拟社会交往有间接性、超时空性、符号性、语言性、扩张性、模糊性和工具性七个特征。交往类型主要包括聊天、BBS、游戏、电邮等，引发的问题包括网络成瘾综合征、网恋、欺骗等。⑤ 刘辉也研究了虚拟社区中的人际互动行为，认为虚拟社区作为一个全新的沟通平台为社会带来了具有非面对面、去中心化、双重约束等特性的全新人际互动模式，这种全新的互动模式又为现实社会带来了不同于以往的新的社会问题。对于虚拟社区中的人际互动及其所产生的比较突出的现实社会问题，如青少年网瘾问题、不同年龄层次的网恋问题、"网络暴民"问题，以及虚拟社区人际互动所带来的人际信任危机、交往失范、人际情感疏远等问题，作者分别进行了描述性研究并提出相应对策建议。⑥

黄少华、武玉鹏从社会行为场域、行为特征、行为类型、行为影响因素、行为后果等几个方面对网络行为进行了综述。就作为行为场域的网络空间而言，网络已经是一个实时、多媒体、双向互动的社会行为与生活场域，人们在其中进行社会互动，并且因为共识或共同兴趣形塑的想象，网络引致了各种新社会行为的产生。对于网络行为及其影响因素，学者们分别从网民的网络使用行为和网民在网络空间中的行为模式、行为类型和行为逻辑进行了相应研究。网络空间的匿名和身体不在场等特征，导致了网络空间行为模式的诸多改变，对此学界给予了充分的关注，并且对各种形式的网络社会行为如网络交往行为展开不同程度的研究。作为网络的行为后果，网络正在形塑一个以内在期望、需求与恐惧为内涵的虚拟社会。由此，学者们研究了网络中的社会沟通与互动行为、网络暴力行为、网络沉

---

① 张发亮：《不同类型虚拟社区的特点比较分析》，《图书馆学研究》2006 年第 7 期。

② 柴晋颖、王飞绒：《虚拟社区研究现状及展望》，《情报杂志》2007 年第 5 期。

③ 丁义浩：《虚拟社区与虚拟社区交往初探》，《武汉市经济管理干部学院学报》2004 年第 3 期。

④ 付丽丽：《关系型虚拟社区的结构及商业价值研究》，电子工业出版社，2013。

⑤ 陈晓强、胡新华：《从社会学视角解析虚拟社会交往》，《山西高等学校社会科学学报》2003 年第 9 期。

⑥ 刘辉：《虚拟社区人际互动的社会学研究》，硕士学位论文，西北大学，2008，未刊稿。

溺行为等。①

有学者基于互动仪式理论和情绪社会学的分析框架研究了网络时代的社会交往。作者发现网络交往作为一种新的媒介场景，是一种用分享技术来构建理想社会，实现无中心的群体团结和个人全面发展的乌托邦梦想。网络传播强调的是一种与众不同的"我文化"的建构过程，不仅仅是分享信息，网络分享本身就是一种反对大众传播、倡导以自我为中心、促进平等沟通的仪式化行为。在网络中，通过身体的虚拟聚集，形成了超越狭隘地域性的共同关注，建立了一种更大范围内的群体身份认同和集体意识。② 有学者研究了网络虚拟社区的文化形态，包括发帖/回帖活动、短消息的发送、自我形象的设计。在这种文化形态下，虚拟社区成员的心态首先是参与，其次是认同，再次是社区的影响。③ 也有学者比较了虚拟社区与实体社会秩序的差异，提出了虚拟社区秩序的生成机制问题。作者考察了虚拟社会规则自组织的生成过程、秩序形成的博弈过程、网络技术的衍化对秩序的影响、政府在虚拟社会秩序形成过程中的作用、虚拟社区的协调治理策略等问题。④

天涯社区非常知名。刘华芹特意研究了天涯社区中人们的互动，首先描述了天涯社区的概况，社区历史变迁、社区居民的身份、聊天室里如何聊天、社区的结构、网婚的情况、社区的活动、社区的冲突、社区管理、社区公共决策、社区意识、网络自我展示，然后讨论了虚拟与现实的关系。作者的结论是虚拟社区摧毁了现实中的一些社会文化因素，同时也在重建这样的社会结构。⑤

目前，对虚拟社区研究最为全面的，笔者认为当属赵联飞。他在研究中系统回顾了中国虚拟社区的发展阶段、国内外虚拟社区的研究状况、虚拟社区与现代性的关系及其定量和定性测量，分析了网络流行语、在线政治参与、在线民族主义、公共空间与自媒体等，同时指出了虚拟社区未来的发展前景。可以说，赵联飞的研究为虚拟社区研究指明了方向。⑥

---

① 黄少华、武玉鹏：《网络行为研究现状：一个文献综述》，《兰州大学学报》（社会科学版）2007年第3期。
② 马向阳：《纯粹关系：网络分享时代的社会交往》，清华大学出版社，2015，第5~26页。
③ 姚玉杰：《传播视野中的网络虚拟社区文化形态透析》，《社会科学战线》2010年第8期。
④ 高献忠：《虚拟社区秩序的生成机制研究》，黑龙江大学出版社，2013，第1~25页。
⑤ 刘华芹：《天涯虚拟社区》，民族出版社，2005，第288~293页。
⑥ 赵联飞：《现代性与虚拟社区》，社会科学文献出版社，2012，第1~24页。

在网络社会的影响日益凸显的背景下，2011年11月5～6日，中国人民大学社会学理论与方法研究中心、中国人民大学社会学系主办了"全球化、信息化、网络化与中国经济社会变迁学术研讨会"。会上学者们集中讨论了网络社会与传统社会的相互作用与渗透问题，网络社会兴起背景下的社会学理论范式的反思问题，经济社会学、网络社会学对现实的理论关注和解释问题等。① 这次研讨会本身也反映了社会学界在网络社会出现之后的高度理论自觉。

（三）网络社会影响的相关研究

在学者们集中于网络社会的特点、行为模式、行为逻辑的研究时，部分学者开始关注网络的社会影响，比如网络社会兴起之后的后果是什么。唐魁玉从网络社会的消沉生活实践与生产实践的微观和宏观社会后果的角度考察了网络技术对媒介生活、家庭生活、政治生活、交往生活、恋爱生活、理性生活与企业生产等方面的影响。② 胡泳从网络社会与公共领域的角度讨论了网络的个性化与社会共识达成的关系问题。网络传播的内容是个性化的，体验是个性化的，服务是个性化的。从这个角度而言，网络是一个私人领域，这种私人领域能否演变为中国的公共领域并成为中国社会公共领域的增量？③ 从社会变迁的角度考量，个体通过网络中的交往如何能够影响社会变迁？上官子木通过对网络社区的交往过程、互动关系、文化价值、社会系统、互动模式、人格结构等的考察，得出了这样的结论：网络生活方式作为现实生活方式的补充，二者构成了互补关系。线下与线上各司其职，物质与精神、做事与做人、孤独与交流、压力与宣泄、紧张与放松等并存。网络对社会变迁的影响就在于当代人们开始拥有双重生活。④

从政府治理的角度而言，网络社会因为其影响力、传播速度，政府更加关注网络社会的治理。从这个角度出发，李一的《网络社会治理》讨论了网络社会治理的背景，功能定位、运行规范，网络商务活动的治理、政务活动的治理、服务活动的治理、网络交往的治理，网络文明如何演进等问题。⑤

---

① 郭彦辰：《网络社会兴起的社会学思考》，《社会科学研究》2012年第1期。
② 唐魁玉：《网络化的后果》，社会科学文献出版社，2011，第1～3页。
③ 胡泳：《众声喧哗：网络时代的个人表达与公共讨论》，广西师范大学出版社，2008，第1～27页。
④ 上官子木：《网络交往与社会变迁》，社会科学文献出版社，2010，第323～330页。
⑤ 李一：《网络社会治理》，中国社会科学出版社，2014，第1～2页。

第三节 理论预设与分析框架

农民工网络社区文化认同的研究涉及当前中国转型社会中的特殊研究对象——农民工群体在网络社区中的活动及其影响，这一主题涵括了前现代的、现代的、后现代的理论问题，同时又是现实中政府、学界以及市场和社会都必须正视和解决的问题。说这个问题是前现代的，是因为在从守土到离土、从有根到无根、从熟人社会向陌生人社会转变的过程中，农民工群体自身的观念和行为逐步被城市文明渲染、熏陶，而城市文明是以城市的工业经济为基础的，当这一群体回到乡村时，发现乡村的生活方式、风俗习惯与他们在城市渲染和熏陶的文明难以相容，甚至诸多观念相互冲突。在快速城市化的进程中，这一现象的表现尤其明显，近年来社会中涌现的关于乡愁的讨论，正是这一问题的集中体现。① 说这个问题是现代的，是因为纵观中国历史，无论是国际移民还是国内移民，每个时期都会存在。国际移民方面，历史上下南洋的华人、到美国做工的华人等络绎不绝；国内移民方面，中华民族多元一体格局的形成乃至中华民族的民族基因都与民族融合有关。历史上的三国两晋南朝时期、宋元时期、明清时期由于战乱或其他原因而在国内流动的民众都为中华民族多元一体格局的形成贡献了自身的力量。然而，像当前中国正在发生的、如此大规模的，在资本和利益驱动下，通过流动到城市寻求利益和发展机会的农民工群体，在中国历史上还是头一遭。这一群体在流动的过程中，影响其流动的因素并非历史上的战乱、割据、天灾等，而是各种制度因素和资本、利益等，这也是历史上从未有过的。影响农民工群体流动的这些因素只有在现代化、工业化和城市化进程中才有可能出现。说这个问题是后现代的，是因为农民工群体进入城市之后，当前的社会结构规定性②导致他们融入城市的进程缓慢，只能成为都市里的村民而非都市居民。在这种都市村民的背

① 陆益龙：《乡土重建：中国乡村社会的秩序转型与文化矛盾》，《学海》2016 年第 3 期；王纵横：《空间隔离的文化反叛：对中国社会城乡文化矛盾的一种解读》，《山东社会科学》2016 年第 5 期。
② 董敬畏：《流动、嵌入与网络认同个体化》，《浙江学刊》2016 年第 4 期。

景下，不仅出现了流动的公共性问题①，而且出现了公开歧视、落后的城市化水平和偏态分布的城市规模②，还出现了农民工群体开始自行结群，以网络为工具维护自身合法权益、谋取自身合法利益的现象。网络和农民工群体结合会产生什么样的社会影响，这是政府和笔者关注的问题。一方面，农民工群体掌握网络、利用网络有其积极意义，即以农民为主体的流动人口群体素质的提升和文明程度的提高既是中国现代化的结果，也是中国现代化的应有之意。网络作为现代化的一种表现形式和后果，农民熟悉它、掌握它、利用它是现代化的必然。另一方面，农民工群体能否通过网络中的活动进而生成新的群体意识、群体组织方式和结群方式，从而引发马克思意义上的自在向自为的转变，这也是政府和学界部分学者关注的问题。

从农民工群体流动的历程来考察，他们在城市中受到了以工业为基础的现代文明的熏染，不仅获得了经济收益，而且或多或少知晓了公民的民事权利、政治权利和社会权利③。这些权利的知晓让这一群体开始逐步与留守在乡村的群体产生某种区隔。这一群体与留守乡村群体之间的区隔不仅反映出中国社会正逐步从农业的、宗法的社会向工业的、民主的社会转型，而且反映出这一群体的"夹心面包"的状态，即媒体经常描述的"回不去的故乡，进不了的城市"的状态。从农民工群体流动的结果来考察，被现代工业文明熏染的他们很难再回到以农业文明为基础的乡村，即使能够回到乡村，他们也必然会将城市工业文明的生产和生活方式带回乡村，乡村城镇化、公共服务均等化、城乡一体化就成为当代中国发展的必然趋势。从中国现代化的最终目标和社会的良性发展角度来考察，农民工群体既是新型城镇化的主体，也是新型城镇化的动力源泉。只有这一群体按照自身意愿，选择工业文明的生活方式或重新回归到现代化之后的乡村农业文明，即只有他们在城市和乡村、在价值层面达到一种新的平衡之后，中国的

---

① 田毅鹏：《流动的公共性》，《开放时代》2009 年第 8 期。
② 参见叶宸辰《区隔？制约？扭曲？这不是我们想要的城市化》，原文刊发在 *Journal of Economic Surveys*。参见 http://www.ngocn.net/news/2017 - 01 - 13 - 6942b8a9f325cfce.html。
③ 这三个概念源于托马斯·马歇尔《公民身份与社会阶级》，参见马德普、威尔·金里卡编《政治文化论丛》，天津人民出版社，2006，第 515 页。

社会结构才能最终稳定。①

　　成为"新市民"的农民工群体，在融入城市的过程中面临两个问题：一是群体和个体权益在改革发展稳定的话语体系下，在资本逐利的背景下如何得到更好保障的问题；二是这一群体进入城市，成为城市居民，不仅是融入，而且是最终融合的问题。这两个问题在城乡统筹和新型城镇化背景下意义重大，笔者对于"农民工网络社区的文化认同"的思考即在这一背景下产生。笔者认为，囿于现阶段的社会结构规定性，农民工融入城市的方向是明确的，这点无论是从理论层面还是从认识层面，也无论是在政府还是在学界都已经成为共识。形成共识并不等于问题得到了解决，如何通过深化改革破除既有的体制机制和结构的制约，又能保证城市化进程和群体融入的渐进、有序？为破除现有体制机制和结构的制约，政府和学界把目光多放在户籍制度改革这一层面。学界在户籍制度改革方面做出了许多设想，中央政府和地方政府在这方面也做出了相应努力。改革的成效却不甚明显，原因在于户籍制度和其他相关的制度是相互嵌套在一起的。只改革户籍制度而不改革其他配套制度，反而会引发一系列的社会问题，从而导致未曾预料的社会后果。为保证群体有序融入，政府和学界更多通过居住证制度，逐步推进城市农民工群体在流入地根据居住年限和缴税年限分步骤享有当地公共服务。然而，居住证制度的出台并未彻底解决农民工群体根据户籍享有的公共服务问题，同时居住证制度还存在将本应是法律规定的公民权利化约为市民权利的问题。从法律层面和公民权利层面而言，居住证制度中各项针对农民工群体的政策规定和限制是不公平的。②当然，造成这种不公平的原因非常复杂，既有城乡二元体制的历史遗留，也有当前市场二元带来的区隔。历史遗留和市场区隔的具体表现是城乡二元分割的就业体制与政策引发的"二元劳动力市场"问题，城乡二元的

---

① 2009 年金融危机之后的中国农民工返乡潮，给学者提供了观察和分析返乡农民工的契机。刘燕舞提出返乡农民工按年龄分为 35 岁及以上和 35 岁以下；按务工种类分为技术工和普通工；按外出务工时间分为 90 年代外出务工群体，1995 年到税费改革前外出务工群体，税费改革后外出务工群体。根据刘燕舞的分析，35 岁以下的农民工选择融入城市，技术工和部分青年普通工选择融入城市，90 年代和部分税费改革后外出务工群体选择融入城市，返乡农民工基本属于年龄偏大且在城市无法实现融入。参见刘燕舞《返乡农民工的基本类型》，《社会科学报》2009 年 4 月 2 日，第 2 版。

② 《29 省份居住证制度落地 居住证含金量各有不同》，http://politics.people.com.cn/n1/2016/0129/c1001-28095482.html。

社会保障体制与政策引发的农民工群体的社会保障转移接续问题，城乡二元的土地制度与政策问题引发的当前城镇化进程中部分地方出现的化地不化人、农民"被上楼"问题等。①

当前的这种社会结构规定性导致农民工群体的代际和群体之间产生了非常大的差异，这种差异的产生既与农民工的流动方式有关，也与地方政府的政策有关。现有的各种解释农民工流动的学说，如"推-拉"理论"草根式流动理论""社会结构转变机遇理论"等，实质上都隐含了农民工流动方式与政府政策因素的影响。最初的流动囿于政策的限制，这一群体只能以先遣式迁移就业的方式零散地进入城市，在城市的非正规生产体制中从事非正规行业和产业。等到政策逐步放开，农民工开始通过血缘与地缘，不断将亲戚朋友带入城市，并逐步在城市的部分正规行业和产业就业，此时因为在城市就业的农民工人数逐渐增多，为了满足现实需要和获得情感慰藉，农民工自发地按照血缘和地缘关系开始构建自身的关系网络。这一阶段可称为链式迁移就业。从 2000 年开始，农民工群体已经不仅仅只满足于链式迁移就业，更多的是长期迁移就业，迁移模式以家庭为单位，在流入地开始定居。② 农民工群体流动的方式和流动的阶段注定了这一群体无法从自身内部产生组织的力量，只能以个体或亲友互助的形式面对在城市的各种风险；在捍卫自身权益时也只能通过聚集亲友到资方讨个说法或到政府劳资主管部门申请劳动仲裁。充其量，这是一种自发意识和自发行为，与马克思意义上的自为阶级还有着巨大的差距。同时从政治层面而言，政府已经明文承认了农民工群体作为产业工人的一部分。③ 但是在市场化推进的过程中，农民工群体内部却因代际分化和职业分化而无法形成整体的利益认知，公共政策的制定也很难给整个群体带来好处。从政府文件开始称呼第二代、第三代农民工群体为新生代流动人口，我们可以推知学界和政府其实对农民工群体内部代际分化和职业分化也非常清楚。尽管学界对新生代流动人口这一概念的认识依然不统一，但事实上这

①　曹锦清：《中国土地制度：农民工与工业化、城市化》，《社会建设》2015 年第 3 期。
②　任远：《城市流动人口的居留模式与社会融合》，上海三联书店，2012，第 35 页。
③　《国务院关于解决农民工问题的若干意见》，http://www.gov.cn/zhuanti/2015 - 06/13/content_2878968.htm。

一概念已经被约定俗成地用来称呼流动人口群体中的第二代、第三代。[1] 无论农民工的流动方式如何改变，也无论他们为国家尤其是流出地、流入地城市创造了多少价值，他们的城市融入和社会融合始终成为学界和政府绕不过去的问题甚至是难题。[2]

笔者试图描述和解释农民工群体从户籍所在地流出，进入流入地城市之后，在融入过程中发生的一种社会现象，即农民工群体和网络的遭遇带给这个群体的影响。众所周知，全球化背景下兴起的网络社会已经深刻地改变了整个社会结构，甚至社会中各个群体的生活轨迹和每一个人的生活方式。[3] 网络社会结构与传统社会结构有很大的不同，首先表现在其信息接收的主体性、主动性。对于每一个智能手机拥有者来说，他只关心自己感兴趣的信息内容，对于不感兴趣的信息内容，他会主动过滤，这在传播学中被称为"拉取"而非传统新闻的"推送"。"拉取"和"推送"的区别也就是网络兴起之后，传统媒体与新兴媒体在传播方面的区别。其次，网络社会的边界开始逐步被消解，所有网络参与者都具有平等地位，在信息多元化的背景下，这些具有平等地位的参与者可以自由选择各种信息内容，传统的舆论宣传失去了应有的社会效果。而且网络社会中的信息传播和沟通互动能够突破时空的限制。就这一角度而言，笔者的理论预设是农民工群体通过突破时空限制的网络社区能否形成新的群体意识和群体认同，并在这种新的群体意识和认同基础上与政府、资本进行互动，进而推动其城市融入和社会融合。毕竟网络是一种成本低、效用高、跨越时空的沟通方式，笔者设想网络社区尤其适合因流动性强而引发的时空隔离的农民工群体沟通、交流与互动。

在这个设想的引导下，笔者试图通过分析不同代际的农民工群体对网络社区的认识、参与及在此基础上能否形成新的群体意识和文化或身份认同，而证实（或证伪）笔者的设想。笔者关注到当前农民工群体在网络

① 郑广怀：《新生代农民工：界定、特征和制度回应》，载郑广怀、朱健刚编《公共生活评论》（第二辑），中国社会科学出版社，2011，第101~109页。
② 北京共青团委员会对北京青年1%进行了抽查，发现北京青年从融入北京的程度看，已经形成为五个圈层，包括"原住型""迁入型""门槛型""普通型""流动人口二代"户籍青年。此调查反映了新生代流动人口融入的现实。参见《北京青年生存报告：分5个圈层，看看你属于哪一层？》，http://www.rmlt.com.cn/2016/0917/440165.shtml。
③ 曼纽尔·卡斯特：《网络社会》，社会科学文献出版社，2009，第24~41页。

中的活动还处于逐步形成共同价值取向的进程中，基于利益共享的网络活动还只局限于某一特殊行业或特殊群体。也就是说，农民工群体共同的网络价值和网络意识都还没有完全形成，现实中这一群体的共享利益也很难说就已经完全形成，只能说这一群体的共享利益被知识界或农民工群体中的一部分人意识到了。然而意识到是一回事，成为农民工群体的共享利益和在这个共享利益基础之上产生集体行动和群体意识是另一回事。

农民工群体的流动是改革开放和市场化进程的产物，在这个过程中，农民从计划经济的束缚中得到解放，离开自己出生和成长的乡村，进入陌生的城市并成为农民工，被抛入市场的浪潮中，无所依靠。这个过程与德国社会学家贝克等讨论的晚期资本主义的风险社会①类似。贝克认为晚期资本主义的个人经历了个体化的过程，即首先是去传统化；其次是制度化抽离和再嵌入；再次是被迫追寻为自己而活，缺乏真正的个性；最后是系统风险的内在化。② 人类学家阎云翔通过中国的案例，讨论了个体化的中国模式。依据阎云翔的观察，中国的个体化进程主要表现在解放政治领域，即生活机会和社会地位的日常政治，缺乏西欧的文化民主和福利国家体制，而且中国的个体化进程是在国家管理下展开的。③ 也就是说，现代性推动了中国社会中的个体从传统的束缚中解放出来，在福利体制欠发达且古典的个体主义不发达的背景下，个体在嵌入的过程中要依托原有束缚中的一些因素才能对抗风险社会带来的不确定性。笔者在课题研究过程中一直在寻找适应农民工群体的社会学相关理论，对农民工群体在城市中遭遇的各种困境深表同情，此时社会风险理论和个体化理论为笔者的理论和实践困惑带来一丝曙光，尤其是当流动性的农民工群体和去中心化的网络遭遇之后，其个体化的倾向和趋势更加明显。对于农民工群体在风险社会中的境遇及个体化，国内也有为数不多的研究进行了讨论。④

---

① 李友梅最早讨论了国内风险社会的问题，参见李友梅《从财富分配到风险分配——中国社会结构重组的一种方式》，《社会》2008 年第 6 期；贝克、邓正来、沈国麟：《风险社会与中国》，《社会学研究》2010 年第 5 期；肖瑛《风险社会与中国》，《探索与争鸣》2012 年第4 期。

② 乌尔里希·贝克、伊丽莎白·贝克 - 格恩斯海姆：《个体化》，李荣山等译，北京大学出版社，2011，中文版序。

③ 阎云翔：《中国社会的个体化》，陆洋等译，上海译文出版社，2012，第 326 ~ 346 页。

④ 对于农民工群体与风险社会关系的讨论，参见葛笑如、卢璇《脆弱性与风险：农民工人生风险的另类分析》，《山西农业大学学报》2016 年第 15 期；张萍《社会风险研究的个体视角》，《思想战线》2013 年第 3 期。

依托上述文献回顾及理论预设，本研究建构的分析进路如图 0 - 1 所示。

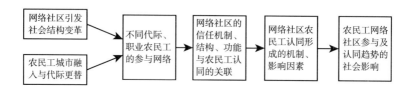

图 0 - 1　流动人口网络社区的文化认同分析进路

在研究过程中，由于实践不断在变，政府也在网络建设、社会建设方面不断出台新的政策①，因此研究过程中出现了许多未曾预料到的问题。这些关于网络建设、社会建设的新的政策实践与最初假设的问题很有可能导致本研究成果在落地和出版之时，也即"落后"之日。对于研究者而言，这并不值得懊丧，反而应该欣喜，至少这证明中国社会是充满活力的，也证明中国共产党实事求是的态度，其政策也是与时俱进的。作为一名研究转型中国的社会学学人，首要的任务是透彻认识和理解当代中国社会发生的种种变迁，这种变迁也包括农民工群体和网络社区遭遇之后产生的诸多社会现象。笔者认为，农民工群体与网络社区的结合只是在这些农民工群体融入城市社会的过程中、与城市社会融合进程中产生的阶段性问题。未来在中国城市化进程逐步完成之时，农民工群体也终将走进历史，成为历史的一部分，到那时农民工群体网络社区的认同这一问题也就迎刃而解。就这一点而言，理论是灰色的，生命之树常青永远是正确的。原因在于理论不仅总是落后于实践，实践是理论的源

---

① 影响较大的法律和地方性法规包括四个。一是 2016 年 11 月 7 日通过并于 2017 年 6 月 1 日正式实施的《中华人民共和国网络安全法》，这一法律的实施有效堵塞了当前中国网络参与和网络应用的诸多漏洞。2017 年 8 月 11 日，腾讯微信、新浪微博等涉嫌违反网络安全法就被立案调查，参见 http://www.chinanews.com/gn/2017/08 - 11/8302188.shtml。二是 2017 年 8 月 6 日公安部提出年内居住证制度全覆盖。三是 2017 年 6 月 30 日广州市推出的《广州市加快发展住房租赁市场工作方案》，即俗称的租售同权，参见 http://money.163.com/17/0719/11/CPN3VHEE002580SJ.html。四是 2017 年 7 月 20 日住房城乡建设部会同国家发展改革委、公安部、财政部、国土资源部、人民银行、税务总局、工商总局、证监会等八部门联合印发的《关于在人口净流入的大中城市加快发展住房租赁市场的通知》，参见 https://wallstreetcn.com/articles/3020831。与此同时，北京和上海探索实施共有产权住房方案，解决特大城市住房、就业、入学等问题，参见《北京共有产权住房可落户上学 或成以后主流住房模式》，http://news.china.com/news100/11038989/20170815/31098395.html。

泉，更主要的在于实践总是鲜活的，而理论只能大体概括复杂实践中的部分情况而非整体或全部情况。

第四节　研究目标、内容与方法

一、研究目标与内容

从现有研究的回顾中发现，当前将农民工群体与网络社区结合起来进行研究的文献数量还不是很多，研究还不深入，更多是分学科、分研究主题展开的研究。这种研究割裂了整体性社会事实，因为整体性社会事实并不因学科界限和研究主题界限而分离，社会事实是与人们的生活方式和活动联结在一起的，是一种相互交叉和关联的事实。就这一角度而言，本研究将流动的农民工群体和无中心的网络社区结合起来，探讨带给中国经济社会发展活力的农民工群体在网络社区的行为及产生的意识问题，从而帮助我们廓清掩盖在农民工群体城市融入过程中的种种迷雾。

与网络社区的遭遇无意中为农民工群体提供了一种从原有村社共同体脱离之后可能重新找回共同体的路径，农民工个体/群体参与网络社区能否成为这一群体形成新的群体意识，甚至形成新的结群方式的途径，还有待持续深入研究。农民工个体/群体在网络社区中聚集、互动，形成某种小的圈层结构，这种圈层结构能否影响农民工群体形成新的归属感以及城市融入感，此其一。其二，网络社区作为一种新的社会形态，其出现对未来中国社会发展、结构变迁将产生深远而持久的影响，农民工群体如何使用或者如何认识这一新的社会形态，将帮助我们拓展对于当前中国社会的认识，从而进一步描述复杂的社会转型实践。其三，网络社区能否为进入城市的农民工群体聚集、组织、动员、结群提供某种可能，这种可能会不会在实践层面变成影响当前政府中心工作的现实，比如出现的一些群体性事件等。其四，网络社区这一新社会形态的出现，网络参与者的主体性、主动性的发挥，对政府的正当性有何影响，政治的多元治理能否借助网络让民众发挥多元主体的功能，从而提升中国社会治理体系和治理能力的现代化，并为最终实现中国梦和"两个一百年"奋斗目标奠定良好的社会结构基础。这是笔者在研究中试图达到的目标。

根据这一研究目标，笔者在研究中将涉及下列主要内容。

第一，农民工个体/群体城市融入的现状与问题。农民工个体/群体从流出地到流入地，这种跨时空流动推动其从原有社区或村落共同体中脱离，进入城市之后他们又受到各种结构性限制，无法顺利在流入地城市实现社会融入，反而因为社会隔离和排斥而产生社会边界。这种社会边界的存在，反过来成为农民工个体/群体参与网络社区活动的推力和助力。那么，其有没有在网络社区中找到在流入地城市现实生活中找不到的归属感？借助网络社区，农民工个体/群体重新以某种标准或原则实现了集聚、互动，这种新的集聚方式有没有帮助其形成新的群体意识和群体认同？

第二，农民工群体参与哪些网络社区以及网络社区的特点、信任机制、结构、功能，网络社区中讨论的话题，这些话题的传播机制，这些话题能否影响参与其中的人？农民工参与网络社区的活动能否影响其认同的形成？网络社区是流动的农民工与他人沟通、交流的一个虚拟场域，在这个场域，农民工个体/群体在虚拟情境中构想、交互、沉浸，从而形成某种想象的共同体和文化或身份认同。而且因为网络的去中心化特征，在网络社区中，现实生活中的那些等级性的、权力性的影响因素对流动人口群体的制约降到最小，信息传播过程中的权威性议程被颠覆，大众性议程成为主导，稳定的主体趋于消解，这些特征与农民工自身特征相契合。那么，这种契合能否推动农民工群体形成群体性意识和新的认同？

第三，农民工个体/群体网络社区认同影响因素及形成机制的研究。网络社区的虚拟性与农民工个体/群体的流动性的结合，导致了作为网络社区参与者的农民工个体/群体的主体性被消解。网络社区中的去权力化、去中心化、碎片化、片断化使参与者角色变得平等、多元、去中心化，网络社区的虚拟性与农民工个体/群体的流动性会给农民工个体/群体的城市融入和现实生活带来何种影响？它在农民工个体/群体城市新认同的形成中扮演何种角色？

第四，农民工个体/群体在网络社区中的活动及文化或身份认同与城市化、市民化的关系。从这个角度出发，笔者试图研究农民工个体/群体网络社区认同的结果，这种结果对政府正在推进的新型城镇化进程、城乡一体化进程，以及对农民工个体/群体自身认同的转变有何影响，这种影响在多大程度上制约着未来的城乡关系等。笔者也试图提出一些对策建议。

笔者认为，农民工个体/群体受资本和政府的合力推动而产生流动，这种流动带来的影响是其从原有社区或乡村共同体中脱离，从原有的文化场域脱嵌，这种脱嵌使其经历从有根到无根的转变，这一群体产生程度不一的文化冲突现象。美国社会学家米尔斯早就指出："文化断根造就了无信仰、无历史的非英雄……他们从旧的社会组织和思维模式中流离出来，被抛入新的存在形式，却找不到思想归宿，只能将就地在失去意义的世界里不带信仰地生活。"① 文化迷失背景下的农民工个体/群体试图找寻新的共同体，重建其归属感和形成新的认同，网络社区的出现是为其重建归属感和形成新的认同提供了新的可能，还是这一群体依然延续了原有的血缘、地缘结群方式，在原有的社群中找寻归属感和认同。如果是前一种认同，那么有可能会对中国社会未来产生重要影响；如果依然在原有的社群中找寻归属感和认同，那么也能够证明中国社会制度和结构的韧性。然而，即便网络社区作为流动人口重建共同体的一种路径，网络社区的去中心化、去权力化等特点与农民工群体的流动性特点的结合使农民工群体的认同始终处于一种解构与建构的动态不居的状态，稳定的文化认同难以形成，这种虚拟文化认同与实体社会的国家、民族、族群认同存在显著差异，至少实体社会中的国家、民族、族群认同是稳定的而非变动的。从某种角度而言，在流动人口未能完全融入城市、实现社会融合之前，存在一个都市乡民的过渡阶段。这个阶段的农民工已经在城市生活，实现了职业的非农化、享受了城市的部分公共服务，但还未能真正实现生活方式的转型。

二、研究方法

对于网络社区的研究，卜玉梅探讨了有关虚拟民族志的田野、方法与伦理。她将互联网作为虚拟民族志的起点，作为一个缺场的社区，虚拟社区却是人际关系和社会规则的媒介，注重的是文化过程。在研究过程中，除了采用传统的参与观察法外，在线访谈、重返现实的深度访谈都是重要

---

① 《城镇化的文化难题》，http：//epaper. nfncb. cn/nfnc/content/20140320/Articel0 2005 FM. htm。

的研究方法。① 美国学者罗伯特·V. 库兹奈特也讨论了网络人群和社区的研究方法。作者提出要理解和研究线上文化，其方法包括访谈、调查、社会网络分析、参与观察和民族志等方法。这为笔者的研究提供了借鉴。② 在研究过程中，首先根据前期的研究和观察提出自己的理论假设，即农民工群体在网络社区中的文化或身份认同是一种个体化的认同，然后通过问卷和深度访谈进行经验归纳，对理论进行证实或证伪。③ 下面笔者分别简述在研究过程中如何使用田野观察、深度访谈、案例分析和比较研究等方法。

田野观察本是文化人类学经常使用的方法。在这个方法使用的过程中，笔者的田野地点是网络社区而非实体社区。笔者通过 QQ 的搜索功能，在网上找到一些务工网站，再选择一些网络社区，包括微信、QQ、微博等，加入这些网络社区当中，参与这些网络社区参与者的话题选择、行为模式、互动交流等，并在其中扮演一定角色，感知、感受、体验其网络社区认同形成的影响因素。在与这些网络社区参与者的互动过程中，笔者并不隐瞒自己的目的，既从主位理解网络社区参与者的行为，又从客位分析参与者产生此种行为的原因。

深度访谈是社会学经常使用的方法。深度访谈可能无法掌握大量信息，受时间、人力、物力、财力的限制，深度访谈只能小范围进行。笔者在研究过程中，通过与一些农民工群体的社会组织合作，首先对流动人口进行分类，然后根据不同类型的农民工群体的情况，选择部分农民工群体网络社区的深度用户（两年以上网龄），通过深度访谈，把握其网络社区经历、动机、自我认知、使用习惯、认同及行为。

案例分析是研究中常用的一种分析方法，也是深度访谈、田野观察方法的继续。如果要进行深度访谈和田野观察，就需要选择一些社区，并以这些社区为例分析其参与者的构成、组织原则、宗旨、活动、行为模式、认同情况，网络社区议题的形成、传播方式，网络社区的组织、结构等。

比较研究体现在两个方面。首先，笔者试图对农民工群体内部的不同代际进行比较。其次，把农民工群体在网络社区中的各种活动与他们

① 卜玉梅：《虚拟民族志：田野、方法与伦理》，《社会学研究》2012 年第 6 期。
② 罗伯特·V. 库兹奈特：《如何研究网络人群和社区》，叶韦明译，重庆大学出版社，2016，第21～23 页。
③ 袁方：《社会研究方法教程》，北京大学出版社，1997，第 92～96 页。

在实体社会中的各种活动进行比较。只有通过这种比较，才能真正明白虚拟社区与实体社会之间的差异，也才能分析农民工群体在网络中能否真正形成认同，以及借由网络能否最终推动流动人口的结群与集体行动的形成。

此外，定量研究法也是研究过程中不可缺少的一环。受研究资金、精力和时间的限制，笔者只能在全国范围内有限选取河南、云南、湖南、广西四个农民工外出流动比较频繁的省份和广东东莞、浙江温州两个农民工流入比较密集的城市进行小规模的问卷调查。流出省份的调查对象是委托当地政府和朋友在村庄中寻找短暂回乡的外出农民工，流入地城市的调查对象包括各个行业、各个年龄段的务工人员。问卷共发出 600 份，问卷回收之后经过核验，废卷 42 份，有效问卷 558 份。经过对这 558 份问卷的分析，得到农民工群体网络社区认同和意识形成的相关数据。同时，笔者没有利用当前最为流行的 Stata 软件进行数据分析，而使用了 SPSS 统计软件，原因在于笔者的问卷设计并不那么完善，只能分析出农民工群体网络社区认同的一些基本趋势并得出一些基本判断。

笔者的研究对象是一种现实中已经出现，但未能引起广泛关注的农民工群体在网络社区中的活动。从研究对象层面考察，社会现象已经存在，但理论上的研究还比较匮乏，这种研究对象的独特性使笔者的研究不一定圆满，但可能有新意。从研究视角层面考察，国内已有的农民工群体的相关研究均强调社会结构规定性，即农民工群体面临的各种制约因素导致这一群体无法顺利融入城市，这是事实。因为农民工群体的流动打破了原有的城乡二元界限，从而引发了连锁反应，应该说已有研究基本上是一种结构性的研究视角。笔者想反其道而行之，试图从农民工群体在网络社区中的各种机制和过程入手，从农民工群体的主体性角度，呈现并分析农民工群体在网络社区中的各种活动，从而丰富学界关于农民工群体和虚拟社区的理论认识。从对策建议层面考察，网络虚拟社区的出现及某一社会群体在网络中的活动，对政府的社会治理提出了新的要求。笔者的研究将农民工群体和网络社区结合起来，并从文化认同的角度分析这一群体在网络社区中的行为及社会影响，为政府摆脱治理的路径依赖、创新治理方式，最终形成适应中国特色的治理模式和治理体系的现代化提供相应对策、建议，并推动政府在网络治理方面填补相应漏洞。

第五节　本书结构

美国社会学家米尔斯讨论过私人事务与公共事务的差异，他认为"困扰是私人事务，因为个人感到自己珍视的价值受到了威胁。论题则是公共事务，因为涉及的事情超越了个人的局部环境和内心世界"。[①] 笔者试图探讨农民工群体在遭遇融入的结构性困境之后，通过网络社区的参与能否形成新的群体意识、新的文化与身份认同的问题。导论部分，笔者阐述了研究缘起、理论预设与分析框架，以及主要研究目标、内容与方法等。

第一章阐释了农民工群体的网络社区参与是他们的一种被动选择。因此，总体性地回顾农民工群体的流动历程、流动原因、农民工群体的代际差异、政策变迁等是有必要的，接着讨论农民工群体的城市融入在现阶段体制框架下是一种嵌入式融入，这种嵌入式融入导致这一群体成为问题群体，从而农民工群体与城市乃至城市居民之间形成了某种社会边界。然而因为科技的发展、网络的兴起，农民工开始通过网络进入城市、参与城市的各项活动。

农民工群体在流动和融入城市的过程中受到了阻力，形成了社会边界，在漂泊的过程中，城市的互联网开始被许多农民工群体接受，成为这一群体摆脱现实困扰的一种"虚拟"途径。因此，第二章首先通过访谈资料引入农民工对网络的使用情况，其次探讨什么是网络社区，其概念、分类与特征是什么，农民工如何在网络社区进行信息分享与人际互动、网络社区信任机制如何构建、网络社区的议题分类及其影响等也是需要讨论的问题。

第三章涉及农民工城市嵌入和网络社区参与的个体化。农民工群体在时空抽离背景下进入城市，在城市的融入和认同过程中遭遇困境，这种困境导致农民工群体在城市自我隔离并形成"城市村落"与"都市乡民"。

---

① C. 赖特·米尔斯：《社会学的想像力》，陈强、张永强译，生活·读书·新知三联书店，2005，第6~7页。

即使他们参与网络社区的活动，也依然是在网络社区延续实际中的生活习惯，即依然按照血缘、地缘、业缘的模式活动，从而网络社区成为一种"虚拟村落"。这种"虚拟村落"的嵌入方式并不能解决农民工群体现实中的"漂泊"。

第四章从农民工网络社区参与的个体化实际出发，研究农民工在网络社会的认同和意识形成机制。首先探讨影响农民工网络社区认同和意识形态的因素；其次讨论农民工城市融入过程中文化认同的建构；再次讨论农民工网络社区参与的数据分析，在农民工网络社区参与数据的基础上，讨论农民工网络社区文化认同的建构；最后讨论农民工网络社区文化认同与群体意识形成的关系。

第五章是结论部分。本章指出农民工群体网络认同的个体化及其带来的一些影响，并从认同个体与网络科技发展、社会结构变迁、城乡关系变化、公民权利和阶级阶层形成等角度讨论了这些影响，最后对农民工网络社区认同的个体化提出了相关的对策建议。

第一章　流动与融入

　　北京同心创业培训中心的学员创作的《冬天冷冰冰》的诗歌有如下词句："冬天冷冰冰/我快要结冰/人生路漫漫/我将要去何方/冬去春来/我又坐上了那趟车/依然徘徊在那工业区/记得那年我充满希望离开家乡/来到这梦幻美丽的城市/原本以为能有一番作为/可屡屡碰壁却让我无立足之地/在这繁华而陌生的城市/拥挤的人群中是那么无助/每天重复着和机器谈恋爱/这冰冷的爱情让我寂寞难耐/食品厂爱情失败/电子厂又受工伤/摆个地摊城管无情地罚款/开个小店经营不善结果破产/不甘失败的我决心从头再来/生活就像那一片野草/野火烧不尽春风吹又生/虽然现实追不上梦想的脚步/但我依然在风雨中战斗/生活有时像个屁/闻着让你很生气/生活像条流浪狗/四处漂泊到处走/生活不像那天平/不会对你很公平/生活不是你所想/买个彩票就中奖/我也想成为一个自由的人/面朝大海春暖花开/我也想成为一团燃烧的火焰/在黑夜中点亮自己温暖别人/希望工资不再拖欠/可以体面地劳动/希望能够看得起病/活着能够有尊严/希望能有真正的爱情/不再和机器谈恋爱/希望出门在外的人们/高高兴兴回家过年。"[1]

　　当笔者第一次读到这首诗歌时，诗歌作者对于未来人生的迷茫和对于生活的希望两种情感让出身农村的笔者也心有戚戚。按照当前社会通行的看法，人们所处的结构和位置决定了每个人在生活中各个层面的选择，决定了他们的生活圈和"三观"，决定了群体当中哪些人更能运用一些资源，更有影响力，更容易取得成功。诗歌作者也试图挣脱命运的枷锁，在读书不成之后，选择通过流动和打工这条道路，试图改变自身命运，然而依然难以跳出原有的结构和位置，难以改变自身命运。在无法跳出先赋的

---

① 吕途：《中国新工人：文化与命运》，法律出版社，2014，第241~242页。

结构和位置之后，绝望就会产生。笔者在读书生涯中也短暂地打过工，赚取读书费用。在辛苦劳作的同时，笔者内心存有希望。因为笔者已经改变了自身命运。尽管如此，打工的那段人生经历直到现在依然让笔者难以释怀。正是这种难以忘怀的个人体验和经历，使我对农民工群体的命运充满了关注和关怀。当我从小跟着父母日复一日、年复一年地在土地上劳作却只能获得微薄的收益时，我对土地的感情是复杂的。细想起来，笔者和上述诗歌作者唯一的区别在于笔者侥幸通过读书和考试摆脱了依附于土地的命运和农民的户籍身份限制，而诗歌作者却没有，这就决定了他即使在城市工作，也必然是充满希望地进入城市，却屡屡受伤地离开城市。无论何种原因导致了这种情况的出现，对于农民工群体或个体来说，这就是生活，这就是命运，即使无奈也得接受，即使委屈也得忍着。

有学者认为，对于农民工群体的城市适应，我们不必过于关注宏观的结构性、制度性因素的制约作用，忽视农民工自身的主观性及其作为理性主体创造自己生活世界和进行意义建构的能力；也没有必要夸大二元对立模式、城乡居民冲突与社会刻板印象等阻碍农民工城市化的不利因素和农民工被结构化的一面。[①] 笔者部分同意这种观点，但要指出的是客观结构是主观能动性发挥的前提，是理性主体创造意义的背景。如果不是因为这种结构性制约，农民工群体利用网络、使用网络的动机和目的、网络消费能力、网络信息获取等方面可能就不会呈现今天这幅场景。因此，只有在认清客观前提条件下，才有主观能动性的发挥，才能创造和建构意义。农民工群体正是在不断流动的过程中，在二元结构下，通过主观能动性的发挥，创造和建构了自身的意义，形成了"双重脱嵌"的独特社会场景。

第一节　农民工群体的流动历程

农民工是中国特有的一个群体，是农民身份和职业非农的结合，是指

---

① 郑欣等：《进城：传播学视野下的新生代农民工》，社会科学文献出版社，2018，第9页。

工作、生活在城市而户籍在农村的打工群体。无论农民工在哪个行业、什么地方，也不管他们待遇如何，这一群体的群体符号不会改变，这个群体符号形象地表达了他们出身于农村并与乡村保持着密切联系但工作和生活却在城市的社会现实。这一群体集工业文明与农业文明、传统与现代于一身，在这一群体身上，我们能够看到他们的彷徨与困惑，同时透过这一群体的命运，我们也能看到当代中国在迈向现代化过程中付出的代价。农民工个体/群体的出现有着深刻的历史原因和社会原因。传统中国以农立国，绝大多数人世代定居在某一地域，很少流动。"安土重迁，黎民之性。"①即使有社会流动，也是以兵乱、流民、匪患等被动的、无目的的、对社会造成巨大负面影响的面目出现。翻阅史书和方志，我们中华五千多年的历史进程中很少出现今天这样大规模的、自发的、有目的性、对经济和社会各个方面都产生巨大影响的人口流动。

当代人口的大规模流动始于1978年的改革开放，这个改革既是对新中国成立前30年建设经验的总结，又带有某种自主探索的性质。首批流动的是"文革"时期被下放到农村的知识青年和干部。在政策调整之际，这些人从农村重新回城，形成了人口流动的第一批次。第二批次从国家放宽对人口迁移的制度限制开始，从农村的承包到户改革开始，二者相辅相成。因为放宽了人口迁移的限制，这就为以前被土地束缚的劳动力在农闲时期外出打工提供了机会和可能。同时，国家鼓励乡镇企业发展，也在推进城市国有企业改革。企业用工的增加，为人口流动进一步提供了条件。通过政策推动，城市与农村的二元关系格局开始逐渐发生变化，人口在城乡之间的流动成为推动和引发中国社会变革的主要力量，它不仅冲击着已有的城市和乡村的管理制度，而且对未来中国的发展产生深远的影响。农民工群体不仅推动了中国经济的高速增长，还引发了广泛而深刻的社会变迁，城乡产业结构、人口分布、社会阶层结构、职业结构、民众生活方式、社会价值观念等都在这40多年间发生了重大变迁。

然而，我们很难想得到就在40多年前，人口自由流动根本就是一个神话。从1956年冬下发《关于防止农村人口盲目外流的指示》开始，到1958年通过《中华人民共和国户口登记条例》，短短两年的时间，有关阻止人口流动的法规就建立起来了，从此城乡二元的格局正式形成。笔者在

———————————

① 参见《汉书·纪·元帝纪》。

调查时，问过新生代农民工对粮票、布票、介绍信等有什么印象，很多人问我："那是什么东西？有什么作用？"当笔者解释说那是特殊时期用以阻止人口流动的，他们纷纷表示难以理解。笔者问起他们对于"盲流"的理解，新生代农民工中很多人不知道这个词。笔者告诉他们"盲流"有特定含义，是指外出流动的农民中被公安机关遣送回原籍的人。而一些年纪较大的农民工对有关粮票、布票、介绍信甚至"盲流"等都有各自的社会记忆。在改革最初的十年间，农民的流动依然是被政府严格控制的，此时到城市打工的农民如果被公安机关发现，依然会被遣返。尽管到1988年，农民工总数已在3000万左右，然而他们依然是"盲流"，尽管事实上这些人进城打工从来都是有方向性、有目的性的。此时，农民工进入城市的策略是先遣式的，亲戚朋友或者同村先有一个人外出打工，打工地的相关信息传递回村落，吸引同一村落甚至附近村落的人络绎不绝地到同一地方打工。

表1-1　第一代农民工和新生代农民工的差异

代际划分		出生时间	人生经历	对农村和城市的认识
第一代农民工		80年代之前出生	与农业联系紧密,受教育程度不高,改革初期多利用农闲时间外出打工	对农村和农民生活方式有极高的认可,对城市生活方式不是很认同
新生代农民工	第二代农民工	80年代之后出生	与农业联系不紧密,受教育程度逐步提高,长年累月打工	向往城市生活,愿意居留在城市,但无法真正融入城市
	第三代农民工	90年代之后出生	根本没有种过地,对土地没有任何感情,基本接受过九年义务教育甚至更高程度的教育	对农村和农业没有任何认同,内心认同城市生活方式

1989~1992年，外出打工依然在持续，但受到当时社会氛围的影响，打工人数没有明显增加，但也没有显著回落，甚至这一阶段的人口流动还不断被政府管控。1989年春节刚过完，从四川、河南、湖北、陕西、安徽等地外出打工的农民工将全国的铁路、车站完全占据，给交通造成很大压力。国务院办公厅为此特意向全国发出"紧急通知"，要求"严格控制民工盲目外出"。新华社也发表文章《城里找活难，农村天地广》，要求

农民工不要外出流动。

1992～2002年是一个农民工外出打工的新的发展阶段。1992年邓小平"南方谈话"加快了改革开放与经济建设的步伐,这一时期大规模的外出务工成为社会潮流,民工潮成为媒体和社会的主要话语。1993年外出农民工规模就已有6200多万,比1988年翻了一番还多。此时,农民工迁徙已成为常态,由地方政府主导的劳务输出公司开始解散,市场对资源的配置作用开始显现,就业机会已成为农民工迁徙的主要动力并决定着农民工迁徙的方向。在这一阶段,进城之后的农民工发现,在就业、户籍、教育、社保等方面,他们与城市居民有很大差异,自身权利处处受限。顺口溜"东南西北中,发财到广东"正是这一阶段农民工群体蜂拥至广东的真实写照。这一阶段也是市场经济在中国快速推进的阶段,城市化在这一阶段突然提速,建筑农民工的工资被拖欠成为顽疾,始终无法根治。农民工的弱势地位、劳动立法的欠缺、对农民工劳动过程的监督、劳动市场体制的不完善等问题开始浮出水面,成为这一阶段突出的社会问题。

2003～2008年是一个具有里程碑意义的阶段。这一阶段是中国加入全球化和成为世界工厂的阶段,从1990～2008年,中国在世界出口总额中所占份额增长了5倍。2003年,中国成为美国的第二大出口国,仅次于加拿大,并在2007年超过加拿大。中国的工厂此刻不仅与数字供应链相连,而且在这些供应链上建立了联系。中国成为全球最大的电脑生产国,跨国公司生产了大约85%的高科技出口产品。电子和电气设备行业是农民工进入最多的产业,农民工占了该行业劳动力的一半。①

在中国日益融入全球化和成为世界工厂的进程中,农民工的权益保护和社会保障却未能跟上,从而出现了"双重脱嵌"这一社会现象。这种"双重脱嵌"最初并未被学界和政府明确意识到或者意识到了但未能有相关措施的跟进,"孙志刚事件"推动了学界、政府乃至全社会对这一群体的关注。2003年6月18日,国务院第12次常务会议通过的《城市生活无着的流浪乞讨人员救助管理办法》正式公布,2003年8月1日起施行,1982年5月12日国务院发布的《城市流浪乞讨人员收容遣送办法》同时废止。

随着收容遣送制度的废除,中国融入全球化进程步伐的加快,农民工

---

① 参见尼克·迪尔－维斯福特《赛博无产阶级:数字旋风中的全球劳动》,燕连福、赵莹等译,江苏人民出版社,2020,第78～79页。

群体在城市身份的确定及合法化，农村九年义务教育免费，农业税取消等进一步推动了农民工群体的流动。此时，沿边、沿江开放的局面进一步扩大，这些城市对劳动力的需求普遍增加，不同地区之间、不同产业类型城市之间对劳动力的需求竞争开始形成。地区之间、城市之间的劳动力竞争推动了民工潮转向民工荒。许多地区的工厂因为招不到足够数量的农民工劳动力而开始减产、停工，甚至破产。也是在这个阶段，农民工这一称呼开始逐渐被各地方政府以"新市民"的称呼替代。概念转变的背后是农民工群体主观能动性的发挥，包括个体争取、群体行动、社会呼吁等，以推动社会公共政策的改变。从2008年到今天，新生代农民工逐渐成为农民工群体的主体并爆发出巨大的能量，尤其是2010年出现了众多与新生代农民工群体相关的罢工等事件，这些事件共同引发了学界和政府对这一群体及其居留城市愿望的关注。社会各界以"受教育程度高、职业期望值高、物质和精神的享受要求高，但工作的耐受力低"（"三高一低"）概括这一群体的特点。

根据国家统计局的数据，2017年中国农民工总量为28652万人，1980年及以后出生的新生代农民工逐渐成为农民工主体，占全国农民工总量的50.5%，比上年提高0.8个百分点；老一代农民工占全国农民工总量的49.5%。[①] 因应农民工群体的代际变迁，2010年的中央一号文件首次使用"新生代农民工"的提法，正式承认了这一群体在社会发展中的地位和作用，同时也认可了他们居留城市的愿望。根据这一群体的群体特征，政府适时提出"社会融入""城市融入"的研究课题。然而，制度的转型和变革有个过程，城市居民与农民工群体的相互接纳更是一个漫长的过程。

第二节　作为"嵌入"的城市融入

政府和学界对解决农民工群体的城市融入或社会融入问题特别关注，

---

① 国家统计局：《2017年农民工总量达28652万人 新生代农民工占比首次过半》，http://finance. ifeng. com/a/20180427/16214103_ 0. shtml。

学界对此也做了诸多研究，甚至一度将融入和融合混在一起讨论。然而，社会融入和社会融合概念的内涵与外延并不相同。从方向的角度来看，社会融入是一方主动向另一方靠拢，乃至变成另一方；而社会融合则是双方相互影响。从内容的角度来看，社会融入也是放弃一方的生活内容，全方位学习、掌握另一方面的内容，比如农民工融入城市，需要从经济、政治、文化等方面全方位适应城市；而社会融合则是双方在政治、经济、文化等方面取长补短。从社会基础的角度来看，二者也有显著区别。国内对于二者概念做了深入区分的是李培林和田丰，他们认为社会融入和社会融合的社会现实基础有显著差别。① 从社会发展趋势和流动的最终目标考察，笔者认为社会融入是社会融合的初始阶段，社会融合则是社会融入要实现的最终目标。从这一点出发考察当前政府和学界讨论的融入，笔者认为还只是浅层次的，还只是从经济方面将流动的农民转变为市民，要从社会心理和文化认同方面、群体整合方面实现融合，改变二元结构带给整个社会整合的影响还有很长的路要走。因此，现阶段的农民工群体城市融入只能称为"嵌入性融入"。

"嵌入"这一社会学概念最早由出生于匈牙利布达佩斯的经济人类学家卡尔·波拉尼提出。他认为，在前工业革命社会中，经济制度中的非经济关系使社会组织嵌入社会体系中。而在后工业革命社会中，社会与市场不但相互嵌入，而且社会的运行与前工业革命社会相反，社会关系嵌入在经济体系中，而不是经济行为嵌入在社会关系中。"在19世纪的社会，经济活动被抽离并输入到一个独特的经济动机之中，这确实是一个奇特的转折。"② 格兰诺维特重塑了"嵌入"的概念，认为现实中行为主体并不独立运行于社会脉络之外，也不完全依附于其所属社会类别所赋予的角色，他们有目的的行动——不管是经济上的目的还是社交、身份、权力上的目的——实际上都嵌入在真实的、运作中的社会关系中。③

总体而言，"嵌入"概念主要考察经济活动的特征，包括经济组织与社会网络的关系问题，所以后来学者多使用这一概念考察人际关系网络、

① 李培林、田丰：《城市化与农民工的社会融入》，载李培林主编《当代中国城市化及其影响》，社会科学文献出版社，2013。
② 卡尔·波拉尼：《巨变》，黄树民译，商务印书馆，2013，第113－115页。
③ M. S. Granovetter, "Economics Action and Social Structure: The Problem of Embeddedness," *The American Journal of Society* 91, No. 3 (1985): 481－510.

人际信任、社会规范、企业所处的社会结构特征等。从这一概念内涵的角度考察，笔者认为农民工在城市融入过程中实际处于一种嵌入状态，这种嵌入表现在方方面面，包括城市的人际关系网络、人际信任、社会规范、社会结构等方面都与乡村有着巨大差异，农民工群体需要重新适应。比如农民工群体租住在城市社区当中，免不了与城市居民发生互动，这就是人际关系的嵌入，同时农民工在工作中可能还会与城市居民成为同事，这是业缘关系的嵌入。而农民工在城市中生活，既受到原有乡村社会规范的影响，同时城市文明的一些规范也影响到城市居民，这是社会规范的嵌入。正是农民工群体与城市的这种互嵌状态引发了当前城市治理的诸多难题，这种嵌入对城市政府和城市居民而言都意味着不仅在经济层面、空间层面、心理层面、文化层面，而且在行为层面、身份认同层面、制度层面增加了新的变量，这种新的变量是流动带给现行城乡关系的一种增量。农民工群体要真正实现融入和融合，初期这种嵌入带给所有人的影响都是不愉快的。

笔者住的小区旁边就有两个很有名的城中村，位于东边的被称为 WL 东苑，位于西边的被称为 WL 西苑，这里容纳了大量的流动人口。笔者在这个城中村"偶遇"到许多外来人口，其中一位外来务工者这样告诉笔者：

> 我来自安徽六安，在 H 市已经 8 年了，先跟同村人一起进厂，做的是流水线上的活儿，因为不赚钱，还辛苦，后来就从厂里出来了。出来后跟着老乡做装饰装潢，这个活儿要有一定量的金钱，我手头没多少钱，干脆自己干。自己干，又没多少门路，然后在这里开个店。（回老家？）老家现在没活儿干呀，回去做什么？又没有工厂，开个店都没生意。种地，那会饿死的。在这里好坏我能养活自己。我把老婆、小孩都接过来了，小孩就在附近的公办学校读书，交赞助费就能入学。老婆在一家制衣厂上班。难是难一点，但总比在老家赚钱快。（与村子里的人熟悉？）根本不熟悉，只与房东打交道，而且是金钱的交道。房东不厚道，这么小的店一年租金 3.5 万元，与临街的门面房根本不能比的嘛，而且水电费都是另算的。我经常联系的还是老乡，有时没生意的时候，老乡过来串串门、聊聊天。小孩尽管在附近的公办学校和当地孩子一起读书，但她和当地小孩根本没办法交朋

友，当地小孩根本不和她玩儿。（融入？）你问我？这哪叫融入？我能融进去吗？我想融入这里，给我机会吗？我在这里什么都不算呀，一个外地人，房东每年村里都有分红，我们根本无法享受。我在这里辛苦赚钱，赚的大部分都交给房东了，我自己能留下四成都不错了。这个村的人什么都不干，天天坐在那里，一天还有很多收入。我也想过这样的日子。这里也就是我临时的住所，说不定过不了几天我又不知搬哪里去了。未来做什么都不知道，还融入？我吃点苦，小孩在这里受的教育比老家好，希望她以后比我好。①

这个外来务工人员的这段话，蕴含了这一群体的许多信息。第一，他换了多个职业和工种，每个工种好坏的标准都是看能否赚钱。第二，对于回老家创业，他没有任何动力。第三，他是举家迁移的，夫妻和孩子都在H市。第四，他对租住的城中村抱怨很多，居住期间与当地市民接触不多，无法参与到所住社区或城中村的各种活动。即使孩子在当地公办学校读书，也有一种无形的被隔离感，难以深入与本地孩子交往。第五，他的社交圈子还是以血缘和地缘为主，他即使想融入，也觉得流入地城市不给他机会。因此，他把希望寄托到自己孩子身上。

笔者访谈的大部分外来务工农民工，基本和上面这位农民工境遇类似。对于这一群体而言，流动就意味着机会，不仅是赚钱的机会，而且是其他民事权利、社会权利的机会，包括孩子接受更好教育的机会。在市场经济背景下，城市居民和农村居民对现金的需求是类似的。而且，随着农村市场化的深入推进，农村和农民自给自足的空间大幅缩小，现金对农民生活的影响成倍增加。如果没有现金收入，他们就无法支撑正常生活。农民工群体因为经济因素而外出流动已经为经济学、社会学、政治学、管理学等相关学科的研究所证明。然而，社会融入问题则依然停留在纸上谈兵的阶段，用上述这位外来务工人员的话来讲，怎么融入？能融进去吗？这里给机会吗？他能够从安徽老家流动出来，自身具备了很好的条件，比如脑子活、心灵手巧等。在H市打工，他换了多个工作，最后在饭店从事服务行业。然而对他来讲，社会融入依然成问题，尽管他在H市已经待

① 2014年3月21日在H市"草根之家"对外来农民工的访谈。按照学术规范，文中的人名、地名都经过处理。

了 8 年。

当调研对象反问笔者"能融进去吗""这里给机会吗",甚至一些调研对象要求笔者帮忙向政府部门反映许多涉及自身利益的问题时,笔者也只能对其说一些安慰的话,把他们的问题记录下来,然后自己内心忧虑和不安。外来务工人员个人遇到的社会融入和融合问题不仅是个人面临的问题,也是整个农民工群体面临的社会性和结构性问题。这个问题在二元制度下又特别复杂,不仅涉及社会融入的方式,还涉及社会融入的制度约束;不仅涉及社会融入的规模,还涉及社会融入的成本;不仅涉及社会融入的经济层面,也涉及社会融入的政治层面和社会层面;不仅涉及社会融入的主体——农民工自身的态度,也涉及社会融入的客体——城市及城市居民的态度。上述方面的社会融入问题我们暂且不谈,这里主要讨论现阶段农民工群体社会融入的方式——嵌入。对于农民工群体来讲,他们从原来的经济、社会、文化等场域脱离,进入新的场域,这是一个与原有的农业文明完全不同的工业文明场域。在这个场域,个体摆脱了原有的束缚,完全依靠自身努力。然而新旧场域的转换并不是那么容易,农民工群体带着流出地场域农业文明的特性进入流入地的工业场域,从某种角度而言,这是一种流出地与流入地两种文化之间由外来的嵌入引发的矛盾与冲突,这种矛盾与冲突集中体现在农民工群体身上。

首先,经济上的嵌入引发的问题。到今天为止,城市和乡村的经济制度尤其是土地制度并不完全相同。按照当前的法律规定,城市土地属于国有,城市居民无法自己造房子。而乡村土地属于集体所有,农村居民可以在自己的宅基地上造房子,而且农民会有承包地、自留地,甚至村集体还有集体土地。然而,农村居民一旦进入城市,所在村庄中自己原来耕种的承包地、自留地等要么流转,要么由家人耕种,要么撂荒。基于农村居民在其所在乡村分配有宅基地和承包地,城市地方政府并无责任和义务给这些流动的农民工提供相应的住房和其他方面的公共服务。城市政府根据城市居民工作性质和工作单位的不同,给城市居民提供不同的社会保障等公共服务。在改革开放之前,城市居民的住房、社会保障等由单位承担。在改革开放之后,因为单位的解体和住房的市场化改革,城市居民原有的社会保障体系也逐步解体。城市地方政府负担解体之后的城市居民的住房和社会保障已经不易,更别提负担不属于其行政管辖范围内的外来务工人员了。因此，当农民工群体进入城市，首先面临的就是住房问题。无论是城市居民自有的房屋还是政府的公租房、廉租房，农民工群体都很难获得。因此，他们只能落脚在城中村，也只有这些地方接纳这一群体。因此，城乡经济制度的差异不仅催生了地方城市政府的公共服务提供问题，而且催生了地方城市城郊村落民众的租金经济，滋养了地方城市城郊村落的村民。地方城市城郊村落因为土地二元制度，城中村的农民在政府征收土地过程中已经获取了一定收益。城市地方政府在征收城郊村农民的土地之后，又允许他们通过出租自己的房屋维持生计。同时，在村改居过程中，政府给这些城市村落的行政村还有留用地政策。城郊村落将集体留用地建设成办公楼等物业进行出租，获得相关收益。借由留用地，城郊村落发展出相当规模的经济股份合作社，然而这种经济股份合作社并不对外开放，其收益的获取受到严格约束。

作为外来务工人员的农民工，其身份特征是农民，其社会特征是流动，其经济特征是打工，其生活特征是嵌入。这些特征作为结构性因素，共同制约了他们的城市融入。因为这些结构性因素，在城中村居住的他们，是无法获得或无权参与其流入地村落的任何政治活动、经济利益分配、社会权益保护和文化权利享受的。流入城市的他们只能居住在城市的边缘空间，凭借自身的力气或者一些简单的技艺，在城市获得仅能保障生活的微薄收益，甚至这种经济方面的收益也是在现有的"拆分型生产体制"下获得的。"拆分型生产体制"使农民工群体无法获得与城市居民相同的经济收入和社会保障，他们在城市无法获得稳定的居所，他们的孩子若要在城市接受正常教育，他们就要付出比城市居民更多的成本。作为城市经济制度和生活的嵌入者，农民工群体即使进入国有企业，也很难获得与国有企业职工相当的收入和保障。而在跨国企业或者民企中，他们的正当权益又经常受到损害。正如受访者所言，"明天还不知在哪里"。从这个角度而言，即使在经济层面，我们也很难说农民工已经融入了城市经济制度；对于城市经济制度而言，农民工只是资本意义上的劳动力，而非法律层面的具有与其他城市居民同样权利的公民。

2008年全球金融危机爆发时，中国城市也遇到了困难。此时，无论是政府还是学界都提倡在城市工作和生活的农民工返乡创业，以缓解城市的就业压力。然而，处于转型中的乡村也并没有为这些人返乡创业做好各种要素准备，无论是乡村的生活习惯和环境、乡村就业机会还是基础设施建设，都没有办法让那些技能水平较低的、只能依靠出卖劳动力的，以及技能水平较高的、不认为自己是农民工一分子但被贴标签式的技工等农民工群体再像传统农业时代的人那样生活和从业。在输入型现代化和城市化的进程中，马克思意义上的现代大工厂和产业只集聚在城市，这就要求乡村的土地、资金、劳动力向城市集聚。因为只有集聚在城市，资本才能产生高额利润，土地才能产生级差地租，企业才能产生规模效益和积聚效应，劳动力才能找到与自身能力相匹配的各种工作。这些因素共同推动农民工群体进入城市，甚至将其妻子和孩子带到城市。然而举家迁入城市是以一种嵌入的模式进行的，这种家庭式嵌入比个体式嵌入的问题更多，包括就业、住房、医疗、社保、孩子读书等问题。

2014年7月，笔者在WL西苑调研过一位来自陕西的外来务工人员，他在H市城中村开了一家地方风味小吃店，专门经营故乡的肉夹馍、手工面等。他来H市时带着妻子和孩子，曾经我的孩子还和他女儿一起玩过几次。当时，他把自己女儿送到了WL西苑附近的公办学校，准备长期扎根H市。然而，仅仅过了不到8个月，他们全家又要回陕西了。我和老板娘聊起他们来H市及回陕的原因，老板娘告诉我：

> 娃她爸说H市这里钱好赚，我们就一起出来了，待在老家赚不来钱，现在的社会啥都要钱。我们全家一起出来了，到了H市之后才发现，外面的钱也不是那么好赚，尤其是开一个面店，全靠自己辛苦，赚的是辛苦钱。能赚到钱还好，赚不到钱，你的辛苦是白辛苦，赚的那一点钱全交给房东了，和给别人打工没啥区别。而且在这里人生地不熟，语言不通，习惯差异大，娃没人陪着玩，也没有什么朋友。上学还贵，要交赞助费的。我们也没有什么娱乐活动，也没有什么朋友。开了这个店，你都不敢生病，生病就意味着要关店。生病不仅意味着自己花钱，每天还要给房东交钱，这个压力太大了。因此无论如何店每天都要开的，开了不一定有人来，一天赚不了几个钱。但你不开，那一定没人来，一定没钱赚的。我们这个月底就回老家了，这几个月在这里试火下来，生意不行，亏了钱了，待不下去了。

H 市所在省份近年来一直努力推动经济转型升级，通过"腾笼换鸟、机器换人、电商换市"的"三换"政策，很多劳动密集型企业因为土地出让、劳动力价格上涨、原料价格上涨等而内迁到中西部地区。企业内迁了，部分农民工群体也随之内迁了。然而，依然坚持留下来的农民工群体的处境并未因为部分企业内迁就变得好起来，在城市中他们依然处于游离状态，比如上述调研对象提到的孩子入学需要交赞助费的问题。笔者调查的诸多农民工对孩子入学都表现出很大焦虑。笔者查了 H 市 2016 年幼儿园报名资格，其中有如下规定："进城务工人员女子报名，须提交如下材料：（1）家庭户籍和父母或其他法定监护人身份证；（2）父母双方或其他法定监护人在市区的有效居住证或临时居住证、房产证或房屋租赁证明（2015 年 8 月 31 日前办理，无中断）；（3）父母一方或其他法定监护人缴纳社会保险的凭证（2015 年 8 月 31 日前办理，无中断）；（4）父母一方或其他法定监护人与用人单位签订的劳动合同或工商部门颁发的营业执照；（5）适龄儿童的预防接种证。以上材料需提供原件和复印件。"2014年，笔者专门就孩子入园入学等问题访谈 H 市的外来务工人员时，多数外来务工人员的焦虑写在脸上。

> 小孩读书很难的。学校现在根据房产证、户籍、出生证明等给孩子分类，"一表生"、"二表生"、"三表生"。"一表生"就是人户一致，且在学区范围内有房产；"二表生"就是集体户，无房产的；"三表生"就是我们这些农民工，既无户籍又无房产的。公办学校"一表生"都很紧张，更不用提"二表生"、"三表生"了。轮到我们这些农民工子女时，那肯定要（被）调整到很远的学校去。学校太远的话，我们没有时间和精力照顾小孩，最好的办法就是把小孩放到老家读书，让老人带小孩。在这里读书，父母忙着打工，一是没有时间照顾小孩，二是排队进公办中小学比较难，即使有机会进去了，孩子和孩子能玩到一起，但城市小孩的父母有时却告诉他们的孩子，不能和我们这些外来人的小孩一起玩。这种事情很常见。我们好进去的只有民工子弟学校。H 市只有一所政策允许的民工子弟学校。（笔者插问：国家政策不是有规定的吗？）政策规定？规定是规定，现实操作是现实操作，政策和现实还有距离。

笔者在对 H 市"草根之家"负责人徐××进行访谈时，曾问过他孩子的读书问题怎么解决。徐××这样告诉我："我在 H 市已经待了快 20 年了，而且是全国青联委员，就这样也没有办法解决孩子的读书问题。我在 H 市东边 X 区上班，孩子在西边 Y 区的文武学校寄宿读书，周末才能接回来。即使当地公办学校放开农民工孩子的读书，本身公办学校接纳市民的孩子都已经很难了，我们如果按照地方公办学校的各种排队条件，肯定排在后面了。因此我接触的大部分农民工都把孩子放在老家读书。" 2015 年在 H 市 CA 县调查时，笔者遇到一所寄宿制小学的老师，她和笔者说："×老师，希望你能够利用你特殊的岗位身份，帮我们这些欠发达地区的教师向管理者呼吁一下，让管理者想办法要求在 H 市打工的当地籍年轻的爸爸妈妈们，至少每个星期给自己的孩子打个电话，让这些长期见不到父母的留在家里的孩子至少每周能听到父母的声音，和父母进行情感的交流，这样孩子才会有安全感，才不会产生无助感，孩子的成长也才能更健康。"确实，留守儿童的最大问题就是与父母长期分离以及这种长期分离带给他们的心理影响。调研完成之后，我的心情比较复杂。按照马修·杰克逊在《人类网络：社会位置决定命运》中的说法："父母、伙伴与社区的差异造成发展机遇不同，有部分缘于不平等的现状。但最终是由同质性塑造的信息和习俗的牢固网络限制了不同人的机遇和行为，因此社会固化背后的因素是主要作用力，不平等应该被视为结果，而非根本原因。"① 这次调研完成之后，笔者回到工作单位，利用各种场合向学员讲述笔者调研时遇到的这个故事，呼吁各级干部重视并解决这个问题。然而讲述效果如何，学员在多大程度上将这个问题列入自身工作的重点，笔者无法得知。

文化层面的嵌入性更加明显。当前中国的城市是西方工业文明影响下的产物，是经济、政治、文化的中心。而传统中国的"城"是单纯的防御设施和官署所在地，"市"是小型货物交易场所，可以说传统中国的城并非经济、政治、文化的中心。同时，传统中国以农立国，农是根本，因此士、农、工、商的地位排序几千年来恒定不变。乡村的读书人"晴耕雨读"，闲时读着与农耕文明相匹配的儒家之书。在科举考试考中功名之后进入朝廷做官，朝廷居于城市之中，然而这些从乡村出来的读

---

① 马修·杰克逊：《人类网络：社会位置决定命运》，余江译，中信出版集团，2019，第 129 页。

书人的生活理想并非城市，而是乡村，因此他们"退休"之后会再回归乡下。"采菊东篱下，悠然见南山"就是这种理想的真实写照。从这个角度而言，传统中国的城与乡没有这么大的分野，二者几乎是同质性的。然而，当代的中国城市作为西方工业文明影响下的产物，其与农耕文明的设想完全不同，因此，传统农耕时代的城与乡关系发生巨变，二者的同质性（或者类同质性）不再，二者的异质性不断增强。城市在工业文明的加持下逐步成为地方政治、经济、文化乃至生活的中心。这种多重中心聚合为一，在当代能够实现高效、创新的目的。这种高效和创新使依然以小农经济占主导的乡村显得落后。因此，农民工流动到城市可以说是从一种文化状态进入另一种文化状态，而且是以嵌入的方式进入的。农民工的流动必然引发两种不同性质的文化的碰撞与交流，这种碰撞与交流对农民工和城市居民都会产生冲击和影响。在流入地的城市中，尽管农民工血缘、地缘、业缘的联结开始逐步弱化，然而面对城市的工业文明及流入地的风俗习惯，这些却强化了农民工在流入地城市对自身原有的血缘、地缘、业缘等结群方式的进一步认同和依赖。面对流入地城市与流出地乡村的各种文化差异，农民工群体首先将身边的人、事、物进行类化处理，这种类化处理是以自身具有的文化为标准，将与自身具有相同或类似地域文化的人、事、物作为一类，将与自身文化相异的人、事、物作为另一类，这种类化将文化层面的边界清晰化，这在事实上区隔了流入地城市和流出地乡村的地域文化，使文化层面的融入成为问题。

从政治层面考察，尽管法律法规对作为公民的外来务工人员的权利和义务界定非常清楚，但外来务工的农民工发现法律规定的各种政治权利在流入地城市难以落实。追根究底，现有的各种制度设计都是在城乡二元结构下，以户籍制度为依托，经过几十年的发展而逐步形成的。当农民工从流出地乡村进入流入地城市打工之后，事实上他们变相地放弃了自己的政治权利，然而流入地城市并没有自动赋予他们参与各种公共事务的权利。作为从乡村而来的闯入者，农民工群体是嵌入城市社会的政治权利和政治体系当中的。尽管当前中央政府反复强调基本公共服务均等化，城市地方政府也在不遗余力地推行基本公共服务均等化，但外来农民工的政治权利实现依然是一个难题。

第三节 流动与社会边界

一、边界的形成

当无数农民工怀着对城市的美好向往，从乡村流动到城市寻找打破原有结构的藩篱，实现自身向上流动、改变自身所处位置和命运的梦想之时，他们也设想过城市对待自己的不友好，然而他们并未想到城市可以几十年如一日地对他们不友好。城市的各种制度如一道铜墙铁壁，将他们和城市居民严格区分开来，他们要改变命运，就必须冲破这些制度。20世纪90年代初期流行的一部电视剧《外来妹》充分表现出外来务工人员在城市中遇到的一些障碍。正是城乡二元分割背景下城市诸多制度设置的结构性条件及其制度的运作，形成了城市居民作为"老市民"和农民工作为"新市民"的身份区隔，这种身份区隔既像一道紧箍套在这些"新市民"的身上，成为一种符号印记，同时作为一条身份边界，将居住在同一地区的公民按照不同身份隔离开来，提供有差异的、政府本应该为全体公民提供的服务。

从字面意思考察，既然有边界，就意味着有隔离和区分，就意味着存在不同的领域，这些不同领域之间存在各种差异，无论这种差异是自然的还是人为的，这些差异用制度或规则固定下来之后就成为边界。边界包括生物性边界、社会性边界和文化性边界。生物性边界是自然界的生物为了自身生存和安全的需要，无不划定各种边界，抢占资源，防止其他种类甚至同类生物入侵。生物性边界的划定是以丛林法则和弱肉强食为行动规则，比较好区分。对于人类社会而言，个体性的生物性边界也存在，因为人类个体依然存在生存和安全的需要。然而，人类个体之间的生物性边界并非我们的研究对象，人类群体之间的社会性边界才是我们感兴趣的问题。人类社会通过包括文化差异、生物差异在内的种种差异用各种方式固定下来，对不同群体进行类别化，将群体之间的差异刻板化甚至污名化，无论这些差异是人类群体相互想象的还是在现实中存在的，社会性边界由此形成。在社会性边界形成的过程中，某一群体的一些差异被有意或无意地放大并符号化，这种现象在人类社会中从种族差异到文化差异随处可见。人类社会中普遍存在的"我群中心主义"或者"我族中心主义"就是这种差异的社会和文化表现。

当前中国社会的最大差异就是城乡之间的差异，即使在中国经济总量已经位居世界第二的今天，中国的地区差距、城乡差距在各个方面依然很大。即使近年来在城乡一体化、城市反哺乡村的公共政策之下，中国政府加大了城乡一体发展的力度，户籍制度及其配套制度改革也一直在推进，然而地区之间、城乡之间的差距在短期内很难消除。①

常理而言，流动带来的应该是相互理解和相互融合，然而在二元结构中农民工的流动并非如此。生活在同一片蓝天下的城市公民和流动公民之间因为制度设计，二者的相互理解和相互融合没有发生，反而农民工群体成为一个被"污名化"的群体。②尽管农民工群体为流入地城市的经济增长、基础设施建设、居民生活等贡献了自己的力量，作为劳动者和生产者，他们在城市参与了城市居民不愿意从事的各种物质生产和服务活动；作为消费者，他们在所居住的城市进行消费，为所在城市贡献了消费需求。可以说，如果没有流动的农民工群体，中国城市今天的繁荣场景很难看到，中国的城市化进程速度也不会这么快。然而，农民工群体却在城市受到不公正对待。中国社会科学院社会学研究所在调查北京、广东、江苏、浙江和四川5省市农民工时发现，64%的调查对象认为社会不公，47%的调查对象表示自己外出打工期间受到的不公平对待"比较多"。③中国社会科学院社会学研究所的这些数据能够说明农民工群体做出的贡献与享受的福利不匹配。

挪威人类学家弗雷德里克·巴斯讨论过族群的边界，他认为族群并非在共同文化基础上形成的群体，而是文化差异基础上的群体建构过程。在这个群体建构过程中，社会群体首先会自我归类并相互排斥，

---

① 全国城乡差距比平均是 2.72∶1，参见《人均收入大比拼 城乡差距：贵州最大浙江最小》，http://picture.youth.cn/xwjx/201702/t20170221_9148100_1.htm。

② 董敬畏：《流动人口污名化与公共服务》，《中共福建省委党校学报》2013 年第 7 期。

③ 《社科院蓝皮书：农民工普遍感觉社会不公》，http://news.sina.com.cn/c/2013-01-07/111525974693.shtml，2013 年 1 月 7 日。

文化和社会边界开始产生并得以形成。"第一，很明显，尽管人员通过边界在不断流动，边界仍然得以维持。换句话说，绝对的族群区分并不是依赖于流动性、接触和信息的缺失，而是必须包括排斥与包含的社会化过程，借此，尽管在个人生活史的过程中个体参与和成员资格在不断地变化，互不相关的类别却保存下来……族群区分并不依赖于社会互动和认可的缺失，恰恰相反，民族区分往往成为相互交织的社会体系得以建立的基础。"[1] 农民工群体与城市居民的各种边界形成也符合巴斯对族群边界形成的分析。尽管农民工和城市居民在生物学特征和法律规定的公民权利层面可能没有任何区别，然而在社会和文化层面，他们的风俗习惯与居住地居民不尽相同。尽管他们能够与所在城市部分居民发生互动，但他们在社会和文化层面很难与城市的这些居民发生融合，这一群体始终处于城市的边缘位置。城市灯红酒绿的世界对于这个群体而言，只是一种可远观而无法真正深入其中的世界。尽管农民工群体内部也存在种种差异，但从文化和社会整体层面而言，他们已经成为一个承载了特殊身份和文化的单位与集团。因此有学者将农民工群体因流动而引发的这种社会结构称为"三元社会结构"，认为进城农民是一个特殊的身份集团。[2] 这种特殊的身份集团不停地再生产自身与城市的边界。那么，在现实中，这种边界是如何不停地生产和再生产出来的呢？

二、边界的生产与再生产

市场经济是流动的经济，人、财、物在完备的要素市场中如果能够充分自由流动，那么歧视和不公的社会基础就会逐步减弱，原来在计划体制下形成的各种社会边界也会随之弱化并逐步消弭。然而，中国的要素市场还在逐步发展之中，还有很多障碍需要克服，农民工流动的方向和模式也基本上是由乡村向城市的单向流动，在这个过程中，歧视和不公的社会基础并未因市场经济的出现而减弱，反而市场经济嫁接在原有的边界基础之

---

① 弗雷德里克·巴斯：《族群与边界》，李丽琴译，商务印书馆，2014，第 10~12 页。

② 甘满堂：《城市农民工与转型期中国社会的三元结构》，《福州大学学报》（哲学社会科学版）2001 年第 4 期；吴鹏森：《进城农民：中国社会特殊的身份集团》，《安徽师大学报》（哲学社会科学版）1998 年第 2 期。

上，不断强化、不断生产和再生产出原有的农民工与城市、城市居民的各种边界。

这些边界的生产和再生产包括两种类型：一种是转型过程中留存的计划体制产生并延续至今的各种边界，我们称之为行政边界；另一种是市场经济引入之后产生的各种边界，我们称之为市场边界，这两种边界同时存在于农民工群体流动的过程中。笔者的这种类型划分只是一种理想类型，因为行政边界有可能不只是行政因素引致的，市场边界也不只是市场原因导致的。总体而言，行政边界能够刻画出计划体制下城与乡的边界，而市场边界能够刻画出市场体制下城与乡的边界。二者在当前的中国是相互影响的，共同叠加作用于农民工群体。行政边界和市场边界的叠加，严重制约了农民工群体公民权利的实现，也制约了当代中国的城乡统筹和一体化进程，甚至有可能深刻影响中国的现代化目标。

行政边界是由权力主导和设定的，其主要划定标准就是计划体制下形成的城乡二元户籍制度，直到今天户籍对中国人口流动依然有着非常强的制约作用。学界有关城乡差距的大量归因分析也把户籍制度作为首要原因进行讨论。通过户籍划定个人身份、进行资源配置和财富的分配，是户籍制度在计划体制下最主要的功能。与户籍制度配套的还包括就业、教育、社会保障等一系列的制度措施，以保证行政边界的稳定。对于户籍制度带给中国社会的影响，学界多从社会分层、农民工群体在城市中的劳动就业、收入分配、福利保障、医疗教育等方面进行讨论，包括户籍阻碍了劳动力市场的一体化，成为社会排斥和社会隔离的重要制度性因素，造成公共产品资源配置的问题。

户籍制度带给劳动力市场一体化的影响在于城市与农村居民之间改变身份、职业和居住地的自由受到严格控制，城市与农村割裂的用工制度随之确立。劳动力市场的割裂带来的是城乡之间、城镇内部、部门之间、单位之间在医疗保险、就业培训、社会保障、子女教育等方面的分明界限，这种制度设置使用工边界变得特别清晰，学界曾使用"首属劳动力市场"和"次属劳动力市场"对此进行了相应分析。①尽管随着市场经济的逐步推进，流动已成为社会的常态，但农民工的

---

① 李强：《城市农民工与城市中的非正规就业》，《社会学研究》2002 年第 6 期。

各种保障依然没能得到很好的解决，即使国家推出各种工伤保险，由于无法实现全国范围内的流转接续，农民工的参保意愿和实际参保率也都很低。[①]

社会排斥和隔离最主要的表现在教育方面。尽管这些年国家不断推进农民工子女教育政策的改革，然而现实情况是农民工子女在城市依然面临教育机会和教育过程的不平等。农民工子女教育的不平等既与户籍制度有关，也与现行的"地方负责，分级办学"的义务教育财政体制有关。纸面上的教育权利保障与教育资源配置的保障之间产生了尖锐矛盾。教育方面的排斥带来了留守儿童的问题，[②]并产生了代际恶性循环的后果。这种代际恶性循环表现为农民工群体与城市主流社会的距离越来越大，社会排斥后果明显，农民工群体与城市居民的隔膜越来越深，边界越来越清晰，这与中央和国家提出的社会融合的要求不是相向而行，而是背离的。

农民工与城市居民在公共资源配置方面的问题主要表现在公共服务的差异上。首先，国家财政政策和财政转移支付层面，农村居民和城市居民在公共服务方面享受的财政政策差异很大。其次，不同地区的农村居民和城市居民享受的公共服务也不平等，甚至不同地区的农村居民和城市居民享受的公共服务的内容和模式也不相同。这些因素影响了农民工在公共资源配置方面权益的实现。[③]

随着中国市场经济的深入推进，市场和资本也在不断制造农民工群体与城市的边界。当前中国社会结构和城乡差距、农民工群体在城市的自愿性隔离等现象既是社会边界存在的表现，也是社会边界得以产生的社会根源。正是这种社会边界的存在，引发了农民工城市融入的困惑和这一群体利用网络的最初动因。

① 刘志军、王宏：《流动人口医保参保率影响因素研究》，《浙江大学学报》（人文社会科学版）2014 年第 5 期。

② 民政部统计数据表明，中国留守儿童数量为 902 万人，参见《我国农村留守儿童数量刷新为 902 万人》，《慈善公益报》2016 年 11 月 14 日。

③ 《国务院关于实施支持农业转移人口市民化若干财政政策的通知》，http://www.gov.cn/zhengce/content/2016-08/05/content_5097845.htm。

第四节　流动与融入的困惑

从"两个一百年"奋斗目标来考察，现行的"经济吸纳，社会、文化排斥"的农民工市民化模式既有历史根源，也有现实制约。在现有的分税制财政体系下，在城乡二元土地制度下，农民工进入城市被当作"新市民"而非公民，这既是一种权利错置，又是一种制度上的精心安排，与这种权利错置和制度安排相配套的是当前各地方政府在努力推进的"居住证制度"。① 居住证制度将实践中的"公民权"衍化为"市民权"，②并以制度的方式将其固定化，农民工群体和城市居民作为公民的相同的权利和待遇被差异化、固定化。陈映芳认为这是一种制度安排，通过这种制度安排，农民工和城市居民在"公民权/市民权""国民待遇/市民待遇"方面的差异得到了维持，并被这两个群体分别内化为自身的认同。③ 从某种角度而言，政府的出发点是希望能够实现"改革、发展、稳定"三者之间的平衡，因此政府希望能够有效控制人口流动。对于政府来讲，居住证制度是能够有效控制人口流动的一种便捷途径和方式。通过积分制，逐步向农民工提供均等化的公共服务，推动农民工的城市融入。

然而，现实并非设想的那样美好。在农民工流入大省 Z 省各地市，笔者看到的情况是，许多农村已经完全实现了城镇化，村子里的农民工数量比本地居民多了好几倍，这种情况被 Z 省的地方政府干部称为"人口倒挂"。当农民工数量不多时，他们的到来能够增加村集体和村民的收入，当地村民是欢迎的。然而，当农民工开始成群结队涌入流入地时，他们与当地居民的矛盾就开始显现，甚至出现了群体性事件。农民工与当地居民

---

① 笔者写作过程中，H 市于 2016 年 8 月 1 日推出户籍改革新政。新政规定 H 市将在市区实行流动人口积分落户办法，作为户口迁移政策的有效补充。以具有合法稳定就业和合法稳定住所、参加城镇社会保险年限、连续居住年限为主要指标，合理设置积分分值，建立按积分高低落户的制度，控制落户规模和节奏。重点解决进城时间长、就业能力强、可以适应产业转型升级和市场竞争的人员落户，同时居住证积分还与子女入学等挂钩。参见 http：//zzhz.zjol.com.cn/system/2016/08/01/021249909.shtml。

② 文中公民指国民，市民指拥有某个特定城市户籍的居民。

③ 陈映芳：《"农民工"：制度安排与身份认同》，《社会学研究》2005 年第 3 期。

的矛盾导致地方政府的干部经常为"人口倒挂"引发的社会矛盾而头疼。笔者曾经调查过的 Z 省一个村落就是如此。全村总面积 2.56 平方公里，常住人口 3431 人，党员 170 名，外来人口 6000 多人。村子以生产电源线、插头、插座、小家电等出名，经过改制后，村子将原有的一些乡镇企业合并成立云环集团。然而，尽管经济实力强、文化建设到位、村容村貌整洁，但依然消除不了外来农民工和本村居民的矛盾。

在农民工群体与本地居民冲突的过程中，首先出现的是双方各自将对方范畴化，即农民工和本地居民相互污名化，借此找到一种区分我群和他群的符号标志。"范畴化过程会产生刻板化的感知，即某地社会范畴或群体的所有成员均被感知或判断为拥有某些共同特征，正是这些特征将他们与其他社会群体区别开来。"[1] 通过范畴化过程，农民工群体和本地居民进一步确立了群体边界，确认了双方属于不同类型的群体，从而重塑了群体边界和群体认同。在这个过程中，户籍制度及当地的一些福利成为群体的符号边界。

> 我们没有他们那些福利、分红，我们哪怕住在这个村里再久，也无法获得他们生下来就能获得的一些东西，因为我们户口不在这里，没办法。人和人还真是不一样的，这边发展快、条件好，老家和这边的发展差距大。我们又是来这里打工的，因此房东在我们面前说话就有底气。我在这个地方即使吃的、穿的、用的和本地城市居民一样，但还是感觉到低人一等，城市居民能够享用的一些东西，受各种条件限制，我是没有办法享受的。而且房东莫名地在我们面前有心理上的优势，房东和村里人觉得我们这些外来的占用了他们的一些资源。感觉不舒服怎么办？减少和他们的交往嘛。毕竟这里不是自己家乡，多和老乡来往就是了。[2]

这是我调研 Z 省 N 市一个城中村时，一位外来农民工私下和我表达的。在这位农民工看来，"我群"与"他群"的边界还是很清楚的，"我

① 迈克尔·A. 豪格、多米尼克·阿布拉姆斯：《社会认同过程》，高明华译，中国人民大学出版社，2011，第 26～27 页。
② 2015 年 2 月在 H 市对外来农民工的访谈。

群"是无奈的一群人，"他群"是有心理优势的一群人。有心理优势的原因在于"他群"有各种制度和福利保障，而"我群"没有。正是这种范畴化过程，推动了当前城市化进程中农民工群体与本地居民的社区认同实践，两个群体即使住在一起，也很难相互真正理解。

笔者在调查中发现，全国各地的农民工聚居地，基本处于一种农民工和本地居民相互自发性隔离的状态，农民工通过强化来自同一地域的血缘、地缘、业缘或者通过网络社区的联系而消解与本地居民的这种隔离状态。

> 我日常的交往对象，本地人很少，我看不惯他们那种好吃懒做的样子，整天靠我们过活，像寄生虫一样的，但还觉得自己比我们牛气，牛什么？不就是在你这个地方打工，租了你的房子吗？不就是你在本地有一些福利保障，我没有。我要么上网和群里的网友聊天、看电影，要么就是去找老乡聊天，一起吃饭，一起活动。说实话，本地人不愿意和我交往，我也不愿意看他们脸色，和他们交往……①

农民工和城市居民之间的种种差异既然是客观存在的，现阶段又无法一下子能够有效消除，而且这些差异的存在还引发了诸多社会治理方面的问题。因此，在国家提出治理能力和治理体系现代化的背景下，如何真正推进农民工与本地居民的相互理解、相互包容、相互尊重，进而在基层社区实现群体关系的和谐，实现真正的社会融合，推进中国之治，这是当前中国快速城市化进程中面临的问题。针对上述这些问题，Z省开始探索外来农民工治理新模式，即探索实施由本地居民和外地农民工各占50%的群体联谊促进会，这种促进会既是一种民间自治组织，也是消除群体之间隔阂、促进相互理解和包容的一种自组织。这种群体联谊会每月定期开一次会，讨论内容因时因地而定。这种将外来农民工吸纳进入当地社会组织的方式，在一定程度上消化、缓解了外地农民工和本地居民之间的矛盾。同时，Z省在融入方面也做了许多相关工作。比如在组织层面，通过吸纳外来农民工，推进他们与当地居民的相互理解，促进双方的融合以实现共治；在参与方式方面，通过聘请专/兼职工作人员、保安等方式吸收外来

---

① 2014年5月20日在N市对外来农民工的访谈。

人口参与村落管理；在村落房屋出租价格、水费、电费等涉及农民工群体切身利益的村落事务方面，双方实现协商和联管；对于村庄公共秩序和公共空间，由租户、本地居民共同组成巡逻队，实行群防联防；对村庄公共文化和集体精神培育，由农民工选出代表共同参与。① 即使 Z 省在实践中开始了这样的探索，本地居民和外来农民工的社会边界依然难以跨越。其根源在于整个制度设计和社会层面仍遵循"经济吸纳，社会排斥"的逻辑。关于"经济吸纳，社会排斥"的逻辑，国务院发展研究中心课题组的调研数据能够说明一些问题（见表 1-2、表 1-3）。

表 1-2 出省农民与未出省农民工最希望政府做的事

单位：%

是否出省	改善社会保险	提供保障住房或廉租房	提高最低工资水平	改善医疗条件	改善工作和生活环境	改善子女教育条件	提高职业受教育条件	加强权益保障
未出省	39.3	28.5	67.2	25.6	25.4	17.7	12.2	22.4
出省	33.9	32.6	63.7	25.5	21.8	21.1	12.2	25.0

资料来源：国务院发展研究中心课题组：《农民工市民化》，中国发展出版社，2011，第 133 页。

表 1-3 举家外出的农民工与未举家外出的农民工最希望政府做的事

单位：%

是否出省	改善社会保险	提供保障住房或廉租房	提高最低工资水平	改善医疗条件	改善工作和生活环境	改善子女受教育条件	提高职业教育条件	加强权益保障
举家外出	40.2	37.3	64.2	23.9	20.2	20.5	8.7	22.6
未举家外出	37.3	27.4	67.3	25.9	25.8	18.0	12.8	23.3

资料来源：国务院发展研究中心课题组：《农民工市民化》，中国发展出版社，2011，第 133 页。

上述数据向我们展示了农民工在流入地打工遭遇的"经济吸纳，社会排斥"的逻辑。农民工最期望城市地方政府做的，恰恰是现实中我们最缺乏的。调查数据表明，在农民工社会融入这个问题上，首先，农民工进入城市工作后收入不够合理，劳动权益得不到保障，社会保障体系不完

---

① 《农民工参与社区共建的宁波经验》，《改革内参》2012 年第 27 期，http：//www.qystats.gov.cn/web/style/default/content.jsp？issueId=182729，最后访问日期：2020 年 12 月 1 日。

善、不健全；其次，农民工在城市无法落脚的原因在于没有住房保障，在没有住房的情况下，按照现有的教育体制，农民工子女的受教育问题也很难得到有效保障。同时，城市居民和农民工自身的素质也需要进一步提升。

第五节　从双轨制、新双轨制到市民化[*]

改革开放 40 余年是中国经济社会发展取得举世瞩目成就的 40 余年，也是中国社会流动性增加和社会活力增强的 40 余年，更是社会结构发生巨大变迁的 40 余年。40 余年来，中国经济社会的发展从最初总结"文革"正反两方面的经验和教训开始到摸着石头过河的探索，再到建立社会主义市场经济目标的确立，在政治体制、经济体制、社会建设、文化建设等方面历经艰辛探索，走出了一条极不平凡的发展道路，从而在经济、政治、社会、文化生态各个方面取得巨大成就。

这条极不平凡的道路从改革城乡二元分割的计划经济体制、释放社会活力开始。尽管改革的措施最早是从经济层面展开的，包括城乡之间资源配置方式的改革，然而产生了意想不到的社会后果，也即人口的大量流动。因应人口大量流动对既有社会管理体制机制和政策的冲击，政府针对社会管理的体制机制、政策也开始逐步改变。这种体制机制和政策的改变，今天被称为社会建设，体现了一种既形塑国家与社会的边界，同时也被变动着的国家与社会边界形塑的双向发展特征。这种双向发展进程必须放置在中国社会转型的背景下，从国家与社会关系的视角解读才能获得一幅清晰的图像。

从马克思等经典作家的立场角度来看，国家被视为"从社会中产生但又自居于社会之上并且日益与社会脱离的力量"。从当代社会学和政治学角度来看，社会是在国家权力的渗透下成长起来的，并逐步与国家分离。社会的地位和边界在某种程度上是由国家界定的，至少需经国家与社会的互动来体现，因此国家与社会在某种程度上并不对等，国家与社会的

---

* 本节曾发表于《四川大学学报》（哲学社会科学版）2019 年第 6 期，收入时有修改。

关系不仅有学界认为的对立和矛盾，更为重要的是二者相互交织与借用。"国家－社会"关系的具体样态主要取决于国家权力控制和配置资源的广度、深度和力度。

回到中国国家与社会关系的具体场景。1949 年后随着国家政权建设力度的加大，国家机构和人员延伸至乡镇一级，从而使中国"国家－社会"关系从帝国时期的"疏离"变成"家长式"管理。权力对地方事务的介入越多，随之而来的维持社会秩序的责任越重，民众也产生越多的期待和依赖。建立在此基础上的国家，势必以情感和行动的双重控制作为核心导向，所以国家范围内的全能化走向具有某种必然性。孙立平等[①]把新中国成立后的中国社会称为"总体性社会"，将流动性用组织化的方式控制起来（在城镇，组织化的表现方式为单位制度；在乡村，组织化的表现方式为人民公社制度），最大限度地减少流动，从而达到汲取资源、管理社会、动员社会的目标。冯仕政[②]则认为对超常绩效的追求和对改造社会的强烈欲求，是中国这一"革命教化政体"的内在矛盾，也是在意欲尽快推进社会改造但缺乏足够有效手段时推行国家运动的原因。渠敬东等[③]认为在改革开放时期，国家治理从总体性支配向技术治理转变。转型背景下的中国仍在不断调适其整合社会要素的体制机制，其"变"与"不变"既反映了国家的自主性与限度，也重塑了国家权力的实施方式与运作逻辑，对于农民工的治理典型呈现国家的自主性与限度，同时社会的自主性也在逐步成长。

今天回顾 40 余年的人口流动和治理轨迹，我们发现其推动力是政府，政府在农民工流动和治理方面居于主导地位。然而，农民工并不总是被动的。从最初的管控到今天的寓管理于服务之中，政府在农民工治理方面的政策变动轨迹为我们透视 40 余年中国改革开放进程提供了一个视角和窗口，同时也为未来发展提供了反思。文章并不想重复已有研究路径，只想通过双轨制、新双轨制、市民化等关键词及其发生学背景，梳理出这 40 余年农民工群体与政策博弈的轨迹及这条轨迹背后的国家与社会关系，在

[①] 孙立平、王汉生、王思斌、林彬、杨善华：《改革以来中国社会结构的变迁》，《中国社会科学》1994 年第 2 期。

[②] 冯仕政：《中国国家运动的形成与变异：基于政体的整体性解释》，《开放时代》2011 年第 1 期。

[③] 渠敬东、周飞舟、应星：《从总体支配到技术治理——基于中国 30 年改革经验的社会学分析》，《中国社会科学》2004 年第 2 期。

此基础上，通过对未来农民工在中国的前景展望提出中国现代国家与社会关系的未来模式。①

一、双轨制与农民工治理

今天被学界追溯的最早的控制人口流动的政策是 1956 年秋由国务院下发的《关于防止农村人口盲目外流的指示》及 1958 年 1 月通过的《中华人民共和国户口登记条例》。此后对人口流动的控制一直延续到改革开放初期。当时的人口流动只能通过招工、招生考试、参军、婚嫁等常规途径和"上山下乡"、下放串联、三线建设等政治性或政策性的途径进行。这个时期政府通过与户籍相配套的一系列相关制度和政策，把流动限制在城市单位和农村的人民公社内部，当时的人口流动更多是一种政治性流动或政策性流动，基于经济原因或其他原因的自由流动几乎完全消失。这既是当时国家想要实现的组织化目标，同时也是国家通过权力控制社会的结果。然而由于科层之间信息不对称、激励制度不健全、监督成本高昂等原因，这一阶段的社会治理包括对人口流动的治理，总体表现为常规治理和运动治理交替进行。这一阶段农民工治理国家是通过户籍制度及相关配套制度，间或通过政治运动或政策性移民进行，人口自由流动消失的背后反映了当时的国家与社会关系是一边倒的，国家完全掌控社会。

共和国历史上具有现代意义的人口自由流动是从改革开放之后开始的。改革开放的前十年间，在"保护存量、培育增量"方针的指引下，以双轨制为核心机制的二元社会结构占据主导地位，并成为人口流动的社会背景。按照华生的说法："双轨制是 1984 年 9 月在浙江举行的首届全国中青年经济科学工作者讨论会，即著名的莫干山会议上提出来的。……实行放调结合的双轨制价格改革思路。双轨制思路提出之后，不仅在价格

---

① 国家卫健委提出流动人口政策调研的三个阶段，与笔者的划分类似。国家卫健委指出的三个阶段分别是：第一阶段：1984～2002 年，逐步放开阶段；第二阶段：2003～2012 年，公平理念的提出及贯彻阶段；第三阶段：党的十八大以来，全面推进市民化阶段。参见《流动人口发展报告 2018》，http://www.moh.gov.cn/zhuz/xwfb/201812/a32a43b225a740c4bff8f2168b0e9688.shtml。

组，而且在农村组、社会组等各组产生了共鸣。"① 然而，实践中的双轨制并未像设想的那样运行，反而出现了计划内外的倒买倒卖和权力寻租现象，计划内是一重价格、计划外是另一重价格的多重价格现象并存。正因为如此，后来学界和社会就将双轨制理解为转型的特殊安排。著名经济学家杨小凯②曾将双轨制概括为三个层面：第一个层面是商品和服务存在双重价格；第二个层面是相对于经济中的国有部分，双轨制给当时的增量部分（非国有经济）提供了充分的成长空间；第三个层面是针对农村家庭联产承包制度，认为在粮食批发价格逐步放开后，双轨制使中国农民的温饱乃至小康问题有了解决的可能。

正是因为双轨制的存在，农村基层组织生产关系才能打破总体性社会中的人民公社体制，以包产到户的家庭联产承包方式重新调整农村土地的使用权和收益权，从而带来了劳动力的解放。城市也开始逐步通过承包制的方式，改革国营企业僵化的经营方式。国营企业经营方式的改变促进了人口从乡村进入城市。得益于双轨制，乡镇企业也开始出现并成为改革前十年社会活力最有力的证据。在沿海开放城市大胆引进外资，采用全新体制，不仅激发了对劳动力的需求，而且也产生了现代意义上的流动性。今天回头看，无论是外国资本和技术向国内流动，还是内地的劳动力向沿海流动，都使改革初期的民间活力，通过流动得到优化配置。可以说，这是改革开放前十年自觉和不自觉的"供给侧改革"，这种改革既从供给侧释放民间活力，使包括劳动力在内的人、财、物开始流动，也从需求侧释放总体性社会中被压抑的需求，供需两端的力量共同推动了中国改革前十年的社会发展。这一阶段的社会发展源于国家对社会的全面控制开始松动，社会有了自主的空间，尽管此时的自主空间还很有限。

基于对人口流动的需求，双轨制背景下对农民工的治理是将原有的户籍管理制度以变通的方式撕开一条小缝，1984年10月国务院发出的《关于农民进入集镇落户问题的通知》即人口流动控制松动的表现，此后农村因承包制而空余的劳动力开始通过各种方式涌入城市。之所以说是撕开

---

① 《双轨制是中国人的一个伟大创造》，https：//www. sohu. com/a/233529781－100170731，最后访问日期：2018年9月10日。

② 参见张军《双轨制经济学：中国的经济改革（1978—1992）》，上海三联书店，2006。

一条小缝，是因为当时的人口流动是有条件的，需要从政府相关部门办理各种证件并进行相应登记。然而，政策一旦松动，基于经济原因的人口自由流动如潮水一般涌现，成为经济学者口中的"推-拉"理论的有力佐证。据统计，仅1987年全国农民工就猛增到1810万人，1988年甚至出现了"百万民工下广东"的民工潮现象。在人口流动的过程中，尽管流出地政府和流入地政府都试图对其进行管控，人口流动的相关政策也曾反复出现，但自由流动的势头已无法阻止，国家只能顺应这种潮流，承认自由流动的事实并修改相关政策。同时，原有的严格管理开始转变为以证管理。即便如此，1995年流动人口的数量达7073万，2000年则超过1亿人。① 流动的目的地也从最初的小城镇开始转向大中城市，从业方式从单纯打工转向从事城市各种服务行业。自由流动带给中国的影响不仅表现为缩小了城乡和地区差距、消除了流出地农村贫困，而且为流入地经济发展增添了活力，贡献了税收。这一阶段政府对流动人的治理呈现防范控制色彩。中央政策和流入地政府出于各种考虑，出台的农民工治理政策具有深厚的"应急色彩"，对农民工的管理手段和方式也简单地停留在"以证管人"和"重收费"等，此时政府侧重于管而非提供服务。这种管理方式本质上仍是一种双轨制，也即对流入城市的农民工，尽管他们为城市做出了贡献，但流入地城市还是以有无当地户籍为依据对人口进行分类管理。可以说，地方政府沿袭了双轨制的做法。

以往人们对于双轨制的评价，多从价格改革、资源配置、市场要素培育等角度展开。批评者认为双轨制作为一种过渡性安排，扭曲了资源配置并导致权力寻租和腐败现象；赞扬者则认为双轨制给予了经济主体充分的调整和适应时间，是中国渐进式改革的突出表现。笔者认为，双轨制作为一种过渡时期的特殊制度安排，既为人口流动打开了一条通道，同时也激发了社会活力，增强了社会自主性。当然，社会自主性增强的背景是国家的让渡。然而，作为国家让渡空间，社会形成自主性的初始设计——双轨制却成为后续各级地方政府的一种习惯性思维和行为方式。在许多农民工聚居城市，地方政府从资源、税收、公共财政等方面论证农民工聚集的不合理性，并采取各种措施对人口流动进行管控，这是双轨制设计者当初完全未曾预料到的一种社会后果。可以说，双轨

---

① 参见2003年《国家统计局公报》。

制时期的农民工治理最初是国家主动让渡空间，通过培育体制外增量推进社会的发育和成长。尽管双轨制带来了这样或者那样的社会后果，但与此同时，这个时期社会各个群体通过改革普遍获得了利益，因此对改革的一致拥护是罕见的。

二、新双轨制与农民工治理

作为一种过渡性质的双轨制，谁也没有预料到它对中国的渐进式改革产生的社会影响如此重大，并在各个方面体现出来。然而，其依靠的是体制外增量的发展转化和调整体制内存量的方式，并最终全部统一为体制外增量的发展方式。从这个角度而言，改革开放前20年，双轨制克服了改革进程中面临的许多重大困境，为改革发展开辟出一片新天地，并最终将原有的总体性社会的计划体制转化为市场化取向的市场体制。然而，因为路径依赖或者制度惯性，双轨制在诸多方面依然延续下来，并表现为新的形式。这种新的形式是与新的改革背景联系起来的，这就涉及1994年分税制改革对劳动力和资本关系的影响。

"南方谈话"之后，中国的改革进入了新一阶段，即以市场化、法治化改革为目标的阶段。此时对社会发展影响最大的就是税收制度，从改革初期的财政包干到分税制。财税制度的改革是市场化改革的一部分，同时它反过来形塑了市场背景下的劳动力和资本的关系。人口流动的治理也在这种背景下开始呈现与双轨制不同的面相。

市场化改革推动了资本以最低的成本吸纳全国各地的劳动力，分税制改革影响了地方政府办乡镇企业的动力，国家对农村投入的不断减少影响了劳动力在本乡本土的就业模式。80年代提倡的"离土不离乡、进厂不进城"的人口就地就业的转化模式彻底破产。此时，人口流动的方向不再简单聚焦于东南沿海，而是从西部向东部、从北部向南部的流动，同时规模也进一步扩大。2005年全国农民工数量就达14735万人，[①] 甚至许多地方出现了举家流动迁移的现象，流出地只留下老人。市场化取向的人口流动模式改变了80年代通过承包制恢复的农村社会结构，中西部大量农村呈现空心化，东部城郊村落开始速溶化。农村大量青壮年劳动力的外出

①　参见2006年《国家统计局公报》。

流动，使中国社会呈现三种转变：一是从有根到无根的转变；二是从熟悉到陌生的转变；三是从守土到离土的转变。这三种转变对中国当下乃至未来几十年的发展都会产生深刻的影响。村落共同体的解体、社区生活的凋敝都在此一背景下开始呈现。

有学者将上述这些现象总结为"新双轨制"，即以公共权力为背景，自下而上地寻找和套取已经市场化了的商品和服务价格体系与远未市场化的资金、土地、劳动力等要素价格体系这两大体系之间的巨额租金。新双轨制表现在四个方面：一是资金价格管制和资金配置失衡；[①] 二是用地制度扭曲的市场化和征地制度明显的权力寻租化；三是劳动力价格的恶性竞争和资方利益的难以撼动；四是国有企业作为要素组合，实行产权垄断定价和无序转让。在这种新双轨制的影响下，涌入城市的农民工在政治、经济、社会福利乃至就业等方面普遍受到不平等对待，城乡差距也因此在城市生活内部不断地被再生产出来。

在新双轨制背景下，中国开始逐步成为世界体系的一部分，随着中国加入世界贸易组织，全球劳工政策开始逐步影响国内农民工政策的制定，这些因素倒逼政府开始重视维护农民工权利。2001年底，中央要求各地方取消针对农民工的各项管理性收费，其后涉及农民工办证的各项费用也逐步被取消。2003年，《国务院办公厅关于做好农民进城务工就业管理和服务工作的通知》提出要"公平对待、合理引导、完善管理、搞好服务"。2003年8月，《城市流浪乞讨人收容遣送办法》被废止，标志着人口流动的管控进一步放松。2006年，国务院又出台《关于解决农民工问题的若干意见》，第一次提出农民工是产业工人的一部分；同时对农民工反映强烈的就业培训、工资拖欠、子女教育三个方面也做出了相应制度安排。

尽管中央政府采取了诸多政策举措，大举放松对人口流动的管控，同时在制度层面也做出修改，包括中小城镇的户口完全放开。但国家权力不仅可通过制度设计去影响人口流动，还可通过市场机制发挥其影响，这就是学界总结的"市场/权力主导的二元结构"，这种结构典型表现就是"经济吸纳，社会排斥"。学界提出的"短工化""双重脱嵌""拆分型劳动力生产体制""宿舍劳动体制"等概念都是描述这一时期在资本和国家

---

① 钟伟：《解读"新双轨制"》，《中国改革》（综合版）2005年第1期。

权力的双重制约下，农民工的实际生存状态。由于大量农民工在非公企业就业，而市场化改革在形式上要求农民工作为市场主体进行签约，但由于其并未摆脱农村户口身份，因此他们的流动在社会层面并不具有向上流动的意涵。同时，这些农民工也不享有国企工人享受的政治、社会福利等各方面权利。在新双轨制阶段，对于农民工的治理开始呈现资本和国家权力共同作用的特征，从而在城市内部形成了"市场/权力主导的二元结构"。从新双轨制角度来看，尽管这一阶段国家层面的市场经济改革的方向已经明确，但由于在传统的国家因素之外新增了市场和资本的变量，资本通过市场对农民工的管控又开始逐渐形成。在这一阶段，国家与社会关系总体上出现卡尔·波拉尼意义上的社会的某种程度的自我保护，农民工群体的各种劳工事件、群体性事件不断出现就是反映。

三、市民化与农民工治理

2001 年，中国加入世界贸易组织意味着中国经济增长方式和分配方式的重大改变。中国开始成为全球经济体系的一部分，成为世界生产、分配、消费体系的一环，成为世界工厂。这一阶段，通过市场对资源进行配置的方式已经确立，市场得到了充分的发育，市场的各个要素包括社会的部分要素开始严格按照资本的逻辑运作。这些变化影响了处于生产和分配链条一端的农民工的境遇，同时也影响了农民工治理的相关制度和政策。无论是来自全球其他地方的外部压力还是农民工自身权利意识的觉醒，都为这一阶段农民工治理的政策转变提供了条件和环境。

在中国成为世界工厂的背景下，人口流动已成为常态。然而由于人口计生政策的影响，加上地方政府长期对农民工权利的漠视，这些因素共同导致人口外出流动发展到了一个临界点，学界称之为"人口红利消失"。20 世纪 90 年代，外出人口流动年均增速达 15%。2002～2008 年，外出就业农民工数量年均增速只有 5%。这种结构性短缺加上大量从业于非公企业的农民工各种社会权利缺失共同导致"民工荒"的出现。结构性短缺的原因在于：其一，随着中西部地区自身的发展和国家政策的扶持，中西部地区吸纳就业的能力开始增强，原本外出流动的人口可以不用外出流动，从而出现劳动力供求的招工难、就业难的现象，东部地区与内地争抢劳动力、本地留用与外地务工争抢劳动力，实体型企业与服务型企业争抢劳动力等现象，这些因素引发了劳动力供求的结构性矛盾；其二，在发展逻辑下，效率优先是企业生存和地方发展的首要原则，因此在企业就业的农民工社会权利的被侵害时有发生。笔者的调查对象中有受过工伤的农民工，这些人在企业就业时没有任何的劳动保护，也没有经过相应的安全培训，受意外工伤之后，也无法通过合法途径获取保险或者其他赔偿。

在中国成为世界工厂的过程中，部分学者认为中国出现了与华盛顿模式不同的中国模式，因为中国独特的经济和政体体制能够正确地制定和成功地执行体现国家利益的战略。然而，吴敬琏却认为中国现行的经济体制实际上是一种"半统制、半市场"的过渡性经济体制，它既包括市场经济因素，又包括旧的命令经济或统制经济；既可以前进到较为完善的市场经济，也可以退回到统制经济。在这种"半统制、半市场"的经济体制下，各类企业在建立现代企业制度的进程中只注重资本输入，忽视劳动保护建设，从而产生各种劳资矛盾和社会问题，而现行体制并没有提供条件让这些农民工形成有效组织以与资本进行博弈从而保护自身权益，农民工呈现个体化的状态。这种个体化状态十分不利于农民工保护自身权益，反而让他们成为发展代价的承受者。①

面对这些社会矛盾和问题，中央政府治理农民工的基调开始转向，由控制转向融入，"市民化"概念就是在这一背景下提出的，甚至中央政府为此还专门出台财政支持文件，规划农民工市民化的路径和财税支持。市民化意味着前面阶段采用的"经济吸纳，社会排斥"的政策和措施开始消除，政策设计开始尊重经济和社会发展规律，并将已经在城市的农民工安居下来。市民化阶段的农民工治理措施包括三个方面。首先，从城乡关系调整入手，提出城乡统筹发展，意在缩减城乡发展差距，从根源上降低人口外出流动的意愿。其次，对于已经外出流动甚至举家外出流动迁移的人口，中央提出市民化的对策，试图将这些农民工通过新型城镇化进行吸纳。最后，颁布和实施《劳动合同法》。2008 年党的十七届三中全会上提出把农民工问题作为国务院的改革重点，并提出"破除城乡二元结构"和"城乡经济社会一体化"的发展目标。此后，城乡公共服务均等化开始在全国各地提速。市民化战略的推行，重点是化解进入城市的农民工的

---

① 吴敬琏：《"中国模式"还是过渡体制》，载何迪、鲁利玲编《反思"中国模式"》，社会科学文献出版社，2012，第 5 页。

困境，化解前两个阶段农民工主动的城市化选择而地方政府的被动应急性做法。从现实来看，农民工的主动城市化已不可逆，而且城乡之间人口流动的特征已经发生显著变化，尤其是新生代农民工群体的出现，推动了中国城镇化由空间方式向人口方式的转向。这种转向在农民工政策层面更多表现为从双轨制的严格管理到新双轨制的凭证管理，再到市民化阶段的服务管理。市民化的理念是提倡农民工与本地居民在各个方面相互融合，实现"互利双赢"，通过公共服务均等化的方式突出户籍和非户籍人口的共同性，从而把长期被政策和体制排斥在外的农民工纳入城市公共服务管理体制中，实现共享发展。《劳动合同法》的颁布与实施加大了对农民工从业的保护力度，从法律层面保障了农民工的各项权利。

在市民化阶段，对农民工的治理政策出现前所未有的转变。政策从三个层面试图标本兼治，以公共服务提升和扩大作为治理方式，在这个过程中，法治化、规范化、技术化、标准化成为推进农民工治理的技术手段和路径。这既反映了对国家从经营到治理的自身逻辑的转变，也回应了农民工群体在实践中遇到的各种问题，体现了明确的问题和实践导向。在市民化阶段，国家才开始向真正意义上的服务型政府转向，社会建设开始提速，涉及民生的政策不断出台，社会活力显著增强。从这个角度而言，改革开放40余年之后的中国，民众的权利意识或者说社会的成长已成为不可扭转的趋势。

综上，改革开放40多年来，国家与社会关系表现为国家最先以让渡空间的方式增加社会的自主性，社会最初很脆弱到后来社会的发育开始有能力让国家改变制度和政策。这其中国家和社会的互动表现得特别明显，尤其是涉及农民工治理制度和政策时更为明显。40多年来，农民工政策变动大体经历了三个阶段：从"农民要不要流动"到"有序流动"，再到"市民化及融合"。总体而言，这三个阶段一是将自由流动的权利还给农民，二是逐步废除城乡居民身份不平等的一系列制度。正是这两大方面的改革，推动了改革开放后中国社会的蓬勃发展。

第六节　流动、互联网与赋权

"我们的文化和我们的社会的转型，必须在许多不同的层面发生。……在这些众多转型中，个体的转型是十分关键的，它不仅必须是意识的转变，而且必须涉及个体的行为。但是，个体需要团结来培育，后者所带来的伦理传统，能够增强个体自身的信心和决心。"① 贝拉的这段话刻画出了当代中国城乡社会发展阶段与流动性相关的农民工个体、群体及国家及其政策转型。对于农民工个体而言，其从农村流入城市，意识和行为都开始逐渐受到城市工业文明的熏染。然而这种熏染如果没有群体团结的形成，那么个体的自信心无法培育，个体也无法面对和抵御城市工业文明带来的各种风险。同时，国家对待农民工群体的方式以及涉及农民工群体在城市的各种政策如果不发生改变，就会迫使农民工在市场经济条件下，面对劳动与资本之间的冲突时，很容易以极端方式拉高对立程度，将劳资争议不断扩大，甚至某种程度上酿成不可预料的风险。尤其是新生代农民工群体，这一群体不再像父辈那样仅满足于实现赚钱和最为基本的劳动权益的目标，他们更追求体面劳动和自身的向上流动的机会，乃至于追求马歇尔描述的民事权利、政治权利和社会权利。这一群体对这些权利的表达方式比其父辈要多样，对这些权利的维护决心比其父辈要坚决，对这些权利的实现愿望比其父辈要强烈，对这些权利的意识比其父辈更明确。从这个角度而言，现实的一些制度设置无法有效满足农民工群体追求自身权利的愿望，这就迫使这一群体另辟蹊径，寻找某种实现这些权利的途径和方式。

此时，互联网在中国城市的大规模普及，为农民工群体追求这些权利的实现提供了某种可能。可以说，农民工群体参与网络就能够实现某种程度的赋权和增能。赋权才能实现增能。按照传统的理解，赋权的一般对象是社会中处于无权的边缘性社会群体，同时赋权需要互动和交流的存在。赋权是通过激发农民工自身的潜力使他们在某种程度上掌握一定社会资源，从而改变自身命运。

> 我曾经在一个工地打了一年工，工头总是拖欠工资不给我，当时我找劳动仲裁部门，仲裁部门也找了工头，工头也当着仲裁的面说因为资金周转的问题，一旦资金周转问题解决，肯定第一个给我。

---

① 罗伯特·贝拉：《心灵的习性》，转引自曼纽尔·卡斯特《认同的力量》，社会科学文献出版社，2006，第69~70页。

结果还是不断地拖欠，没有办法，我和我一个亲戚找老板，那个亲戚懂网络，实在谈不拢的时候，他对工头说，如果你不给工资，我就上网，人肉搜索你，把你搞臭，让别人以后不敢接你的活儿。这话说出来没几天，老板把拖欠我的工资发我了。刚好这也是网络事件被社会高度关注的时期，工头也怕。在这之后，我就自己自学电脑，并特意给手机办了一张上网卡。建筑工地没有固定网络，我就休息时用手机上网。①

从这位农民工的经历来看，网络帮助他要到了拖欠的工资。看到网络有这么明显的效用，他开始主动接触网络、学习网络、利用网络。

笔者对访谈的这个农民工印象深刻，原因在于这是笔者接触的从事建筑业工作的农民工中第一个使用网络要回拖欠工资的案例。就这个意义而言，农民工在现有制度化的利益表达机制框架下是典型的弱势群体，而网络为这一弱势群体维护权益、实现权利提供了另一种选择。这种网络的活动既是一种虚拟的活动，也是一种"拟现实"的活动。可以说，这是农民工群体参与网络取得的胜利，尽管可能不具有普遍性，但具有典型性。郑欣等通过自己的研究也得出："虽然新生代农民工的职业适应受到了种种媒介从外部施加的推力影响，但它绝非仅仅是媒介助推下的工作获得与角色履行，在日常职业生活领域中，新生代农民工不只是工作任务的简单执行者，他们有着自己的情况、思想和谋略，也可以利用媒介去帮助自己积累职业经验、扩展工作关系网络、创新职业认知。他们借助于新媒介的使用、'组织人'身份管理，以及城乡人际交往等传播实践，在时间推进的过程中积极谋划职业生涯、扮演职业角色及确认自身职业价值，在工作中发展一定程度的职业自觉。这些基本的传播行为激活了自身潜能，使他们对职业生活产生一定的自我效能感和命运掌控感，体现出某种程度自我赋权的努力。"②

然而，农民工群体参与网络需要具备以下条件：一是主观能动性；二是能够理解社会现状且有建设性地参与的能力；三是高效参与的技能；四

---

① 2013年10月在H市某建筑工地对工人A的访谈。
② 郑欣等：《进城：传播学视野下的新生代农民工》，社会科学文献出版社，2018，第265~266页。

是能够形成受众基础的广泛联系；五是用以处理负面反馈的情绪复原能力；六是一定的社会地位，保证公开表态后无须担心后果。[1] 尽管农民工可能在这六个参与条件中只具备其中几个，然而这并不妨碍他们利用网络。我们逐一检视农民工网络社区参与的六个条件。首先是主观能动性。对于当前的农民工群体而言，移动互联已经成为他们生活的必需品，有"90后"的新生代农民工这样告诉笔者："闲暇时，我一般用手机上网。打打手机上的游戏、听听音乐、看看新闻，在淘宝上买东西，用支付宝付款吃饭，用微信和朋友聊天。现在微信和支付宝特别方便，短信、电话都可以不用了，直接微信语音或者微信视频，方便快捷。甚至忙的时候，我也抽空看微信。"[2] 其次是理解社会现状且有建设性地参与的能力。笔者调研的大部分新生代农民工群体对于社会现状有着正面的认知，对于自身所处境遇，基本首先是从自身进行归因而非归因于社会和制度。后面其他四个条件对于农民工群体而言，要求比较高，这一群体除了个别文化程度较高的以外，大部分人基本不具备这四个条件。然而，不具备后四个条件并不能说明农民工群体不会参与网络或者利用网络。农民工群体通过在微博、QQ、微信等网络空间留下言论，借助网络将自己想要表达的信息传递给其他人乃至媒体，从而改变信息在大众和媒体之间原有的意向传递，将其变为互动循环式传递。这也激发了农民工群体在遇到问题时参与网络的意愿，在某种程度上改变了传播学中的"沉默的大多数"的定理。

网络对于农民工群体而言，最初只是一个被动的选择，然而一旦农民工群体利用网络推动权益实现和互动沟通，网络就不再仅是一个媒介，它开始承担起互动和自我呈现的功能。同时，农民工群体在网络参与的过程中是以去中心化的方式组织起来的，而这与现实生活完全不同。笔者曾经在 H 市参与过同乡聚会，在现实聚会中，笔者并不认识太多同乡，看到大家都围绕着一个人在高谈阔论，笔者打听之后才知道这个人原来就是同乡 QQ 群的群主。然而，平常在 QQ 群中，这个群主并无太多权利，即使同乡说了一些过分的话，他顶多把他移出 QQ 群。但到了现实生活中，笔

---

① 亨利·詹金斯、伊藤瑞子、丹娜·博伊德：《参与的胜利》，高芳芳译，浙江大学出版社，2017，第 22~23 页。

② 2015 年 4 月在 N 市某工厂对工人 B 的访谈。

者就发现这种交往有权力的影响因素，同时交往的模式呈现一种中心化模式。但在 QQ 群中讨论时，我可以随时"@"QQ 群里任何一名群成员，而这名成员也不会觉得我冒失或者唐突。

　　农民工群体作为在城乡之间游移的群体，其最大的特征是流动性，而网络空间也是一个围绕流动性建构起来的空间和社会样态。网络空间最大的资源是信息，信息是流动不居的，因此农民工群体在网络中的互动也是流动的。正如齐格蒙特·鲍曼所言："流动的自由（它永远是一个稀罕而分配不均的商品）迅速成了我们这个晚现代或后现代时期划分社会阶层的主要因素。"① 正是信息的流动为农民工群体在城市的工作和生活赋权、增能，进而不断重新构建当代中国的治理方式、城乡关系和社会结构。

---

① 　齐格蒙特·鲍曼：《全球化：人类的后果》，郭国良等译，商务印书馆，2001，第 2 页。

第二章　农民工的网络社区参与

特纳认为"社会学作为一门独立的、自觉的学科得以创立，是用以解释与'现代性'联系在一起的社会转型，特别是欧洲工业资本主义的崛起和封建土地体制的衰退及最终遍及世界各地的这一进程"。① 从特纳的角度考察中国社会，我们发现当代中国社会还处于总体性社会趋于解体、稳定的现代化社会正在形成的阶段。在这个过程中，工业社会、信息社会对中国的现代化进程产生巨大影响，尤其是信息社会的崛起影响更大。其中，互联网正是推动中国从传统社会经由现代社会再向后现代社会、从农业社会经由工业社会再向信息社会转变的推手。互联网的出现正逐步改变传播当中"沉默的大多数"的状况，为具备一定条件的普通个体提供了发声的可能。正是在这种情况下，部分学者提出"参与的胜利"②。

互联网的出现及当代中国社会各群体对网络的参与和利用，已成为引发当代中国社会变迁的主要力量，而且这种力量业已引起政府、学界的关注。政府、学界、社会各群体都自觉或不自觉地利用互联网。无论是从技术角度还是从社会关系角度而言，互联网作为一种革命性技术，不仅对中国社会结构的转型、中国与全球其他国家的关系，而且对全球社会结构和经济发展乃至政治变迁，都具有深刻的历史意义。这种意义主要体现在网络社区的高度参与性，即在网络社区中达成某种程度的共识，感受到参与网络社区的乐趣，并在网络社区中与其他人共享。

---

① 乔纳森·特纳：《社会学理论的结构》，邱泽奇等译，华夏出版社，2000，第 288 页。
② 这一概念源于亨利·詹金斯、伊藤瑞子、丹娜·博伊德《参与的胜利》，高芳芳译，浙江大学出版社，2017，第 12～13 页。书的封面如此描述"参与"："网民的狂欢，舆论的力量。网络和粉丝文化繁衍出新的生活场景、社会形态和经济模式。互联网时代全民参与的洪潮无可阻挡。"

第一节 网络社区的概念、分类与特征

众所周知，社区的概念最早源于德国社会学家滕尼斯。作为一种理想类型的概念，滕尼斯在《共同体与社会》[①]中认为社区是自发产生的，有着相同价值取向、同质性强的社会共同体是人们自愿形成的，是在人们相互的直接联系、习惯、宗教等亲密的、面对面的接触基础之上建立起来的。血缘、地缘是社区的主要纽带。根据不同国家的具体情况，社会概念也有不同的含义。

农民工群体从原有乡村社区中脱嵌，使原有乡村社区开始因主体力量的缺失而逐步趋于消解。农民工群体进入陌生的城市之后，原有乡村社区中血缘与地缘的束缚对于这一群体而言已越来越微弱，原有乡村社区中的地缘、血缘等在流入地城市已经不再具有那么明显的身份证明和道德约束的意义。尽管在流入地城市这一群体可能还会保留部分流出地的风俗习惯，甚至存在一种故意强调流出地风俗习惯的可能，以增强个体或群体对流出地的认同，并借此与流入地城市的文化相区隔。但毋庸讳言的是，这一群体与流出地的各种联系开始逐步削弱，与流入地的各种联系开始产生。在这种背景下，流出地的血缘与地缘只能成为农民工群体在流入地寄托乡愁的一种载体、一种想象，同时也是在陌生的城市实现感情慰藉和群体互助的一种载体。笔者访谈和调研的诸多农民工都对笔者说，在家靠父母，出门靠朋友。这里的朋友不是指流入地的市民，而是农民工自己在陌生的城市，通过血缘、地缘和业缘而新认识的老乡和朋友。然而，农民工群体在嵌入流入地生活的过程中，免不了经常与流入地的居民交往，除了一些认识的亲戚朋友外，其他人无法知根知底，无法实现流出地乡村那样彻底的"熟人社会"。因此，在城市流动的农民工群体，其稳固的感情和交往纽带很难形成，共享的价值观念、信任关系和相互依赖感更无法建立。这种稳固的感情和交往纽带、共享的价值观念、信任关系和相互依赖感不仅是指农民工群体之间，而且也指农民工群体和流入地之间。可以

[①] 斐迪南·滕尼斯：《共同体与社会》，林荣远译，商务印书馆，1999。

说，正是因为流动带来的时空抽离，农民工进入城市之后要扮演多种角色，每个角色都存在不同的规范要求，角色的复杂性和规范的多样性让农民工群体无所适从，他们只有从头学起，学会适应。时间和空间的分离导致农民工群体和故乡、亲人、流入地之间的分离程度增大，对流出地共同体的认同逐步减弱，开始接触和认同流入地的生活方式等。然而，越是这样，农民工群体越怀念原来共同体的稳定生活和稳定认同，越需要通过组织的方式消解流动过程中的不确定性和这种不确定性带来的风险。这既是当前乡愁在全社会兴起的主要原因，也是农民工群体试图借助社交网络、依靠社交网络乃至寄托社交网络的原因。

互联网的出现，不仅改变了国家、市场和社会之间的联结方式，也改变了社会中个体与个体、个体与群体、群体与群体之间的结群方式和相互之间的信息传播方式，这种结群方式和信息传播方式的改变加强了个体与市场、个体与社会、个体与国家甚至市场与社会、市场与国家、社会与国家之间的联系，新的社会结构和社会形态也开始被塑造出来。无论是虚拟的赛博空间中的网络社会还是信息技术带来的社会形态变化意义上的网络社会，背后都是因信息技术的发展而引起的技术网络和社会网络的复杂交织。技术网络与社会网络的复杂交织能否产生和形成新的网络社区①，学界对此有过激烈的争论。这种争论的焦点主要在于：一是网络社区没有边界，而实体社区是有边界的；二是网络社区是匿名的、陌生的，实体社区是实名的、相互熟悉的；三是网络社区的缺席互动能否达成共识。种种争论的背后是大家对社区概念的不同理解。尽管存在这些争论，但毋庸置疑的是网络社区是结合网络技术而出现的新事物。网络社区的出现为所有参与其中的人建构一个线上与线下的互动平台，满足个体与个体、个体与群体之间交流、认同的需要，并能够形成某种动员。正如互联网理论家迈克尔·斯坦格拉描述的："互联网的精髓不是科技，不是信息，而是沟通——人们交谈、互发电子邮件……互联网是一种大众参与的大众沟通，是完全双向的、自由的。互联网是根基，是柱石，它平地而起，所有社区都会在其上屹立、成长、繁荣。互联网就是一个不擅沟通者的社区。"②

---

① 本书中网络社区和虚拟社区概念的内涵与外延相同，可以互换使用。
② 参见罗伯特·帕特南《独自打保龄》，刘波、祝乃娟等译，北京大学出版社，2011，第196页。

一、网络社区的概念

人们通过自身在网络中的活动，形成某种聚集，然后产生各种网络社会现象，这成为网络社区形成和存在的现实理由。既然网络社区是一种社会现象，那么学界如何对其进行定义的呢？我们又如何认识这一现象呢？笔者梳理了网络社区的诸多概念，我们可以比较一下这些概念的异同（见表2-1）。

表2-1　网络社区的概念

年份	学者	概念
1993	Howard Rheiggold	在网络中产生的社会群体，成员参加公共讨论，持续较长时间，虚拟空间中的个人交互关系能够形成
1994	Anne	一个任意大小的社会性团体，成员有共同的兴趣，这些兴趣可以是社交的、专业的、职业的或宗教的，这个团体存在于网络，成员通过电子方式在一起讨论某个学术研究或日常生活等的特定议题
1995	Fernback & Thompson	在网络空间中形成的社会关系，这种社会关系是通过在某一特定范围内持续相互联系而形成的
1996	Reid	一个虚拟空间，空间里的人们运用彼此的想象力和创造力相互交流、互动，同时传播文化
1997	Wilbur	与未见过的其他人共享交流空间的场所
1997	Jones	具备交互关系、交流主体、持续的成员关系、虚拟空间
1998	Komito	线上群组成员分享某行为或主题，试图找到一个群体，使群体内部成员能够共存及彼此之间更加接近，群体中所有成员彼此分享社交互动、联系及空间
1999	Chang et al.	一群因相同兴趣或基于情感的网络使用者在讨论区参与讨论或在聊天室与人聊天，通过信息传递而产生的人际关系
2000	Preece	一种以网络为沟通媒介的知识社区类型
2001	Balasubramanian & Mahajan	有如下特征的实体：1. 人群的集合；2. 理性的成员；3. 没有地理限制的网络交互空间；4. 社会交流过程；5. 有共同目标、特性、身份或兴趣
2001	Rothaeermel & Sugiyima	与精神社区的概念相似，但其形式是通过电子交流且不受时空限制
2002	Rheingold,Wellman, & Gulia	不同规模的群体，为了达成个人目的及分享群体成员目标而在网上碰头并相互影响

年份	学者	概念
2004	Koh & Kim	一群有共同兴趣或目标的人，通过在互联网空间进行知识或信息分享的方式聚集在一起
2008	Hsiu - Fen Lin	一个拥有各种基于互联网聊天技术的虚拟空间，包括论坛等，它依靠成员间的社会互动来分享兴趣、建立关系、进行幻想

资料来源：付丽丽：《关系型虚拟社区的结构及其商业价值》，电子工业出版社，2013，第 6 ~ 8 页，有改动。

从上述不同学者对网络社区概念的论述来考察，他们都是从滕尼斯的社区概念出发，结合网络的一些特征来理解和界定网络社区。上述这些概念中也包括网络社区建立的基础、社区成员、社区成员的互动和交流、互动和交流的方式（是线上还是线下）、互动交流的内容、社区边界等。网络社区和传统实体社区最大的差异在于实体社区原有的地域和时间界限在网络社区中已不成为其构成要素，因为网络最大的特征就是时间和空间的突破与抽离。

二、网络社区的类型与构成

无论是天涯社区还是聊天社交工具 QQ、微信，或新浪和腾讯微博，都可称之为网络社区。这些网络社区各有差异、各有特性，但共同的因素既包含互联网技术的因素，又包括社会关系的因素。综合考量这两个因素，那么网络社会的划分标准也会迥异。从社会学角度考察，以网络社区参与者的互动为标准来划分网络社区，这是笔者在本研究中想做的。因此，笔者首先基于网络社区的发起人考察网络社区的分类。据此可将网络社区分为个人发起的和组织发起的两种类型。个人发起的网络社区又可以划分为参与个体的兴趣社区——这是一种社会的组织方式和各种专业的网络社区，也就是非兴趣的、目的性很强的社区，一般是学习性或专业性的网络社区，比如各种学习社区、专业知识普及社区等。这些社区在 QQ 或微信中被称为"群或组"。这些社区的发起机构包括商业机构和非商业机构内部的社区，甚至政府各职能部门的微信公众号或 QQ 群，经由这两种方式推送政府公开信息。这是从参与者的角度划分的网络社区。如果从功能角度划分，网络社区又划分为娱乐社区、搜索社区、交易社区等。比如，百度就是一个搜索社区，淘宝中的闲鱼就是一个闲置交易社区，网上的音乐吧就是一个娱乐社区。

人们使用网络最重要的原因是网络能够提供信息分享，甚至网络社区中的大量免费资源能够供给人们免费学习。因此，网络社区按照不同的使用目的，可以划分为信息分享社区和知识学习社区。按照信息获取方式的不同，可以将网络社区分为信息推送社区和信息拉取社区。信息推送社区中的信息有可能不是网络使用主体需要的，而信息拉取社区中的信息则是网络使用主体自主找寻的。

总之，按照不同的标准，网络社区可以划分为不同类型。下面我们按照职业社区（为了特定目的或任务，在网络中聚集的群体，任务完成社区解散）、专业社区（为了专业知识学习或特定目的推送，学习完毕社区可以解散，也可以继续存留，取决于网络使用主体的意愿）与兴趣社区（按照某种兴趣在网络中聚集起来的群体，可以永久存在）对网络社区的类型与构成做一简单概括（见表 2 - 2）。这些社区既包括笔者想要论述的微博、微信、QQ 群等，同时也包括其他类型（比如天涯社区）。

表 2 - 2　网络社区的类型与构成

	职业社区	专业社区	兴趣社区
社区规模	3 ~ 15 人	10 ~ 100 人	100 人以上
持续时间	任务完成,社区解散	有时间限制,但可延长	无时间限制
社区目标	目标明确	目标明确	无明确目标
社区行为	按计划实现目标	按约定输出成果	没有严格行为要求
结构和责任	高度结构化,成员有明确责任	有限结构,负责人负主要责任	结构松散,无明确责任
活动时间	根据任务的不同阶段变化	根据知识掌握进度变化	根据个人时间变化
激励机制	与表现有关,主要为外在激励	内在、专业的认可	个人自我激励
社区边界	边界封闭,只限于参加特定任务的人	边界部分开放,只限于对某些专业知识或信息感兴趣的人	边界完全开放,只要对某个事物有兴趣都可参与
社区质量	管理者决定	专业领域和成员预期决定	依赖小组和成员的预期
冲突管理	领导者调解,双方和解	成员退出,或虚拟社区内的人调解	参与减少,成员退出

资料来源：黄佩：《网络社区：我们在一起》，中国宇航出版社，2010，第 120 页，有改动。

从表 2-2 来看，职业网络社区因有时间和规模限制，社区存在边界，主要是以任务为组织模式。农民工本身流动性的特点明显，再加上现有制度的限制，他们参与职业社区的可能性比较小。对于农民工群体来讲，他们需要的是信息的分享和相互之间的归属感，这是职业社区不能满足的，因此职业社区就被农民工群体排除在外。专业社区是专业或学习的社区，尽管农民工受教育程度不断提高，但诸多的专业界限依然是他们很难跨越的门槛，笔者参与的一些农民工网络社区，一旦其中涉及某个专业领域，很少有人响应或回应此类问题，沉默不语是常态。因此，专业社区几乎也被农民工群体排除在外。当前农民工群体参与的兴趣社区比较多，因为兴趣社区既没有职业网络社区的任务限制，又不像专业社区存在很高的门槛，只要你喜欢，就可以参与。在兴趣社区内部，各参与者之间还可以分享各自的参与经验，并为其他参与者提供一些有用和有效的信息，同时兴趣社区也为各参与者之间搭建了一个沟通和互动桥梁。这类社区包括微博、微信、QQ群，这三类社区最受农民工欢迎。因此下文笔者所指农民工的网络社区主要涵括这三类。

三、网络社区的特点

首先，无论按照何种标准划分网络社区的类型，也无论网络社区的构成要素有多复杂，网络社区首先都要具备网络技术的特点，即虚拟性。这种虚拟性一方面表现为呈现在网络使用者面前的东西是虚拟的，另一方面它又是可以随时转变为现实或具体行动。尼葛洛庞蒂提出："假如我们把组成'虚拟现实'一词的'虚拟'和'现实'两个部分看成是'相等的两半'，那么把'虚拟现实'当成一个重复修饰的概念似乎更有道理。虚拟现实能使人造事物像真实事物一样逼真，甚至比真实事物还要逼真。"[①] 网络社区让参与者沉浸在一个非真实的世界里，并给参与者实践及互动的机会。在网络社区中，各种虚拟场所、场景（虚拟家庭、商场、会议、游戏、爱情等）给参与者带来与日常生活不一样的感受。在网络社区中，参与者可以虚拟自己的身份，因为一些

---

① 尼葛洛庞蒂：《数字化生存》，湖泳、范海燕译，海南出版社，1997，第 140 页。

社区可以匿名的方式参与。此时，参与者可以虚构自身的一切，如性别、年龄、地域、出身等，也没有人会认真去追究。从这个角度而言，网络社区由于技术原因，天然存在去自我中心化、分散化和多元化的特点。这些特点对网络社区参与者的认同会产生较大影响。就这一点而言，网络社区的虚拟现实性特点是"戏剧性的技术变迁，是当前最直接感觉到的结构性转化。但是这并非认为技术决定了社会，而是技术、社会、经济、文化与政治之间的相互作用，重新塑造了我们的生活场景"。①

其次，网络社区具有交互和互动性特点。为了完成课题研究任务，笔者分别参与了诸多微信群、QQ群、微博等典型的网络社区。在这几种网络社区中，参与者可以实现一对一、一对多、多对多的互动关系。在这几种网络社区中，参与者可以通过线上的相互讨论、电子邮件、视频直播、上传与下载文件等同步和不同步的方式进行互动，甚至当线上活动感觉不足以表达情感之时，还可以在线上互动结束之后，继续通过线下的实体活动展开互动，这种线上和线下的互动推动个体形成了各种关系网络，也即中国人所说的"圈子"。一个访谈对象告诉我只有"虚实结合"才能让这种圈子发挥最大效果。一个开滴滴网约车的司机在接受访谈时这样说："这年头，玩的就是圈子，你的圈子越大、越多，而且你能够把圈子做实，才能证明你的能力强。我的圈子一是不够多，二是将圈子做实的能力太小，三是圈子的层次还是有点低，才在这里开滴滴。"② 网络社区给参与者提供足够大的虚拟和现实空间，使参与者能够在两个空间充分展现自己的主体性、主动性，这样才能实现"虚实结合"，才能将圈子的最大效用发挥出来。在网络社区的虚拟空间中，每个参与者都可以通过自主设计主页、微博、微信头像、微信标示语、QQ头像、QQ标示语等展示自己，展现主体性。在展现主体性的过程中，他们既是制作者又是参与者，还是传播者，正是借助网络社区"虚实结合"的特性，这几种角色才能同时在一个人身上实现。当然，网络社区创造的这种"虚实结合"的互动关系是一种"弱关系"，而非"强关系"。这种"弱关系"具有格兰诺维特所说的不经常联系、情感不太亲

① M.卡斯特：《网络社会的崛起》，夏铸九等译，社会科学文献出版社，2003，第1页。
② 2014年4月3日在W市对外来农民工C的访谈。

密及不存在互惠互利的来往等特点。网络社区中的这种弱关系，为农民工在城市打工过程中的信息交流与分享提供了一个平台。尽管大家知道彼此，但并不真正深入了解，这与传统共同体的强关系完全不同。网络社区的好友与现实传统意义上的好友的概念差异还是比较大的。其区别在于网络社区的所有参与者都具有好友身份，如果你想和他互动就直接"@"他的名字；如果你不想理他，你可以隐身或者不说话；如果你讨厌他，可以把他的名字拉入黑名单。即使双方共同在一个微信或者QQ群里，也可以永远不相见。这一点微信更典型，微信无法显示对方是在线还是隐身，如果对方没有回复，那么可能就是不在线或者没看到。在现实中，好友身份不是那么容易被赋予的。现实中好友一定是根据差序格局的原则，与自己关系比较亲密的才能称为好友，也才能产生密切互动。此外，网络社区好友的信任关系和现实中好友的信任关系也呈现差异。网络社区的好友不一定完全值得信任，而现实中的好友则是基于长久的现实互动而产生足够的信任。

最后，网络社区的互动内容和样态具有多元性、多样性、丰富性。第一，网络社区中的所有互动内容都具有多元性、多样性、超文本的特征，既有文字的，也有声音或视频的。微信和QQ都自带丰富的表情包符号，这种符号互动方式超越了传统的人际互动的、面对面的依靠声音和图像或者只依靠文字书信的单维模式。第二，互动主体的多元和互动方式的多样，主体既可以一对一、一对多地进行互动，也可以多对多地进行互动，此其一；其二，互动的方式多样，既可以一起参与某个游戏，也可以共同在线欣赏一部电视剧、交流体验，还可以共同参与某个网络社区提供的其他活动，甚至可以在线下继续互动。第三，参与网络社区身份的多元，网络中的互动主体可以扮演多种角色，以多种身份在网络社区中活动，这是由网络的匿名性决定的。第四，交往价值和规范的多元、多样。不同层次、不同地域的农民工群体具有不同的地域文化价值观和习俗规范，他们聚集在同一个网络社区中，首先面临的问题就是这些不同的地域文化价值观和习俗规范的相互冲撞，网络社区的共识很难达成也是基于这一点。同时，因为网络社区中身份和交往规则的多元化，参与者大多凭借自己的兴趣和爱好，而兴趣和爱好并非社会规范，此时参与者在面对同一件事、同一个表情符号时就会凭借自己的理解去交往，从而导致交往规则的多元化。

第二节 网络社区的议题分类及影响*

互联网的渗透式发展迅速构建了一个全新又与现实空间相互交织的网络空间，这个空间的典型特征就是虚拟与现实的交互性，这种交互性对于当代中国社会发展的影响依然处于显现过程中。尤其是在当代中国，网络第三方应用功能的不断开发，网络与智能手机、其他媒体的结合，共同推动了网络新媒体的形成。人们从网络中获取信息、在网络中发表言论，近年来中国社会中几乎所有重大事件都能在网络空间中找到其身影。网络言论不仅影响到政府决策、法院判决，甚至影响了社会政治与经济的发展。正如《社交网络改变世界》一书讨论的网络参与者的身份多元化、地位民主化、权力分散化及其带来的社会影响，已经被当代中国政府和学界深刻认知。① 可以说，网络已经深刻地改变了中国社会运行的构架，使社会呈现与以往完全不同的特征。在这种背景下，对网络社会的运行逻辑及网络对社会的影响成为政府和学界关注的议题。

最初，学者对网络社会有两种界定：作为一种新社会结构形态的网络社会和基于互联网架构的电脑网络空间的网络社会。② 在网络社会初兴之时，人们对于网络社会性质的认知还比较模糊，对于网络的"虚拟"和"现实"的关系还处于探索阶段，因此在概念的所指和能指之间出现了混乱。比如，网络社会的英文就有以下几种：network society、cybersociety、virtual society 等，这几个词语其内涵和外延都有差异。戚攻最早认识到了网络社会和实体社会的关系，他认为网络社会是一种数字化的社会结构、关系和资源整合环境，其关系网具有虚拟特征，但最终网络社会是一种客观现象，网络社会是现实社会的延伸，并对现实社会起着重构作用。③

---

* 本节内容曾以《网络社区的性质、议题分类及影响》为题发表在《广西社会科学》2016 年第 5 期，现有改动。

① 马修·弗雷泽、苏米特拉·杜塔：《社交网络改变世界》，谈冠华、郭小花译，中国人民大学出版社，2013，第 309 ~ 315 页。

② 郑中玉、何明升：《网络社会的概念辨析》，《社会学研究》2004 年第 1 期。

③ 戚攻：《虚拟社会与社会学》，《社会》2001 年第 2 期。

政府和学界对网络社会和网络社区最初的纠结与网络传播具有的身份多元化、地位民主化、权力分散化的社会效能未完全彰显，网络技术还在推广应用，网络社区还在逐渐成长，网络与智能手机的结合效应还在逐步扩张有很大关系。彼时，网络社区的不同类型及参与者、议题、传播途径与社会影响等还未完全显现。即使在网络社区与智能手机实现了有效结合、网络社区的应用场景日趋丰富的今天，不同类型网络社区的性质依然鲜有人论及，更不用提对网络社区的议题、传播途径和社会影响的研究了。笔者拟通过对微博与微信两种不同类型的网络社区的性质、参与者、议题、传播途径与社会影响等做一比较，从而对网络社区治理提出相应的观点。

一、微博的性质、议题分类及其影响*

毫无疑问，微博作为一种传播媒介、信息发布平台和相互沟通渠道，其生命力得到彰显的真正原因首先在于自身具有的强大功能，其次在于社会信息的不对称及民众对信息真相的渴求。微博就其性质来讲，最大特点就是其公共性和公开性。从传播信息的角度而言，微博具有如下几个特征。

首先，网络关系化。微博在中国的兴起和发展已经超越了工具与平台的技术意义，它正在形成一个媒体公共领域。在这个公共领域中，社会各个群体、各个组织甚至普通民众根据自己所处的位置，形成了一个自己的关系网络，这种关系网络在微博上的直接呈现就是圈层化的社会关系。

其次，社会关系圈层化。微博用户主要关注的人包括同学、朋友、同事、业内人士。这四个群体形成微博用户关注的独特关系网络和圈子，这种关系网络和圈子是根据微博用户与其关系远近而形成的。微博用户关注的这些关系网络是圈层化的，由内而外、由近及远，不断向外扩展。这种圈层化关注的不仅包括对象，还包括对象在微博上呈现的内容，而且微博用户所关注的这些圈层又都具有不同的行动主体、行为方式和行动规则。这些不同的行动主体、行为方式和行动规则利用微博这一场域和自身掌控的社会资本不断进行博弈，从而使微博最终具有公共领域的性质。

---

* 部分内容曾以《微博场域及其影响》为题发表在《理论界》2013 年第 12 期，现有改动。

最后，话语权力平等化。微博有效地填补了社会各个阶层和群体之间的信息鸿沟，使沉默的大多数有了发声的平台和机会。这种普通民众的发声最后形成的就是微博中的社会热点新闻事件。普通民众在微博上以寥寥数语发起相关话题，围观、转发并参与讨论。这种互动类似于生活中不相识的民众在市场上聊天，微博的公共领域特征得以凸显。在这个讨论场域中，公共话题发起者、传播者、围观者、转发者等直接参与者搭建了一个平等的话语表达平台。

从微博参与者特征来看，微博使用者具有如下几个特征。首先，用户角色的多重性。当微博用户通过微博与自己的社会关系网络进行信息交流时，他既承担了信息发布者的角色，同时也承担了信息接收者的角色。然而，随着微博在中国逐渐成为公共性舆论平台后，其信息交流、社交圈子维护等功能就变成其功能的一部分，社会化媒体和超级舆论场域则成为微博的最主要功能。在这个舆论场域，微博用户又增加了新的角色，即追随者的角色。这种追随者是指微博用户对于自己感兴趣的内容追随意见领袖的观点，从而形成极具影响力的"围观"场景。在"围观"的过程中，意见领袖的看法深深影响着追随者，从而形成一种隐形的权力关系网络。

其次，用户的自主性。微博用户获取信息完全是自主的，用户可以根据自己的需要在平台上查找自己所需要的信息与资料，而非被动地接受外界输入的信息与资料。这导致传统的新闻宣传模式在微博等新媒体面前悄然失效，微博用户自主地从微博平台拉出一些信息，体现了自主性。

最后，用户的参与性。对于微博平台公布的信息，用户不仅可以自主获取，而且能够积极参与。这种积极参与是通过转发和评论的途径实现的。微博用户可以通过微博提出自己对某些信息的需求、对微博内容的看法，也可以将自己认为有价值的信息通过微博向全世界公布，从而成为事实上的信息生产者和传播者。微博自身具有的这种特征，使其成为区别于传统媒体的最主要方面。因为它改变了传统媒体单向灌输的信息获取和交流模式，大大提升了影响力，从而在事实上改变了传统媒体信息传播的方式。

从微博的议题性质及影响效果来看，我们发现微博的议题性质与影响效果与前述特征密切相关。笔者对近年来微博传播过程中一些典型的社会热点事件进行分类归纳，进而考察微博的议题性质及其影响效果（见表2-3）。

表 2 - 3　微博议题分类及案例

议题模式	如何发挥影响	试图影响的目标对象及目的	典型案例
公共协商	公众与政府就某一问题展开对话与互动	针对具体问题,以解决问题为目的	温州"7·23"动车追尾事件
表达情绪	公众在言论上调侃、影射政府或官员	针对政府公信力、个别领导干部滥用公权或以公谋私事件发泄不满情绪,并以某种行动表达出来	陕西"表哥"事件,红十字会郭美美事件
非暴力公共行动	公众调侃、影射政府或官员,并采取某种非暴力行为进行抵抗		宁波 PX 项目事件
社会群体性事件	公众从行动上与政府面对面冲突,即群体性事件	针对社会热点、敏感问题,发展成为暴力反抗	江西宜黄拆迁自焚事件

资料来源:作者根据微博网络资料整理而成。

　　微博议题的第一种模式是公共协商模式。这种模式主要用于公众与政府就某一问题展开对话。这种对话针对某个具体问题,以解决问题为目的。2011 年"7·23"甬温线特大铁路交通事故现场的救援和清理工作紧张进行时,在微博上众多网友也昼夜挂在网上,参与对此次事故的直播和讨论,在某种程度上实现了对公共事件的协商讨论、合作治理。

　　微博议题第二种模式是表达情绪。这种模式在微博中最常见,主要缘于民众对社会公共事件的不满。无论是陕西安监局局长杨达才"表哥",还是红十字会的郭美美炫富都刺激了普通民众的神经。微博场域的这种情绪表达背后是政府公信力和正当性的极大损失。

　　微博议题的第三种模式是非暴力的公共行动。这种模式是公众就某事件通过调侃方式发泄情绪、表达意见,在这种意见没有得到相对应的回应之后,他们会通过微博进行联络并达成某种程度的一致意见或公共舆论,这种一致意见或公共舆论会影响参与这一事件所有公众,并对政府施政形成极大的压力。一方面,民众通过艰难抗争自己的利益最终得到维护;另一方面,政府对民意的尊重体现了执政为民的理念和现代化社会公共治理水平的提升。

　　微博议题的第四种模式是严重的群体性事件。这种模式是第三种模式的延续。公众在非暴力的公共行动无法解决问题之后,开始采取各种过激手段,试图引起政府注意,从而达到解决问题的目的。尽管这一模式最终可以解决问题，却是在付出了极大的社会代价之后解决的，因此这一模式并不可取。

二、微信的性质、议题分类及其影响

微信已成为当前使用最为广泛的网络社区。对于这一点，数据可以佐证：微信总体影响力表现在以下几方面：一是其庞大的用户规模，每月的活跃用户数达 5.49 亿；二是作为首选应用，46.3% 的被调查者使用 App 时首选微信；三是微信能够扩大个体的社交圈，62.7% 的用户好友数在 50 个以上；四是微信作为一种新的交友方式，通过微信结交了新朋友或者联系上了多年未见的老朋友；五是提高了与朋友间的互动频率。

从微信传播信息角度而言，微信具有如下几个特征。首先，微信网络的熟人化。微信用户组建朋友圈的基本原则是与自己有熟人关系的人，因为要拉陌生人入圈一是别人不接受，二是怕上当受骗。[①] 其次，微信传播的圈层化。微信传播的圈层化是指信息总是从一个朋友圈转到另一个朋友圈，而不像微博那样是一个信息的传播平台和讨论平台，微信只能把信息的传播和对话限制在熟人圈子里，无法形成圈子之间的对话、公众讨论，甚至影响公共政策和政府决策。最后，话语权力等级化。因为微信的朋友圈是熟人，因此熟人社会中原有关系网络的结构又被复制到微信圈子中，微信参与者在原有关系网络中处于何种地位在微信朋友圈依然处于何种地位。这使微信参与者的话语能力和参与是一种等级式的，不像微博那样因为匿名而平等。所以，微信圈子中的信息传播很难出现微博传播过程中的"羊群效应"。

从微信参与者角度而言，微信用户群体具有如下特征。首先，用户角色的单一性。因为微信用户是一个熟人社会，因此无论你发布何种信息或者对别人的信息点赞、评论，你的单一身份为朋友圈熟知，这与微博不同。微博用户既可以充当信息发布者，也可以充当信息接收者，还可以充当信息追随者，而且这些都可以是匿名的。其次，用户的自我中心性。微信是一个熟人社会，熟人社会的差序格局关系原则在微信中依然发挥作

---

① 参见《腾讯 2015 用户数据报告》，http://app. myzaker. com/news/article. php？= 556b95851bc8e0e 63f000016 & f = Normal & from = groupmessage & isappinstalled = 0。

用。在费孝通看来，差序格局最典型表现的就是以我为中心向外推的自我主义。[①] 打开微信并非为了浏览信息，而是看熟人和朋友之间的聊天。这与微博能够随时围观、评论等方式参与公共事务形成显著区别。最后，微信用户的参与性。微信用户对于微信的参与性特别高，数据显示微信每月活跃用户达 5.49 亿，[②] 而且用户在微信上的流量在所有应用中最高，远高于微博、QQ、购物、视频、地图、邮件等服务。然而，微信用户的参与性与微博用户的参与性又完全不同。微信用户的参与是一种对熟人圈子活动的参与，这种熟人圈子的活动基本是私人性的，比如参与朋友圈聊天、参与朋友圈聚会等，朋友圈相互转发的内容更多是一些所谓"心灵鸡汤"，而非公共事件。

所以，微信朋友圈的议题性质与微博相比，有差异，这种差异主要表现在议题模式及内容、参与方式、影响的对象和途径等（见表 2-4）。

表 2-4　微信议题及内容分类

议题模式	议题内容及参与方式		发挥影响的途径
公众号	参与时间	工作间隙/休息时间/晚饭后/睡前	97.4%的用户取消过公众号，原因是内容不实用、没有自己观点、专业性不够
	参与方式	浏览/转发	
	信息类型	资讯、生活、优惠信息、旅游、品牌、娱乐	
朋友圈	参与时间	工作间隙/休息时间/晚饭后/睡前	仅限于朋友之间的相互调侃、信息沟通交流、发牢骚
	参与方式	浏览/转发/评论	
	信息类型	私人信息、生活、优惠、旅游、娱乐等	

资料来源：作者自制，部分数据源自 2015 年 12 月微信公众号移动端在线调查。

微信的传播模式相比较微博而言，有了较大改变。这种改变主要在于将微博的公共性、公开性改为私人性、个体性。这种改变突出表现在公众号和朋友圈的区分上。公众号推送的内容不由微信用户决定，微信用户只能被动接受或者选择。而微博用户则不然，他们能够自主决定自己想要的内容。朋友圈更多讨论一些私人性的话题，公共性的讨论平台很难建立。微信朋友圈的传播和交往特征，无一不是熟人社会的特征，也符合传播理

---

① 费孝通：《乡土中国》，上海人民出版社，2007，第 26~27 页。
② 参见《腾讯 2015 用户数据报告》，http://app.myzaker.com/news/article.php？=556b95851bc8e0e63f000016＆f=Normal＆from=groupmessage＆isappinstalled=0。

论的人际传播特征。甚至有人把微信朋友圈比拟成一个家，网上甚至流传着《群之歌》："群里也是家，连着你我他，群主搭平台，大家一起来，虽说没薪水，无怨又无悔，只是为开心，走进这个家，彼此多包容，互相多谅解，有空聊聊天，虚寒又问暖，温馨大家庭，开心笑哈哈，其乐又融融，大家齐努力，维护这个家，谢谢你我他。"①

总体而言，微博具有某种程度的公共性和公开性，因此农民工群体可以利用微博维权，因为围观能够带来很大的社会影响。然而，微信的兴起契合了中国的文化传统，不仅其隐秘程度更高，而且可将不同的人依熟悉程度拉入圈子，还可根据不同标准包括血缘、地缘、业缘等对圈子进行分类。另外，微信开发出丰富的应用，包括视频通话、语音通话等，只要手机有流量，这些应用就都可以使用。而微博显然没有这样的功能。笔者调查的一些农民工，无论是老一辈农民工还是新生代农民工，现在基本舍弃了打电话和发短信，纷纷通过微信视频、微信语音、微信留言来相互联系，便捷又实惠。

三、网络社区性质与社会变迁

正如学界已经注意到的，网络化时代中国的社会结构发生了巨大变迁，② 中国社会公共性的生产方式也随之改变。③ 然而，学界只是在总体上讨论网络社会对中国社会的影响，如何区分不同网络空间、网络社区的性质、发挥影响的途径，并根据其性质和途径推动网络社区的健康发展、提高网络治理的水平并无特别深入的研究。

到目前为止，就微博信息传播的内容、途径、参与方式、参与主体等而言，与哈贝马斯讨论过的公共领域最为接近，然而因为进入网络的一些条件限制及国家权力的干预，微博具有的公共领域性质在当代中国公共性生产过程中的作用受到限制，甚至其具有的公共领域性质不复存在。也因此市场和民众同时舍弃了微博，市场转而开发了一种与微博传播模式完全不同的方式即微信。微信的应用契合了中国社会特有的关系逻辑和差序格

---

① 参见 http://blog.sina.com.cn/s/blog_88a111450102vp0j.html，2015 年 9 月 14 日，引用时有改动。
② 刘少杰：《网络化时代的社会结构变迁》，《学术月刊》2012 年第 10 期。
③ 张荣：《网络社会的公共性难题》，《山东社会科学》2014 年第 6 期。

局，也符合中国人的阅读习惯，因而受到政府、市场和民众的欢迎。因此，我们可以说微博的关键性质在于其公开性和公共性，而微信的性质在于其私人化和个体化。虽然二者仅一字之差，但对中国社会未来走向的影响可能有天壤之别。

微博与微信的用户都有参与性，然而因为网络社区的性质差异，其参与的途径、内容不同，产生的社会影响也不同。从中国社会面临的问题角度而言，微博的参与性对中国社会变迁具有正面意义，而微信却退回到一种自我中心的场域和格局中。从现代国家和政权合法性源于民众参与的角度来看，微博激发了民众对公共事务的参与性，而微信则让民众转头关注私人世界。从这个角度考察，未来中国社会的发展依然面临着孔飞力提出的"政治参与的扩展与国家权力及其合法性的加强之间的矛盾"[①] 的问题。

第三节　网络参与方式

互联网作为一种与传统平面媒体不同的媒介，无论是从传播主体还是从传播路径而言，其与传统媒体的传播规律也有较大差异。借助网络技术，参与者有效缩减了时间和空间的距离，实现"天涯若比邻"的梦想。然而它与传统的平面媒介又有很大差异，传统平面媒介的各种表现方式和功能在互联网上聚合，从而使互联网具有沟通、社交、生活、娱乐、消费、教育等各种便宜的、多元化的应用功能，而且这种应用功能正以迅猛的裂变方式借助智能手机在全社会建立强大的移动互联。在移动互联时代，工业社会中的物质财富正向信息财富转移，移动互联造成的数字鸿沟、信息鸿沟对人类社会的影响还在逐步显现过程中。包括移动互联对生活的影响，比如老一代农民工群体与新生代农民工群体相比，其对网络的热衷和参与的热情不高、程度不深。社会学最早是为了解释西欧从封建社会向资本主义社会的转型，科层制的兴起、城市化的推进和工具理性的不

---

① 孔飞力：《中国现代国家的起源》，陈兼、陈之宏译，生活·读书·新知三联书店，2013，译者导言。

断扩张，这是现代性的内核。今天，网络作为现代性的一种重要组成因素，既是现代性的表征，又是现代性的扩散途径，还是现代性的产物。

根据中国互联网信息中心的调查，通信和社交工具以微信、QQ 为主，主要满足用户交流互动的社交需求，使用率为 90.7% 左右；综合社会以新浪微博、微信朋友圈、QQ 空间为代表，主要满足用户进一步展现自我、认识他人的社交需求。微信朋友圈、QQ 空间在社交关系上偏重熟人社交，网民使用率分别达 85.8%、67.5%，新浪微博主要是基于社交关系进行信息传播的公开平台，网民使用率为 37.1%。微信在 40 岁以上用户中的渗透率较高。用户使用社交应用的主要目的是沟通交流、关注新闻热点及感兴趣的内容、获取及分享知识。对于不同社交应用平台，用户的使用目的和行为有着鲜明的差异。微博是用户获取和分享信息的主要平台，呈现明显的媒体、兴趣社区属性；微信偏重于熟人关系链上的沟通和分享；陌陌则是年轻人认识新朋友的社交平台。[①] 笔者的调查也发现，随着智能手机的普及，农民工群体尤其是新生代农民工，使用 QQ 和微信很普遍。一个在工厂做工的江西籍新生代农民工这样述说自己通过手机上网的故事。

平时都随身带手机，现在手机已经变成身体的一部分了。（上网干什么？）聊天啊，游戏也玩。逛逛网页，百度、网易，搜问题、答案啊。天猫不玩的。有时是与工作相关的，最平常的都是聊天、游戏。联系一下，聊的都是很熟的，以前的老同事、老同学啊，现在的新同事也有联系。（和他们聊什么话题？）聊一下彼此现在都在干什么，信息互通一下，如果他那边有好的视频、好的工作，都可以……相互了解对方的信息嘛。如果我这边有好的，可以对他有帮助，如果他那边好的话，可以过去看一看。不在一块儿的话，可以相互了解一下。在一块儿的话，就一块儿出去玩玩、逛逛。（平时和他们聊吗？）一般没事的话不会聊，有事的话会聊。没事的话，扯也没什么好扯的。有事的话会联系一些。网络上的信息量比较大，要过滤一下，找到对自己有用的信息，不好找的。带着问题去找，在网上能找到有用的东

---

① 中国互联网信息中心：《2016 年中国社交应用用户行为研究报告》，http://www.199it.com/archives/461288.html，最后访问日期：2018 年 12 月 27 日。

西。你要是平常没事去逛的话，因为它里面的信息太多了，对自己有用的东西还是比较少。没有针对性，会很累。有问题时，去看一眼……（微信用的多还是QQ用得多？）现在来说，还是微信用的多一点，差不多一半一半吧。有的时候QQ里的朋友，微信里没有；有的是微信里有的，QQ没有。我自己感觉这两个的区别在哪里呢，QQ有可能是个公开的东西，微信有时是个私人的东西，只有你的朋友能够看到。QQ发出去了，（其他人）都看得到。QQ、微信我也不是经常发的，有人没事晒一个，发多了浪费时间……影响现实的也有，就是通过沟通，达到改变。离得远的，家里边的，通过QQ、微信来维持关系。改变现实的也有，以前不在一块儿的，也能联系到。①

对于笔者访谈的工厂中的青年农民工而言，利用手机上网已成为他们日常生活的一部分。通过手机上网，可以打发自己的业余时间，可以方便地与朋友联系、聊天，可以放松地玩游戏，维护社交关系网络等。确实，智能手机的出现为当前的农民工群体提供了一个方便的智能集成信息中心。智能手机提供给这些外出流动群体的不仅是信息的查找、共享，而且随着手机应用功能种类的增加，手机对这一群体生活的影响越来越大。对于农民工群体而言，智能手机及网络是以城市为代表的现代性带给他们的最直接感受。当笔者怀疑农民工群体因为工资低，无法负担每月高昂的手机流量费时，一位被调查者如此说："不用担心的，现在很多地方都有免费Wi-Fi的，你去那里即使不消费，也能够蹭网。当然，你消费就更加名正言顺地利用它的无线Wi-Fi了。而且我走过全国一些大城市，像H市这样，整座城市都可以使用手机无线上网，不用担心流量的。当然，如果不联网打游戏，每个月1G的流量也够用，也就增加20~30块钱。"②

随着互联网对经济社会影响的增强和政府有意提升整个国家的信息化水平，全国各地的城市政府持续推进"智慧城市"建设，利用网络技术对城市的基础设施及社会生活的各个方面进行信息综合处理，实现对城市各个方面的网络化管理。"智慧城市"建设对城市中的农民工群体而言，有着巨大的好处。只要他们持有智能手机，并且会使用智能手机中的各种

---

① 2015年3月4日在H市对外来农民工的访谈。
② 2014年10月3日在W市对外来农民工的访谈。

应用，移动互联就能够向他们提供各种方便，包括购物、获取信息、交友、玩游戏。可以说，以网络为代表的现代性已成为整个农民工群体须臾不离的工具。有一次，笔者对 H 市建筑工地两位 50 岁左右的农民工进行深度访谈，访谈结束后，两位农民工主动拿出手机，要扫一扫笔者的微信二维码，相互添加好友。

其中一位建筑工人这样表述手机网络对他的影响："以前我用手机 QQ多一些。因为我在 H 市打工，要和女儿、家人联系。有了这个（微信和QQ），我随时能和远在天津读书的女儿联系，也可以和远在贵州的家人联系……"后来，这两位建筑业的农民工经常使用微信和笔者联系。甚至有一次，其中一位请笔者帮助他女儿在 H 市找个短期工作。在网络这种现代性的表征符号中，农民工群体日常生活中遇到的限制和控制消失了，现实社会中存在的污名化和区隔没有了，内部和外部的界限消除了，心理距离和社会排斥感没有了。在农民工群体从原有的日常生活圈子脱嵌之后，网络成为他们重塑生活圈子以更快地融入新的陌生世界的主要方式。因此，作为一种能够重塑社会互动模式、社会组织模式、社会认同模式、社会结构模式的虚拟空间，既是现代性的产物，也是现代性的后果。网络中的虚拟与真实的交织、身体与心灵的交汇、全球与地方的共存、私人与公共的混杂、线上与线下的互动共同塑造了网络参与者的行为。

第四节　网络社区的分享与互动

农民工群体参与网络社区，最主要的目的就是获取和分享信息，在分享信息的过程中进行互动。那么，网络社区的信息分享与人际互动有何特点呢？从某种角度而言，网络是一个无固定场所的虚拟空间，只要你有手机和信号，网络社区就伴随你左右。这种无固定场所的虚拟社区与原来的固定场所相比较而言，认同的形成更多依赖于技术，而不像现实社会中自我认同的建构过程那样，首先关注自己在他人眼中的形象。网络社区中的自我建构，因为网络社区的虚拟性，这种自我认同和建构并不需要太关注自己在他人眼中的形象。因为网络社区既是一个虚拟社区，又是一个陌生人社区，即使你关注了自我的建构，也很少能够产生多么大的影响。

QQ、微信我都有，平常没事时我经常在上面和朋友聊天。一个人时，我会上网搜一些电视剧看，也喜欢看鬼故事。喜欢鬼故事到什么程度呢？有时晚上睡觉，我一个人都不敢关灯睡，得开着灯睡，但我还是喜欢看。我加入了一个鬼故事的QQ群，里面有一个网络作家，他天天写鬼故事，我天天看。QQ、微信圈我从来不用起名，都用的是网名，但网名是同一个。（QQ、微信的区别在哪呢？）我自己想试图改变我的一些生活，我会利用QQ在网上开一家淘宝网店，我会卖一些东西，我不会拒绝主动加我为朋友的那些人，因为他很可能成为我的顾客或给我提供一些货源或是其他一些帮助，也是业务上的一些来往。QQ在这方面表现得更突出一些。微信不一样，微信圈中没有不认识的人，我的微信好友是亲戚、朋友或同事。我在QQ群、微信群里发言，经常是根据心情来的。心情不好的时候，经常发言；心情好的时候，也发言。不过，我不会主动找一些活动去参加。QQ群、微信群讨论的问题，有个什么事情咱们在群里就能解决。这些话题女孩加入得比较多，就八卦比较多吧。比如讨论身边或者周围发生了哪些事，或者相约周末去逛街啊，去吃个饭、看看电影啊，或者其他的活动都会用QQ、微信来联系。我在QQ、微信中扮演的角色就是倾诉方，经常把自己的一些心情和朋友分享。聆听朋友的倾诉也会有，但我基本上倾诉得比较多。QQ、微信也减轻过我自己日常的焦虑，包括我一个人在杭州打工的孤单感。QQ中有一些朋友和亲人，微信里都是一些知心的人。肯定是评论得多，点赞的也有，但基本上得看是什么话题……焦虑是减轻了，也有帮助，微信现在也有电脑版的，我觉得和QQ也差不多啦。但QQ还是用得比较广泛……微信圈里的角色会影响到现实中的行为。我这个人是那种天不怕地不怕的人，我可能会在工作中遇到一些不好的事，会倾诉出来。但是呢，我的QQ群里有一些我的同事，或是我的上司，他看到你发表的这些东西，可能会去询问你为什么会发这些东西，他会说可能会影响到，有好有不好……这些我也会参与其中，确确实实会有一些小惊喜存在。评价这些QQ群和微信群的话，好处就是给大家提供了一些便利，把大家平时只是靠书写信息或是打电话这些，能够提供一些更好的解决方式。①

这是一位在 H 市一家工厂上班的女工小范，她是一名"85 后"新生代农民工，QQ、微信社区她同时参与，在社区中主要是和朋友聊天，这是一种获取信息和沟通交流的途径，同时也是和朋友交互的途径。对于小范而言，她参与网络社区的目的是试图通过 QQ、微信改变自己的生活方式和状态，甚至利用网络开了一家店铺。在 QQ、微信中，她通过点赞、评论的方式也能够与别人互动。从上述受访者在网络社区中的活动考察，网络社区信息分享和人际互动的第一个特点就是信息的交互性。所谓信息的交互性，意指网络社区的信息分享不是单维度的，而是通过网络这种技术中介实现的一种多维度的、双向的乃至多方的交往。在网络中，网络参与者可以从事共享、社交、协作。网络社区的共享信息模式是一种从平面媒体的自上而下的信息传播和分享模式转变为自下而上的参与者通过互动从而激发各种行为的模式。在网络社区中，个体之间的横向联系大大加强。正如上面的受访者所说，在 QQ 群或微信群里，不仅能抒发心情、相互倾诉，而且相互之间能够形成线上和线下的互动关系，相约一起参加各种活动。卡斯特说："认同是人们意义与经验的来源。"② 反过来思考这个问题也可以，即人们的认同是通过意义与经验形成的。关于这一点，吉登斯讨论过："认同是个人依据其个人经历所形成的，作为反思性理解的自我。"③ 网络参与者将参与网络社区活动产生的经验和规范内化为自我生存的意义，认同在这一过程中就会产生。尽管网络参与者在网络社区中没有形成与现实社会中相同的自我形象，但信息的交互依然会向他们提供一种我与他人不同的经验，这种体验构成了网络社区中认同建构的基础。

当然在网络社区中，就像受访者谈到的那样，很多时候她是倾诉者，有倾诉者就有倾听者。网络社区信息交互过程中，倾诉者和倾听者如何划分？或者说发言的人和潜水的人由于什么原因发言，又由于什么原因潜水呢？这是网络社区信息交互必须面对的问题。所谓网络潜水者，是指在网络社区中很少主动参与社区活动、表达观点或意见的部分网络参与者。我

① 2014 年 11 月 12 日在 H 市对外来农民工的访谈。

② 曼纽尔·卡斯特：《认同的力量》，夏铸九等译，社会科学文献出版社，2003，第 2 页。

③ 安东尼·吉登斯：《现代性与自我认同》，赵旭东、方文译，生活·读书·新知三联书店，1998，第 58 页。

们可以将网络社区参与者分为三类：一类是积极分子，一类是消极旁观者，还有一类是选择性参与者，潜水者包括后面两类。从参与角度而言，只要他在这个网络社区，网络社区的信息他全部都能接收到，因此他也在参与网络社区的信息交互。网络社区的很多潜水者不发言并不代表他对这个问题没有自己的看法，潜水者可能出于安全考虑或者其他原因不发言。截至2017年6月，我国网民以10～39岁群体为主，占网民总数的72.1%：其中20～29岁年龄段的网民占比最高，占网民总数的29.7%，10～19岁、30～39岁网民分别占网民总数的19.4%、23.0%。① 由数据可以看出，10～39岁年龄段的网络参与者占主导地位。尽管可能大部分网络参与者是传播学意义上的沉默的大多数，然而只要他们在网络社区中，他们就是网络社区信息的交互者。因此，无论是倾听还是倾诉，也无论是发言还是潜水，只要他们在网络社区中，他们就是网络社区信息的交互者。

网络社区信息分享和人际互动的第二个特点就是信息交换的符号性。网络社区参与者的所有行为都是一种符号化的呈现。网络社区中的所有行为和语言都是一种身体不在场的活动，由于身体不在场，只有通过网络符号传递各种信息。这种符号化的信息交换将日常生活中个人地位和社会资源对互动的影响降到最低，从而推动网络行为主体在网络社区信息分享中更多关注信息的内容。在网络社区的信息分享中，参与者是根据信息内容辨识发帖者的思想和意识的。"网络行为主体是指那些在电子网络空间里面，或依托于电子网络空间，展开网络行为活动的人。网络行为主体最终还是由现实社会生活中的人来充当。网络行为主体的特点之一就是其符号性。"② 网络社区中有各种各样的符号和表情包，网络行为主体要将具体的、鲜活的活动与表达替换为抽象的、静态的文字或符号。符号表达是有限的，它无法反映生活的真实。同时，符号表达又是抽象的，它把行为主体对某一事件的具体反应抽象为符号，从而削弱了生活的丰富性。现实生活中，互动双方可以通过对方的表情和行为观察对方对某一事件的具体和真实的反应。而网络社区中因为身体的不在场，只能通过虚拟的表情表达相应的反应，而这种相应的反应与网络行为主体的真实意愿是否一致显然

---

① 《CNNIC 第 40 次中国互联网统计报告》，http：//tech. sina. com. cn/z/CNNIC40/，最后访问日期：2018 年 8 月 4 日。

② 李一：《网络行为失范》，社会科学文献出版社，2007，第 244～245 页。

是存疑的。

网络社区中以符号进行信息交换的渠道包括个人主页和个人网站、个人空间、博客、微博和微信等。当前，个人主页和个人网站几乎已经被网友弃之不用，博客在最初兴起之时得到网络参与者的追捧，然而今天博客因为不符合网络参与者时间和空间的碎片化特征而被抛弃，真正被网络参与者广泛使用的是微博和微信。在微博中网络参与者能够利用文字、视频、表情等各种符号进行个人展示、表达个人观点、呈现自我的情感世界，甚至进行角色扮演。

> 我原来上网玩游戏、荒废学业，搞一些小软件啥的。之前是通过网吧，后来是自己买笔记本，后来就平板什么的，现在主要通过手机。流量的话，现在主要是送的，11G 的流量吧，今天我查了一下用 6~7G 了。然后上网时间还蛮多。上网的话，我一般工作占 50%、娱乐占 30%、搜寻问题占 20%，工作用得多一些。QQ、微信全部都有，用的是真名，我不喜欢用网名，搞得自己很神秘一样。这么多流量，我主要用于和人聊天，查找各种资料，发一些自己感兴趣的帖子。以前玩游戏时经常把自己塑造为一个电脑工程师。①

对受访者来讲，网络社区的交流基本是一种看不见真实表情的、没有任何肢体语言的、没有声调变化的交流。但这种信息交换因为匿名而显得真实，因为虚拟而得以放松，因为不在场而不受真实场景影响。

网络社区信息分享和人际互动的第三个特点就是公共性与私人性的信息混杂。网络社区中的参与者不仅能够随时交换有关个人方面的信息，比如各自的爱好、兴趣等，还能够随时交换有关社会公共性的信息。网络社区在某种程度上是一种开放性的公共场所。所有参与者在网络社区中的发言都能够被其他参与者看到，即使其他参与者没有参与此时的一些活动和讨论。在现实生活中，公共场所和私人场所能够区分，私人场所可以谈一些公共话题，也可以谈论私人话题；在私人场所谈论的私人话题一般很难传播到公共场所当中，公共场所的公共权力也很难进入私人场所当中。但是网络社区打破了这种界限。在网络社区中，不仅可以谈论公共话题和私

---

① 2014 年 9 月 11 日在 H 市对外来农民工的访谈。

人话题，而且网络社区在一定程度上受到公共权力的监控。网络社区中的私人话题，随时可以成为公共话题。这种公共与私人的信息混杂对普通人在网络社区中的行为带来了困扰。一方面，网络通过各种技术手段向使用者和参与者保证不会泄露个人隐私；另一方面，每个个体对于公共和私人的界限理解有差异，这种差异会带来公共领域与私人领域的冲突问题。微博作为一个私人性的平台，却因为粉丝的转发和关注而成为公共舆论平台，这大概是网络社区公共性与私人性张力的一个经典案例。

网络的公共性与私人性导致了网络中的信息混杂，一旦尺度把握不好，就会出现相互越界的问题。在网络社区当中，公共领域和私人领域的界限并不明显，私人领域的话题一旦进入公共领域，随时可能演变为一场风暴；还说明中国社会自古以来的公私领域不分、群己界限不明的问题在当代依然未能改变，中国走向现代化之路依然漫长。

第五节　网络社区信任机制

网络社区的存在和延续尽管是在虚拟空间进行的，但如果要延续，就必须有相应的机构和结构存在。网络中既有普通的参与者，又有相应的管理者，还有管理规则。网络社区也存在一定的信任关系，尽管这种信任关系可能随着网络参与者的不同角色、不同地位、不同组织结构而变化，但网络社区中信任关系的建立、维持与现实社会相比，差异还是很大的。

一、网络信任机制的建立

网上的东西有可信的，也有不可信的。有些资料是可信的，但也有一些骗人的信息。我在QQ和微信中都经常遇到。前几天微信里有人让我给他打钱，莫名其妙发到我微信上。我身边的同事也经常遇到QQ上有人以同学的名义，说做生意亏了、货被扣押了，找他借钱，说要打到哪个银行账号上。所以网上的东西，包括网上的朋友找我借钱等，我一般都要打电话过去确认无误之后，才会相信。否则，被骗了，是你的损失。我身边也有朋友被骗的例子。涉及金钱、一些私人的信息，最好不要在QQ、微信中公开说。有问题，可以私聊嘛。①

这一受访对象的描述涉及网络社区中信息的真假，以及网络社区信任机制建立的问题。对受访者而言，遇到涉及金钱、个人信息方面的，他要么在现实生活中直接确认，要么慎重处理，即他说的"私聊"。确实，因为网络的虚拟性、匿名性特征，网络参与者之间的信任特别难以建立，尤其是在中国这一特殊主义信任机制盛行的国家。实际生活中，大家都依据熟人社会的逻辑为人处事，这是已经渗透到骨子里的惯习和风俗。中国社会结构的特征是"差序格局"，差序格局中特别有一条要求——对朋友要信，"从己向外推以构成的社会范围是一根根私人联系，每根绳子都被一种道德要素维系着。……最基本的是亲属，相配的道德要素是孝和悌。……向另一种线推是朋友，相配的是忠和信。为人谋而不忠乎？与朋友交而不信乎？"② 因此，传统社会的信任机制是建立在乡土社会中的血缘、地缘基础上的，以熟人社会为背景。而农民工群体进入城市的方式决定了他原有的血缘、地缘关系网络一定会被打破，这从农民工群体流动的阶段可以看出。农民工群体进入城市大致可分为三个阶段。首先是先遣式进入阶段，这个阶段是流出地某个村里一些人首次出来到某个城市的某个行业打工，然后稳定下来。先遣式进入城市的农民工一般都在城市的非正规产业中就业。当然，这是自发流动。如果是由流出地政府推动的，那么进入流入地工厂中的占主要地位。因为政府能够拥有的信息和资源，不是个体的农民能够与之媲美的。无论是通过个体自发的流动还是政府推动的流动，在融入过程中，与城市的居民和制度性规定相比，他们处于弱势地位，其融入只能采取个体融入的方式。其次是链式进入阶段，即先遣式流动的个体在流入地城市完全稳定下来之后，身边的亲戚、朋友甚至同一乡镇、同一县里的农民通过与先遣进入的个体联系进入城市，这就是链式进入阶段。这个阶段大家就开始以地域而非血缘为原则，形成某种关系网络。此时的关系网络依然是特殊主义式的，因为地域原则依然是关系建构和形成的主要原则。

网络中存在大量依靠地域原则建立的各种网络社区，比如笔者参加的

---

① 2015年1月2日在N市对外来农民工的访谈。

② 费孝通：《乡土中国》，刘豪兴编，上海人民出版社，2011，第32页。

陕西人 QQ 群就是这样的一种网络社区。这种网络社区的建立是依赖某个有威望的老乡在 QQ 或者微信上建立一群组，然后以滚雪球的方式不断扩大。到笔者调查之时，陕西人 QQ 群已有 500 人。在这个群里面，群主负责群的秩序，包括任何一个新进群组的人，群主有责任向所有群成员介绍这个人，并保证他的资料是真实的。笔者参加的一个朋友互助群，成员人数已有 600 人，成员无所不包，并且成员每天早上到群里签到。群的功能有聊天、公告、相册、文件、活动、设置等。聊天时每个成员都能平等参与；公告是群里的一些规定或者群里举办的一些活动，群主在公告栏向全体成员广播；相册可以放入群成员活动的一些图片；文件是群成员相互分享的一些文件资料或者电影、视频等；活动是群成员单独相约或者一起相约的线下的实体活动。正是这样的多种活动方式，使 QQ 群保持旺盛的生命力。笔者经常参加这两个群的聊天，并向这些群成员提供各种信息，从其他群成员那里寻找自己想要的各种信息，参加群主组织的各种线下活动，包括节假日组团去玩，大家联络一下感情。朋友互助群成员的活动特别密集，每个周都有一次聚会，每次聚会都会找一个相关主题。每年春季和秋季分别组织一次踏青和秋游，这样的网络社区既有线上的活动，也有线下的交流。然而，当任何一个社区成员遇到问题时，群主就会出面帮助解决这一问题。这是陕西人 H 市群和朋友互助群的虚拟与实际的活动。可以说，通过参与两个群的线上和线下活动，这些 QQ 群已成为一种虚拟和现实的集合体。

这两个网络社区成员之间的信任如何建构呢？笔者认为，关键因素是群主，如果群主的组织活动能力强，线上和线下的各种稀缺资源、活动组织较多，那么成员之间的联系就会紧密，成员彼此的信任度就会高。此外，取决于群成员的相互需要，如果今天某一群的成员有实际需要，另一群的成员提供了帮助，那么这个成员会在线上和线下通过各种方式表达感激，一个良性互动的气氛就会形成，这无形中会促进群成员之间的相互信任。2016 年初，朋友互助群发起了一个为患者提供捐助的慈善活动，当时所有成员都献出了爱心。其中，一个年纪比较大、资格比较老的成员对群主这样说：" ××，这是大家的一片爱心，事情一定要落实、做真，不要欺骗了大家的感情，毕竟是大家的善心，善心不能被利用。"① 群主在

---

① 2016 年 1 月 22 日该朋友互助群的群友交谈记录。

将善款收集完整之后，送到被捐助人手中时，同时还附有捐助人签字的名单。而这个过程中群主全部用视频的方式拍摄下来，放在群里，让所有成员监督。

然而，也有许多QQ群或者微信群并没有这样的线上或者线下的相互联结的活动，这种网络社区的生命力几乎就消失了，这种网络社区俗称"僵尸群"，没有核心人物、没有群组活动、没有任何交流、没有相应信任交换、没有分享，尽管由于某种原因大家被拉进一个群组，但事实上这个社区是缺乏凝聚力的。没有活动、没有资源、没有信息分享，成员之间很难谈得上相互信任。这就形成一个恶性循环。从这个角度而言，网络社区的信任机制依然是一种熟人社会的"差序格局"式的信任机制，成员在某一个网络社区中，因为对群主的信任而举办各种线上和线下的活动。又通过各种线上和线下的、虚拟的和实际的活动，成员开始熟悉，相互交流、相互信任，在这个过程中，群主的威信进一步提升，大家对群主组织的任何活动都开始比较相信。如果没有线下的实际活动，群成员之间的信任就必须以群主作为中介和桥梁才能建立起来。通过群主的介绍，有交往意愿的成员开始使用网络进行线上联系，进而在线下进行实际互动，成为熟人之后，特殊主义的信任就建立起来了。因此，这依然是一种卡理斯玛式人际信任关系的扩展，而非普遍主义信任的扩散。因此，农民工网络社区的信任是一种通过QQ群主或者微信群主或者其他群成员的中介而建立的信任。这种信任依然是传统特殊主义信任的一种变体。

二、网络社区信任机制的特点

从某种角度而言，网络社区对所有参与的成员而言，是一个以前从未有过的平等的互动沟通平台，成员参与网络社区的活动不一定非要在场，这种缺席的交流沟通没有任何现场的关注目光和现场旁观者的监视，因此网络社区的成员拥有更大的隐私空间，这使成员间有关个人信息、个人经验、个人其他相关方面的分享成为问题。没有这种分享，成员之间的信任在某种程度上很难建立，因为无论是身体还是其他方面的信息他们都相互不熟悉，传统文化中对陌生人的警惕和戒备感会一直存在。要消除成员之间的戒备心理，就必须让成员彼此熟悉起来，这是网络社区信任机制的一个特点，即缺席信任。

　　传统社会或社区中的信任是一种熟人社会的人际信任，在这种信任格局下，道德伦理就成为人际互动的规范和标准。"乡土社会是靠亲密和长期的共同生活来配合各个人的相互行为，社会的联系是长成的，是熟习的，到某种程度使人感觉到是自动的。"① 然而，现代性引发的流动使农业社会的熟人社会开始向工业社会的半熟人社会，甚至陌生人社会转变。与这种转变同时发生的则是原有农业社会下产生的道德伦理在工业社会中失范的问题，这也是众多社会学家穷其一生探讨的问题。从中国当前的现实考察，我们既处于从农业社会向工业社会的转型期，又处于工业社会向信息社会的转型期。现实中既有原有熟人信任的逻辑，又有陌生人信任的逻辑，还是网络社区的信任逻辑。从某种角度而言，网络社区中的缺席信任本质上是一种介于熟人和陌生人之间的信任。之所以说它与熟人社会的信任不同，是因为大家其实并不熟悉，也没有任何血缘关系，只是因为流动到异地，在一个共同地缘的旗帜下，大家在网络上聚集而已。之所以说它与陌生人信任不同，是因为大家流动到异地，因为共同地缘聚集在一起，通过日常的互动和交流，尽管没有完全达到熟人社会的程度，但相互之间还是有了一定的了解，甚至经常组织和参加线下的活动，这与完全陌生人的社会又不尽相同。在传统的人际信任与制度信任之间，网络社区的缺席信任成为当前农民工信任的一种类型。

　　此外，网络又是一个高度开放的交流场所，尽管网络社区有一定边界，但这一边界相对于实体社会中的血缘和地缘边界而言，已经是非常开放的了。如笔者参加的 QQ 群和微信社区，群主经常会拉很多笔者并不认识的成员进来，这些成员进群之后事实上就和笔者是一个社区的成员了。线上的相互交流和信息分享经常存在，线下的实际活动中彼此也有可能相遇。网络社区的这种开放性也使网络社区的成员在起初对与所有新来者都会抱有相应的警惕和戒心，甚至排斥。除非以后大家线下活动接触非常多，非常熟悉，真正的信任机制才能够建立起来，否则单凭几次线上和线下的活动，这种信任只能被称为不完全信任，即大家并不是特别信任对方，即使有群主作为桥梁，也是如此。从信任的程度而言，这是一种弱信任。

　　相对于传统社会中因"生于斯、长于斯、死于斯的社会。不但人口

_____

① 费孝通：《乡土中国》，刘豪兴编，上海人民出版社，2011，第 42 页。

流动很小，而且人们所取给资源的土地也很少变动"[1] 及 "一个差序格局的社会，是由无数私人关系搭成的网络。这网络的每一个结都附着一种道德要素，因之，传统的道德里不另找出一个笼统性的首先观念来，所有的价值标准也不能超脱于差序的人伦而存在" 而形成的强信任结构，即人际信任，网络社区的信任结构既是流动性的，即无论是其成员还是讨论的内容变动都是流动性的，又会因缺乏私人联系而超脱于差序的人伦而存在。因为其缺乏私人形成的网络，所以网络的节点并没有相应的道德要素与它相匹配，同时它又缺乏陌生人社会中普遍的道德标准和统一的价值观，即它没有制度信任赖以支撑的货币系统和专家系统，从而无法形成稳定的信任结构。然而又因为它是建立在一定的地缘基础上的，再加上成员的线上与线下的互动，网络社区的信任呈现为一种弱信任结构。它与中国历史上几千年来一直延续的会馆、同乡会等差别在于网络社区的虚拟性和人际互动的频繁性。一定程度而言，它是传统的会馆、同乡会的形态结合了当前信息社会特点，重新产生出的一种新的组织和信任形态。

网络社区信任的第三个特点是圈子信任。无论是微博还是微信或QQ，我们发现这几种网络社区成员之间的交往都是一种圈层化的交往。这种圈层化的交往是有限边界的交往，即它的边界只对一部分人开放，而对另一部分人关闭，这是一种有限排他式的交往。在网络社区的圈层化交往过程中，我们发现，与网络社区中任意两个人偶遇式的交往相比，圈层化交往会更加正式。然而，网络社区这种圈层化交往如果与现实社会中的社交圈相比，却又相对灵活。在网络参与者的不同圈子中，参与者扮演了不同角色，这种多角色扮演给了参与者不同的检验。网络社区中，每个参与者总是希望按照自己的期望包括基于共同的经历、价值、兴趣、利益等织就一张网，同时拿这张网往不同的圈子里套，从而找到自己最熟悉的信息、符号、场景与参与者。所以网络社区的信任既是一种不同层级的圈子信任，也是一种圈子内部的层级化信任；同时，参与者对这些网络社区有了不同程度的圈层化的信任。

农民工进入城市最初是先遣式迁移，接着是链式迁移，然后是家庭式迁移。这三种进入方式都是以血缘和地缘为纽带的、圈子式的迁移。这种迁移成本最低、风险最小，在城市落脚和扎根速度最快。甚至在城市的工

---

[1] 费孝通：《乡土中国》，刘豪兴编，上海人民出版社，2011，第48页。

作大多也是由先进入城市的亲朋好友介绍来的，这种圈子信任帮助进入陌生城市的农民工迅速站稳脚跟。同时，在与城市互嵌过程中，农民工的圈子信任的边界特别明显，这种边界的区隔以血缘、地缘为基础，在与城市互嵌的进程中，网络社区的集聚不仅能够拓宽农民工群体在城市的互助网络，而且能够不断强化自身地域和文化认同，并将自己与流入地市民区隔开来，形成"我们"和"他们"的边界。

同时，农民工群体的这种圈子信任（特殊信任）机制内部是有多重边界的。血缘是一种边界，地缘是一种边界，业缘也是一种边界。这三种边界中，除了血缘向外推的范围有限，地缘边界和业缘边界可以无限向外推，从而帮助农民工在陌生地域寻找特殊信任和情感的支撑。地缘边界最大范围可以推到以省为界，而忽略省内的地域文化差异。业缘边界可以多种多样，同学、战友、兴趣、经历等都可以成为扩展信任和建立情感进而不断沟通交流的纽带。当面对流入地的陌生环境和文化冲击时，农民工群体认同自然形成以地域认同为基础，同时间或穿插个人的业缘包括共同经历、共同价值观、共同兴趣或利益等标准结合而成的圈子标记，这些圈子标记对身在异乡的农民工群体而言，是一种具有特殊意义的符号。这种特殊意义的特号能够促成农民工群体有意忽略群体内部差异，寻找群体内部共识和共同点，并以群体的圈子和特殊信任为支点，与流入地城市形成互嵌。

以笔者参与的朋友互助群为例，群成员对"我群"的定义不止一个，他们内心对边界的划分是依据地域边界范围大小的递增。首先，笔者参加的朋友互助群有十几个忠实成员，每天早上上班第一时间都要到群里签到，并且也就是这十几个成员不停地组织线上、线下的各种活动，讨论各种问题，积极提升群的影响力和活跃度，借以提高群成员对群的认同程度。其次，这个群的成员同时参加其他的群，成为其他群的一员，也积极参与其他群的活动，这些不同亚群体之间的边界是由参与者标记的，参与者将不同网络社区加以比较，找寻不同网络社区的特征，然后按照自己的需要进行标记。这就形成一张纵横交错的关系网，网络社区成员在这些网络当中都以节点的方式存在。对于网络社区参与者而言，这是以他为中心而形成的关系圈。这种关系圈的信任方式很独特，呈现圈层化特点。

第三章　网络社区参与的个体化

农民工在从流出地乡村到流入地城市的流动过程中，因为制度、资金、观念等方面的障碍，不仅无法顺利实现社会融入，而且会与流入地的居民产生各种冲突。在这些本地人口与外来人口严重倒挂的城镇，"外来工如何融入城市"本身就是个伪命题。因为在这片土地上，大规模的外来工才是主体、主流人群，他们跟谁"融入"、"融"到哪里？[①] 在这种情况下，农民工群体开始"漂泊化""短工化""无根化"。这种漂泊化、短工化、无根化与农民工群体流动过程中的时空抽离有很大关联。在这种背景下，农民工群体的网络参与是以个体方式参与，还是以群体方式参与？这种参与能够解决农民工群体的哪些实际问题呢？

第一节　时空抽离与文化认同困境[②]

作为流动群体的农民工游离于城乡之间，他们大部分在乡村出生和成长，然后被城镇化和市场化的大潮裹挟，带着乡村经验进入城市并在城市工作和生活。[③] 与此同时，现行制度框架出于种种原因并未将这一群体的归宿设在城市。即使在当前新型城镇化背景下，这一群体的城市融入

---

① 《我国沿海村镇本地与外来人口倒挂 冲突对立加剧》，http：//news. xinhuanet. com/local/2011 – 06/18/c_ 121551638. htm。

② 这一节曾经以《时空抽离与流动人口的文化认同》为题发表于《中国社会科学院研究生院学报》2016 年第 3 期，有改动。

③ 蔡昉：《农民工市民化与新消费者的成长》，《中国社会科学院研究生院学报》2011 年第 3 期。

之路依然不平坦，限制依然很多，结果他们只能在城乡之间奔波和游离。关于这种游离，笔者借用英国社会学家吉登斯"社会制度的抽离化"① 概念进行阐述。在吉登斯看来，这种社会制度的抽离化发生在全球化背景下，随着地方性与全球性矛盾的凸显而出现。当前中国的城镇化和市场化，在笔者看来，就是这种制度抽离化在一国内部分地区、分层次、分群体的展演和实践。这种分地区、分层次和分群体的展演和实践在农民工群体及其他移民群体身上是不同的。这种制度化抽离分地区的实践最先是从中国改革开放的珠三角地区开始的，中西部的农民工大量涌入这一地区，涌入的动机是单纯寻找经济机会而非定居。因为当时的政策对农民工群体而言限制还是相当严格的，打工这一途径并不能改变这一群体的身份属性。当时的口号——"东南西北中，发财到广东"典型地表现出这种制度化抽离过程中分地区的展演。对于国内其他移民群体比如参军、上学等群体而言，他们的这种迁移是当时的政策允许的，政策对这种迁移几乎没有限制。可以说，这种迁移同时会改变身份属性。而对于海外到珠三角开设公司的移民而言，他们的身份与农民工群体存在显著不同。他们在心理上有着农民工群体没有的优势，而且这一群体从来没有农民工群体自带的身份属性问题。分层次、分群体的展演是说农民工群体的流动也具有一定的层次性和群体性。最初流动的农民工群体是一群胆大的人，流动对他们而言，得到的是机会。

> 我们村最早一批到深圳打工的那些人，没有多少文化知识，在村子的农活也不好好干，没多大地位也没多少影响。就是到深圳去打工了，结果回来后让全村人都羡慕。(你出来多少年了？) 我是后面才出来的，当时村里第一批到广东的人已经把家里的房子翻修得像那个年代的地主老财家的一样了。我先跟着老乡到深圳，在深圳待了 6 年，然后到佛山，在佛山没待几年，又跟着熟人到温州，然后又来 H 市。反正我们这些人，到哪里都是打工。就赚钱而已，其他不多想。哪一天这里待不住了就回老家。②

---

① 安东尼·吉登斯：《现代性与自我认同》，赵旭东、方文译，生活·读书·新知三联书店，1998，第 5~8、53 页。
② 2015 年 6 月 20 日对来自河南的出租车司机 D 的访谈。

从这位受访者的言语中，我们可以看出农民工流动的层次性。即最早出来打工的是那些不愿意干农活，同时没有多少文化知识但又有闯劲的一批人。等这批人闯出名气了，村里人开始络绎不绝地往外走。然而这种往外走直到今天，依然是一种"抽离－互嵌"的社会过程。这种独特的"抽离－嵌入"的社会过程使农民工群体包括新生代农民工群体在向上流动过程中出现阶层固化问题，在群体认同层面出现互嵌－经济吸纳、社会排斥－认同困境问题。而对于新生代农民工群体而言，互嵌－经济吸纳、社会排斥－认同困境问题既是这一群体产生相对剥夺感的社会根源之一，同时也是推动这一群体在利用城市网络发达的条件进入网络社区以及在城市生活过程中继续将乡村的血缘、地缘及其背后圈子信任和特殊信任带入城市的工作和生活中，并在嵌入城市的过程中强化地域文化认同，形成群体意识的根源。

文化人类学者基于地方性和全球性的分析框架提出了文化认同的问题，国内学者用于分析民族之间的认同。国内学者使用这一概念强调人们共同文化的确认，其依据是使用相同的语义符号、遵循共同的理念、持有类似的行为模式和规范[1]。其过程包括两方面：一是放大个体身份从而涵括一个群体，建立我群意识；二是限定与排除某种身份，树立我群与他群的分界标志。[2] 而社会认同则认为社会是由社会范畴组成的，这些范畴在权力和地位关系上彼此相关。社会认同的发生过程是先有范畴化，然后进行社会比较，二者共同发挥作用，产生独特的行为形式——群体行为。包括群际区分与歧视、内群偏好、刻板化、对群体规范的遵从等。[3] 上述相关研究多从宏观层面关注国家、民族、群体的文化和社会认同，对于因为时空抽离而产生的农民工群体的文化与社会认同研究和农民工遇到的文化与社会认同困境却鲜有研究。

传统农耕社会是一个以时间为主轴、以父子关系为纵向脉络的社会，人们的血缘、地缘关系及其根源都在时间演进过程中凝结，个体和群体的认同也是在自然的、有限的、固定的和非流动及与土地有着割不断的联系中构建的，这种建构基本上是一种同质性构建。随着现代化进程在中国的

① 崔新建：《文化认同及其根源》，《北京师范大学学报》2004年第4期。
② 张淑华等：《身份认同研究综述》，《心理研究》2012年第5期。
③ 迈克尔·A.豪格、多米尼克·阿布拉姆斯：《社会认同过程》，高明华译，中国人民大学出版社，2011，第20~26页。

推进，工业文明的外来影响，资本、人口和知识高度向城市聚集，城市成为整个社会和文化的中心，所有人的认同都需要在城市这种异质性的中心重新构建。农民工进入城市，无论是从时间还是从空间来看都已经摆脱了原有农耕的特征，即摆脱乡村因血缘、地缘关系而形成的群体与群体相互联结的空间，摆脱以父子关系为重心的继嗣空间，进入城市因业缘而形成的陌生人社会空间，进入一种非继嗣的空间中。城市社会生活中，人们经历和感觉的世界是一个点与点之间相互联结的非人格化空间，这种非人格化空间使不同代际农民工群体的文化认同呈现不同特征，矛盾与冲突也在不同代际的农民工身上展现得淋漓尽致。

第一代农民工来自乡土，他们身上有着典型的流出地地方性知识的烙印，与土地有着密切关联，对流出地文化场域具有强烈认同感，传统农耕的各种文化伦理观念对他们影响更深。这种对乡土的认同导致他们很难消解流出地与流入地之间的文化差异，也正是这种认同差异引导他们将流出地作为归宿。然而，新生代农民工身上的这种地方性知识的烙印并不明显，再加上他们经常在不同的城市空间中流动，与父辈相比，他们的地方认同感缺失、历史感淡薄，但空间感敏锐。从第一代农民工到新生代农民工，他们的文化认同存在不同的根源：第一代农民工的文化认同主要是以与土相关的，以血缘（或拟血缘）、地缘（乡缘）为纽带和基础而形成的认同，这种认同是一种先赋自然关系的延伸；而新生代农民工群体则开始以业缘（职业）、学缘（同学）、文化趣味等为基础，这种认同是一种后天的建构，是工业文明流动的产物。① 如果我们要构建两代农民工群体文化认同的理想类型，那么可以说第一代农民工的文化认同是一种自然共同体，而新生代农民工的文化认同则是一种信念共同体。当然，这只是笔者为了分析方便而构建的纯粹的、抽象的知识分析模型。日常生活中两代农民工的文化认同是不同比例和性质的混合型，呈现复杂的先赋认同与自致认同交织的场景。

在农民工文化认同的形成过程中，影响其认同形成和构建的因素除了上述我们讨论的历史、地理、记忆等因素外，还有一个重要的因素就是权力对认同的外部塑造。权力通过法律、规章等各种制度性的方式，设置各

---

① 参见《农村"断亲"潮怪现状：节假日无人走亲戚，年轻人还夸"断得好"》，https://www.sohu.com/a/438975798_380661，最后访问日期：2021年10月12日。

种前置性条件，发挥区隔不同层次、不同群体的人，阻断不同类型的物的流动功能。对于第一代农民工群体来说，他们被当时的制度牢牢固定在土地之上，个体流动的主客观条件都受到严格限制，他们的认同形成于稳定的时空状态中，而流动对于第一代农民工群体而言是非常态的。因此，第一代农民工对于流出地文化场域的认同是自然而然的。随着现代化的推进以及资本对劳动力的需求，新生代农民工开始自由流动。从主观方面考察，这是农民工自身从土地的束缚中解放、割断与土地联系的过程。从客观方面考察，尽管从便于管理的角度出发，各级管理者对农民工的流动持有怀疑和限制态度，但在绩效合法性支配下的体制机制之下，需要通过人口的流动推动资本和劳动力的结合以创造新的社会财富。从而，新生代农民工流动的主客观条件都与父辈差异很大。这种主客观条件的差异是新生代农民工形成城市居留意愿的结构性根源。

经由上述分析，农民工代际差异基础之上的认同困境也就呼之欲出。首先，在时间和空间分离背景下，代际差异的存在使当代农民工被定义为工人阶级的一部分，然而因这一群体代际差异化的时空条件，这一群体的认同和阶层认同反而是碎片化、个体化的。在笔者的调查中，第一代农民工因文化震惊而不愿融入城市，新生代农民工因文化涵化而愿意融入城市，却受客观条件的限制无法融入，多种相悖现象在农民工群体中并存。其次，农民工群体和城市居民群体之间产生某种社会距离、心理距离及随之而来的怨恨情绪。流入地和流出地之间充斥着各种壁垒，区隔农民工群体和城市居民群体，甚至通过种种方式固化二者之间的差异，由此导致新生代农民工在文化认同方面尽管已经类化，但无法涵化于城市，最终导致"双重二元结构"的出现。这种双重二元结构及其带来的农民工群体的文化认同困境潜藏着巨大的风险（对此，我们下文再谈）。

时间和空间分离背景下，农民工群体文化认同困境的产生主要有两个原因。首先是主观方面，农民工群体内部存在代际差异，不同代际农民工对于意义的理解不同，认同构建使用的材料也不同。因此，在自我认知层面、在对与周围其他个体关系的认知层面和对周围环境的认知层面，代际存在显著差异，这种差异使农民工群体在认同形成的三个阶段中无法保持一致。其次是客观方面，即制度与法律的规训与规制。通过制度设置，农民工群体与流入地居民和政府形成利益冲突关系，增加了农民工群体文化认同的成本和难度。比如在现行财税体制下，地方政府和城市居民普遍认为农民工与工作地城市居民的关系是利益博弈和竞争的关系。这是限制农民工城市融入和认同形成的外在制度原因。[①]

第二节　作为"村落"的网络社区

孟德拉斯在《农民的终结》一书中说："20 亿农民站在工业文明的入口处，这就是在 20 世纪下半叶当今世界向社会科学提出的主要问题。"[②] 笔者认为，以农立国的中国不仅处于工业文明的半途，而且处于信息社会的入口处，这是 21 世纪初当今世界向中国社会科学界提出的主要问题。也就是说，中国工业文明的进程远未结束，而信息社会的进程已经开启。作为现代性结果的工业文明和信息文明，不仅引发了当前中国社会的人口流动问题，还引发了整个社会结构和社会秩序的变迁问题。从工业化开始，农业文明的田园梦逐步被打破，乡村恬静的生活方式被城市的喧闹替代，无数农民摆脱了土地的束缚，先是涌入乡镇企业，又逐步涌入陌生而又充满机会的城市，在城市中浸染以城市文明为表征的现代性，逐步脱去农业文明的痕迹。一组数据能够证明几十年来中国社会结构的变迁。1949年，1000 名中国人中只有 112 人生活在城镇；1978 年，1000 名中国人中有 180 人生活在城镇。从 1949～1978 年，我们发现人口的城镇化率并未有大幅提升。2008 年，1000 名中国人中有 456 人生活在城镇，2016 年有 7.7 亿人生活在全国的 655 个城市和 20000 多个建制镇上。可以说，今天居住在城市的绝大部分人，与中国的乡村有着千丝万缕的联系。在中国现代化和城市化的过程中，还不断有农民涌入城市，在城市寻找各种机会。学界研究过的北京"浙江村"[③] "河南村"，[④] 以及深圳"平江村"等都是对于农民工涌入城市寻找各种机会的研究。

---

① 陈映芳：《"农民工"：制度安排与身份认同》，《社会学研究》2005 年第 3 期。
② 孟德拉斯：《农民的终结》，李培林译，社会科学文献出版社，2010，第 1 页。
③ 王春光：《社会流动与社会重构》，浙江人民出版社，1995；王汉生、刘世定、孙立平、项飚：《浙江村：中国农民进入城市的一种独特方式》，《社会学研究》1997 年第 1 期；项飚：《跨越边界的社区》，生活·读书·新知三联书店，2000。
④ 唐灿、冯小双：《河南村：流动农民的分化》，《社会学研究》2000 年第 4 期。

　　涌入城市中的农民工群体在现实中出现了自愿性隔离，这种自愿性隔离背后的逻辑依然是血缘和地缘关系的逻辑，按照这种逻辑，才有可能出现学界讨论的"浙江村""河南村""平江村"等处于城市中的"村落"。而农民工群体参与和组织的网络社区其实也可以视为一种"虚拟村落"，当然这种虚拟村落与实体村落差异很大。具体差异我们可以从如下几方面考察。

　　第一，"城市村落"是按照产业、行业、地缘等标准聚集形成的。而网络"虚拟村落"则既有可能按照产业、行业、地缘聚集，也有可能按照兴趣等其他标准聚集。以学者们研究的"浙江村"为例，作为一种现实中存在的、依托城郊村落或城中村而自发形成的实体村落，它既非自然村，也没有任何行政上的承认，只是在北京做生意的浙江温州人的自发聚集。这种自发聚集以产业为经、以地缘为纬，产业和地缘的经纬将人们凝聚在北京这个异乡异地。"浙江村"的农民工群体在涌入北京的初期，是以先遣的方式进入的，这些人在离土离乡之后，完全依靠地缘关系网络找寻与就业相关的信息、与生活相关的信息。"其中最为突出的一种社会关系是乡缘联系。在流出农村之后，同乡伙伴关系已成为一种主要的社会关系，无论就交往频率和交往深度而论都显著地密切了。"[1] 项飙曾经观察到"浙江村"的农民工内部也有"系"的划分，他将浙江村的"系"划分为两类：一是亲友圈，二是生意圈。"一边以亲友关系为主，亲友圈主要包含三种关系：一是一般的亲戚；二是同样的同步群，或者同学关系；三是'文革'中的同一派系的战友。另一边以合作关系为主，叫作生意圈，生意圈里是客户。客户也是熟人，但还到不了亲友这一层。两个亚系有重叠的部分。"[2] 这两个圈系的存在，本质上是农民工群体最早进入城市，以产业为经、以地缘为纬而形成的关系网络。起初农民工的这种以产业为经、以地缘为纬的关系网络本质也是他们的交往圈。这种交往圈的形成既是前文论述的污名化的结果，也是农民工群体自愿隔离的结果。而网络社区中的"虚拟村落"则没有现实的"城市村落"中人与人之间的互动，网络社区中的互动更多是借助网络这一媒介展开的。

① 李培林：《流动民工的社会网络和社会地位》，《社会学研究》1996 年第 4 期。

② 项飙：《跨越边界的社区》，生活·读书·新知三联书店，2000，第 27~28 页。

尽管我的QQ群有来自家乡的很多人，但和我能聊得来的也就那么几个人，因为聊得好，我主动要了他们的电话号码，然后慢慢交往，现在有什么事经常在QQ上私聊，然后再见面说。如果就是在QQ群里聊天，也就像我老家的村人一样，打个招呼就好了。只有把群里的互动和现实的互动结合起来，交往才是实在的。当然，QQ群里基本也是来自同一个地方的居多，大家的风俗习惯都一样，对一些事情的看法也就相同或相近。①

受访者的这段话说明了网络社区的"虚拟村落"的互动也要与现实互动相结合，同时虚拟村落的参与成员也模仿现实社会中村落的组织方式和交往模式。"虚拟村落"只不过是在异乡的农民工将自己熟悉的家乡的风俗习惯、为人处事方式照搬到网络社区中而已。

第二，虚拟村落的边界是开放的，而现实村落的边界是封闭的。这是二者的另一个区别。农民工群体进入城市的方式最早是先遣式的，先遣式进入不能形成聚集。之后的链式进入则是群体性的，此时在现实中就形成了聚集，都市乡民开始出现。在链式进入阶段，群体开始有结群的需要，此时农民工群体的自发性的聚居区开始形成，有了网络社区之后，网络社区更进一步扩大了农民工群体的交往范围。农民工群体在村落当中因为血缘和地缘关系，再加上行政权力，村落成员资格边界逐渐清晰。而在城市当中，因为制度性和结构性原因，再加上农民工的流动，都市村民的成员资格边界不清晰，随时处于变动状态。农民工群体参加的网络社区的成员资格更加模糊。

我初中刚毕业就出来了，是同村一个搞建筑的小老板带着到J市的，先在他的工地上干了一段时间，这个活儿不好干，又累，钱又不能准时拿到手。一天最起码干13个小时，有时甚至15个小时，工资不高，还一直拖着不给。直到现在，那个建筑老板还欠我一部分工资。那个老板也没办法，他给别人干活儿了，别人不给他钱呀。后来我自己去考了驾照，又去开了一段时间的出租车，赚的还是辛苦钱，出租车的份子钱又高，有时一天跑完发现刚够成本。后来在这里待久

---

① 2015年4月23日某外来务工QQ群的群友交谈记录。

了，认识了不少老乡，相互熟悉了之后，找他们借了点钱，开了这个饭店。现在河南的一些老乡经常到我这里来吃饭，我也经常不收他们的钱。亏本？还好，也就只是对熟悉的一些老乡不收钱，但他们事后也会以其他的方式回报我。现在我全家人包括父母都在 J 市了，我已经把自己当作半个浙江人了。为什么是半个？是因为 J 市还有些规定我条件达不到，比如小孩读书还是按户籍来，我们的户籍也还在老家。时间久了，我在 J 市这里也交了一些本地朋友，大家在一起也玩得不错，有什么事偶尔也麻烦他们帮帮忙。玩网络？经常玩的，家里自己都装了网络，有什么信息可以在网上找，QQ、微博、微信都有的。现在联系电话都不打了，经常用微信联系。顶多花点流量钱。流量一个月 2G，根本用不完。通过网络，我认识了很多老乡，大家还有一些共同的话题可以聊聊。QQ、微信的很多朋友都是被熟人拉进群里的，拉的时候只要群主同意就行。没有其他要求，拉进来之后大家相互熟悉了，也就没有什么顾忌了，就成朋友了。说实话，我感觉 QQ 和微信群就像村里关系好的人经常在一起说闲话一样的。①

这个农民工算是在 J 市做得好的，已经把全家人接到 J 市了。尽管如此，在流动最初依然干过很多工种，只有当他在 J 市这个地方和老乡混熟了，开始自己干了，才有了访谈时的场景。他通过参与网络社区，不仅结交了更多朋友，拥有了更多的信息来源，而且这些朋友为他也提供相应的社会支持，比如开饭馆的资金就是向朋友筹集来的。对他的访谈佐证了网络社区的边界模糊不清的观点，因为不断有人流进、流出；同时，网络社区参与者的流动性较强，不固定。

第三，在网络社区组织的"村落"中，成员的相互制约性不强，基本呈现一种短期性博弈。而现实村落中因为"生于斯、长于斯"，是一种长期性博弈，所以现实村落对个体的制约性更强。网络社区中成员在扮演各种角色过程中处于一个匿名和虚拟的场景，不受太多道德伦理规范的约束。在最初入群时，所有群成员几乎都不认识。就像笔者参与的某 QQ 群一样，最初笔者一个人都不认识。后来，通过聊天慢慢认识了其中几个人，笔者也就经常和这几个人聊天。对于群成员在群里的行为，其他群成

① 2014 年 6 月 21 日对 J 市外来农民工的访谈。

员顶多就是语言上制止一下，或者干脆就像笔者一样，不说话、不搭理。群主遇到不守规矩的群成员，顶多也就是先警告，然后把这个成员踢出群而已，其他的制约手段基本没有。一般而言，群里其他成员也不会主动和不熟悉的成员搭讪，遇到群里不守规矩的成员，其他成员很少主动出面制止或谴责，大家都持一种旁观的态度。尽管如此，每个网络"虚拟村落"的参与者依然会受到一些约束，毕竟现实社会中的规范在每一个参与者的身上依然有效发挥作用，大家在 QQ 或微信群里的言语和行为依然受到参与者个体已经内化的道德规范的影响。

第四，网络"虚拟村落"中，成员之间展示的手段与现实村落不同，网络的"虚拟村落"只能在互动与沟通中通过语言与文本展示自己，通过持续的互动构建自我，也构建对方。网络"虚拟村落"在构建双方形象的过程中，各方都在不同程度地控制自己的言语和行为，甚至在网络社区发布的各种文本都是经过选择的。这种对言语和文本的控制本质上是成员在隐藏自己的一些东西而彰显另一些东西，目的是留给对方一个符合对方期待的形象。网络社区的虚拟场景比实际生活中更容易隐藏自我的一些东西，从而强调或彰显另一些东西。网络"虚拟村落"中成员无论隐藏的或是彰显的东西，如果没有面对面的接触和互动，这些隐藏或彰显的东西都无法得到证实。这和实际村落中是完全不同的。

第五，网络"虚拟村落"中的权威关系与现实村落不同。网络社区中的交往既非规范性的社会关系，又非功利性的社会关系，而是通过网络技术建构起来的一种社会关系。在这种社会关系中，现实村落中因为血缘、地缘而产生的各种权威关系、信任关系、亲密关系等不存在了。网络"虚拟村落"的群主具有某种类似的权威，但这种权威也与现实生活中的权威不同。"大家在群里面就是聊天、吹牛，因为没有什么利害冲突，没有什么共同利益，大家的权利都是一样的，群主也不例外。群主的管理权限也只是相对的。"①

第六，网络"虚拟村落"的行为主体与现实生活村落完全不同，这种行为主体的不同，产生了网络的包容、多元价值观、自由的空间等。现实生活中，中年人是社会的中坚力量，受到社会的特别重视。然而，网络社区中则是年轻人占主导地位，中年人只占重要地位，这是网络社区对现

---

① 2015 年 5 月 1 日对 H 市"草根之家"工友的访谈。

实生活中权力的一种结构性颠覆。现实生活中的等级原则在网络中被无情地蔑视，从某种程度而言，网络社区是年轻人的天下。这也是米德曾经在《代沟》一书中讨论的并喻文化和后喻文化，即长辈向晚辈学习的一种范例。在网络社区中，参与者必须树立一种对不同意见、不同思维方式、不同政治观点的包容，容忍各种差异并尊重和理解这些差异。同时，网络社区的价值观是多元的，包括审美观念、婚恋观念等，涉及各种非传统、非主流的价值观。这既增加了人们在现实中的选择权，也潜移默化地改变了人们对诸多事物的看法。网络社区的参与者在参与过程中，因为网络的特征及参与者的流动性，所有成员以一种平等的姿态参与进来，这种平等对话、交流初步培育了网络参与者的平权意识和民主精神。在包容差异的背景下，网络参与者学会从不同角度看待问题，从而事实上形成了一种言论自由的空间。网络本质上是一种摆脱各种现实束缚的途径，在网络中，参与者能够暂时忘却现实生活中的种种约束，以一个自由人的面目与别的参与者交往。这是一种马克思意义上的人的解放。网络社区通过技术手段拉近了人们之间的距离，消除了物理空间带给人们的心理距离，从而在网络社区兴盛的年代出现了"最熟悉的陌生人"，也即许多网络社区参与者与远在天边的陌生网友心理距离最近，而与身边的家人、朋友的心理距离最远。这是当前人们对传统单位制下因为利害冲突而产生的人际关系疏远的一种反思，这种反思是人们对建立一种无利害交往、无负担沟通的社会关系的向往与追求。

第三节　群体特性与网络社区的关系

当前中国的城市化进程的本质是市场在资源配置中起决定性作用，即市场通过配置劳动力要素，从而实现劳动力的优化配置。在这个优化配置过程中，通过各种推－拉力量，农民工群体从原有的社会关系和地方性知识中被"挖出来"，他们又被嵌入陌生的不确定的城市时空当中。他们需要在城市中重新积累生活经验，要实现融入，就要抛弃原有的生活理念与习惯，接纳城市的生活理念和习惯。等到他们积累了城市的生活经验，接纳了城市的生活理念和习惯，绝大部分人还要终老家乡。无论这一群体在哪个城市，也无论他们跑过多少城市，这个过程和结果却是可预见的。农民工群体的"抽离－嵌入"问题在网络兴起之后，又得到了凸显。农民工群体的流动性特征和网络的分散性和碎片化特征的遭遇与结合，导致农民工主动利用网络实现自身认同的再生产。这是农民工群体实现认同转变时遭遇结构性障碍时，发挥主体性和主动性，沉浸到网络社区从而实现认同再生产的故事。

一、农民工群体的社会结构规定性

学界对中国农民工的流动阶段已普遍达成共识，即这一群体的流动包括两个过程。一是先从农民到农民工的转变，这个过程是在发展主义的逻辑下，政府和资本联手推动而形成的。起始阶段，主观方面农民工群体自身存在农耕文明安土重迁思想观念的束缚，客观方面存在原有体制下的一些政策和人为设置的障碍。到了当前阶段，农民工流动的主观观念束缚、客观政策和人为设置障碍因素都不复存在；二是从农民工到市民的转变，也即在城乡一体化或城乡融合的阶段，农民工群体出现了举家迁移到城市中、由职业农民向城市居民的转变。从发达国家的发展历程考察，这个阶段既是现代化进程中最为艰难的阶段，也是容易出现社会动荡的阶段。如果从农民向市民的转变问题处理不好，会带给下一阶段很多不可预料的后果。具体到中国实践，在从农民向市民转变的阶段，首先是推动农民工流动的客体力量包括各级政府和市场开始产生目标和利益的分化与不一致，而这种分化与不一致在农民工流动的初始阶段是不存在的，也就是说，在农民工流动的初始阶段，政府和市场在目标与利益方面是一致的。其次是农民工群体在政府和市场的联合推动下，自身也不断产生分化，群体内部的代际分化、财富分化、利益分化致使农民工群体的集体行动难以实现或难以达成。因此，这一群体在面对强势市场和强势政府时，很难团结起来维护自身权益。

流动的客体（政府和市场）和主体（农民工本身）的上述变化，不仅制约着这一群体整体认同的形成，而且导致农民工在流入城市形成"脱域－嵌入－生存困境－水平流动－社会阶层固化－脱域"这样一种怪圈。农民工群体流动的两个子过程中"脱域"的意涵不同，第一个子过程的"脱域"是农民工群体从原有的乡村生活场景中被推入陌生城市，他们试图通过自己的努力重新嵌入城市中，接着在城市遭遇一些结构性障碍之后出现了生存困境和认同困境。这种生存困境和认同困境对老一代的农民工而言，他们认命，觉得自己的认同始终在乡村，乡村才是自身的归宿，因此这一代农民工即使遇到这些困境，也不会有什么强烈反应。然而，新生代农民工遇到这种生存困境和认同困境之后，试图在众多城市和众多工种、职业之间频繁流动，这种频繁流动的背后是新生代农民工期望改变自身遇到的生存困境和认同困境。然而无论新生代农民工如何换工作、如何在不同城市之间流动，最终的结果是他们要改变自身命运、改变自身所处位置，实现在流入地城市的社会融入都十分艰难。而通过各种捍卫自身权益的行动，试图给政府和资方施加社会压力的方式更加行不通。这种施加社会压力的方式在处理好发展、改革、稳定三者关系的方针下很难取得成效。同时，资方出于利润和剩余价值考虑，也不愿意农民工组织起来，捍卫自身权益。

最先到城市的一些农民工基本从事的是城市居民不愿意从事的、非正规行业居多的职业和工种。在链式进入之后，部分人在城市从事正规行业，然而依然有部分人从事非正规行业。这种正规行业和非正规行业兼具的从业状况决定了他们在城市社会融入的过程是一个艰难曲折的过程，能够进入城市不等于他们就能够融入城市，能够融入城市不等于他们就能顺利实现认同的转换。网络社区的出现，为他们现阶段以个体方式进入城市、认识城市、融入城市、实现认同转换提供了另一种路径选择。正如郑欣所言："媒介作为一种城市社会最普遍的信息工具，不仅提供了专业的充电资源，而且重构了新生代农民工的社会资本网络，具有积累资本和资源再生的作用。""新生代农民工在各种形态的媒介助推下，获取职业机会、学习职业技能、适应职场交往、实现社会角色的置换，同时借助各种传播实践不断形成和发展自己的职业规划能力、职业素养和职业心态，实现自身的职业价值。"[1]

对于以发展为第一要务的城市地方政府而言，农民工的流入具有极大的好处。城市地方政府对于农民工在城市居留的心态比较复杂，其原因在于如果城市发展缺失了农民工扮演的角色，城市发展的链条就会缺失重要一环。然而，农民工进入城市，城市地方政府要面对其进入引发

---

[1] 郑欣等：《进城：传播学视野的新生代农民工》，社会科学文献出版社，2018，第237、280页。

的各种社会问题。因此城市地方政府针对农民工群体的政策经常会出现摇摆：既鼓励城市需要的农民工劳动力，但又不想或不能提供这一劳动力在城市从事再生产的各种保障；既要解决农民工群体的嵌入和认同问题，又不愿意过快放开各种制度门槛。这些政策的摇摆一方面表现出不同城市地方政府之间利益的不一致，比如流入地政府对农民工的一些前置条件设置和流出地政府极力推动农民工外出，两者存在明显的利益差异；同时，中央政府从维护社会稳定的角度要求解决农民工群体的权益维护和社会保障问题，而地方政府要促进城市的经济发展，有意或无意忽视农民工的社会保障。然而，对于农民工流动，政府和学界的表现高度一致：学界提出"有序流动""返乡创业"，政府给予全盘接受。从这个角度考察，我们发现一些学者提出的"拆分型劳动力再生产模式"的本质是流出地和流入地城市地方政府在农民工群体各种经济、社会和政治权利的实现方面的利益差异。流入地政府认为农民工群体的各种经济权利、社会权利和政治权利的实现应该在流出地实现，流入地政府只负担农民工群体个人劳动力日常再生产的成本，同时享受农民工在本地生产带来的各种利益，比如农民工增加的城市国民生产总值，然而在计算城市国民生产总值时农民工的贡献又被排除在外。从农民工面临的结构性约束考察，各级城市地方政府的角色和发挥的功能不可替代。当前农民工群体的结构性约束包括中央政府顶层设计层面未能统筹解决的问题，城市地方政府如何根据自身条件包括财力、物力等将中央政府的政策落地的问题，这些问题在不同地域表现是不同的。

推动农民工流动的另一个重要力量是市场和资本。大量的劳动密集型产业与庞大的农民工群体结合起来，共同形塑了全球化时代中国世界工厂的地位和影响。然而，从马克思主义的视角考察，作为劳动密集型工厂中劳动力的农民工群体，既非无产阶级，也非资产阶级，而是小私有者——农民。当传统中国的农业耕作方式和手工业生产方式面临全球化背景下的西方工业资本及资本主义生产方式的竞争而破产时，从事传统农耕的农民工也被卷入全球化浪潮，成为全球化链条中的一环，而且是面对全球资本出卖劳动力的一环。全球化背后的市场力量推动了农民现金需求的增加。而要快捷地获取现金，农民只有进入城市，通过打工出卖自身劳动力。资本只有在城市才能够有效实现规模效益、聚集效应和创新效能，实现资本更快增殖。农民工只有在城市才能更快、更便捷地出卖自己的劳动力，将劳动力变现。资本和市场成为推动和拉动农民工进入城市的重要力量。

在农民工流动的初始阶段，流入地和流出地的政府与全球资本能够齐心协力推动农民工的流动。在农民工进入城市打工的过程中，流入地政府能够增加税收和农民工在当地的消费收益，流出地政府能够增加农民工外流返乡的资金和农民工带回的各种信息，全球资本能够通过农民工进厂打工获取利润。三方的合力产生了部分学者讨论的"工厂政体"。[①] 然而，年轻的农民工数量逐渐减少。同时，随着国家在教育方面的投入增多，农民工平均的受教育水平逐渐提高。在全球化背景下，随着各方面开放程度的深入，农民工的权利意识又日渐高涨，这些因素制约着工厂政体的维系。在农民工开始对工厂政体"用脚投票"时，地方政府和全球资本的分歧逐步表现出来。首先，政府由最初的现代化的启动者和主要力量逐步转向承担公共职能，更加重视农民工群体的权益保障和社会保障。此时，政府通过立法等方式要求工厂改善农民工的工作环境，提高他们的工资待遇。在这种情况下，劳动力生产的成本急剧上升。作为一心只为谋利的企业，面对政府的外在压力和工厂的内部压力，面对劳动力生产成本上升的格局，资本只有两条选择：一是将工厂转移到劳动力成本更低的地方去；二是按照政府和工人的要求改善环境，提高工资福利待遇。近年来，我们从媒体的报道中发现，随着中国劳动力成本的不断上升，原有的劳动密集型产业逐步从中国向东南亚这些劳动力成本更低的地区转移。跨国资本的这种转移并未促进农民工群体的社会融入，也未带来农民工群体社会福利和社会保障的自然提升。但现阶段随着劳动密集型产业的转移，中国特有的人口就业压力开始显现，资本和劳动密集型产业转移带来的社会影响还在不断显现之中。

现阶段，地方政府是农民工群体的第一个结构规定性，全球资本是第二个结构规定性，职业分化和代际分化是第三个结构规定性。首先，从农民工群体进入城市之后的职业选择考察，他们进入城市依然面临着一个被迫选择职业的问题，学界用"二元劳动力市场"[②] 来描述农民工城市职业选择的困境，即城市中的首属劳动力市场是由具有城市户口的、满足一定

---

① 沈原：《社会转型与工人阶级的再形成》，《社会学研究》2006年第2期。
② 李强：《转型时期的中国社会分层结构》，黑龙江人民出版社，2002，第122~123页。

条件的劳动力构成，这个市场中的职业社会地位高，职业收入也高，劳动环境较好，工作更为稳定，权益保障相对较好。农民工群体只能在次属劳动力市场选择职业，次属劳动力市场中的职业收入较低、劳动环境较差、缺乏稳定性。即使如此，农民工也通过自身的努力，不断在同一职业乃至不同职业当中做出突出成绩。从某种角度而言，城市中的职业分化主要指职业的层次感、等级感。高层次、高等级职业囿于各种原因，农民工无缘从事，除非他们满足一定条件。低等级和低层次职业，对农民工的社会流动而言，又无任何助益。

其次，农民工群体根据自身外出类型也出现了分化和异质化。比如国家统计局每年公布的《农民工监测调查报告》就会将农民工分为外出农民工和本地农民工。外出农民工又被细分为住户中外出农民工和举家外出农民工。除此之外，学界还考察过农民工的职业分层结构、就业所有制分层结构、收入分层结构等。[1] 不同层次、不同职业甚至不同行业的农民工的权益保护、利益诉求各不相同，甚至农民工群体内部不同职业、不同行业之间的利益诉求产生冲突。近年来，学界更关注农民工群体内部的代际分化。农民工群体的代际分化成为当前农民工群体最为显著的特征。不同代际的农民工，在社会流动、就业诉求、权益保护、利益要求等方面的表现极为不同。社会上曾用"蚁族""蜗居"等词语描绘和刻画新生代农民工在社会中的境遇，代际分化之后的部分农民工群体——新生代农民工已被写入中央文件。从新生代农民工自身的社会结构性特征出发，学界和政府提出了"社会融入"的研究课题，然而，新生代农民工在城市的融入并不顺利，新生代农民工融入的难题依然未能很好地解决。对于第一代农民工和新生代农民工的群体差异，我们可以分别从成长环境、个人特征、就业情况、与家乡的联系、城市适应性、流动方式等指标进行比较。在对这些指标进行比较之后，我们可以发现不同时代背景下出生和成长起来的农民工，其个体的成长环境完全不同，由此导致个体对生活的忍受度也不同，同时个体面临的社会结构规定性也不同。各种差异导致第一代农民工和新生代农民工在个人品质、文化观念和行为模式等方面出现了比较明显的差异。这些代际差异与其

---

[1] 李培林：《流动民工的社会网络和社会地位》，《社会学研究》1996 年第 4 期；李强：《农民工与中国社会分层》，社会科学文献出版社，2012，第 29 页。

他社会结构规定性一起，共同影响农民工群体意识的形成和集体行动的达成。

正是上述诸多的社会结构性特征决定了农民工群体从原有的乡村场域脱离之后嵌入城市的方式——原子式的、个体化的。第一代农民工是以原子式的方式嵌入城市之中，而新生代农民工则是以个体化的方式嵌入。第一代农民工的原子式嵌入意思是这一代农民工进入城市并没有组织性，他们的目的只是到城市赚取在乡村赚不到的现金。新生代农民工的个体化嵌入意思是这一代农民工进入城市的目标很明确，而且他们的个体意识和组织意识都非常强，面对在城市流动中面临的风险，他们用更高的学历、更为灵活的头脑去规避这些风险。然而，无论是第一代农民工还是新生代农民工，他们在城市的流动依然依据传统的血缘、地缘、业缘等方式，尽管新生代农民工可能增加了趣缘和网络社交。原子式的、个体化的流动方式是地方政府和全球资本的结构规定性带来的影响，然而，农民工群体原子式的、个体化的城市进入方式是以损害农民工群体的政治权利、社会权利为代价的。当面对城市未知的不确定性风险时，作为个体的农民工无法实现以组织化的抱团取暖方式抵御这些不确定性风险。原子式的、个体化的城市进入方式无形中也增加了农民工群体认同转换的成本，延长了农民工在城市实现认同转换、实现社会融入的过程。部分学者提出的"都市乡民"特指这种原子式的、个体化的城市进入过程。也就是说，农民工群体居住在城市，但他们的思想和行为方式依然保持着乡民的一些特征。农民工的原子式的、个体化的城市进入方式，遭遇到具有去中心化、分散性特征的网络之后更为凸显。

二、农民工群体特性与网络社区的关系

"理论主义者认为通过创建新形式的网络社会——虚拟社区，互联网为过去 25 年逐渐衰退的传统的社会空间提供了一个替代空间。网络上的电子市场使人们摆脱了地域限制，并将人们联合到了一个不受地域限制的新的兴趣社团中。"[①] 通过参与网络社区，农民工群体能够很容易在陌生的城市中找到流出地的地缘和业缘关系，并通过网络社区把这些和自

---

① 曼纽尔·卡斯特：《网络社会》，社会科学文献出版社，2009，第 239 页。

己同命运（从流出地脱域）的人们联结起来。在这里，网络社区成为农民工群体保持交流和联系的重要途径与手段。尽管他们有可能见过面，也可能没有见过面，但网络社区给他们提供了一个交流思想和组织行动的平台。网络的这种跨越时空限制并提供互动和沟通的功能从网络的超常发展历程就能看到。随着智能手机和互联网应用的不断扩大，网民还会持续增多。由此可见，互联网对个人生活方式的影响进一步深化，从基于信息获取和沟通娱乐需求的个性化应用发展到与医疗、教育、交通等公用服务深度融合的民生服务。

很多人认为网络交往是一种虚拟互动，它形成于一种虚拟现实，网络主体沉浸在一个非真实的世界里，一旦人们回归真实，虚拟的一切都会烟消云散。然而这种观点在农民工群体身上表现得并不明显。农民工群体从原有的生活经验中脱域，进入一个新的场景，作为感受主体，本身就会产生一种虚幻感，似乎身边的一切都是不真实的。因此，网络世界的虚拟特征和农民工群体的感觉是契合的。而且，网络的去中心化、分散化和多元化也与农民工在城市中的需要相一致。在网络空间中，农民工可以自由虚构自己的身份，他自己是一切的中心，不会有任何人查验他的证件，也不会有任何人歧视他，他可以脱离现实世界的诸多影响因素而实现自我，并在这种实现自我的过程中得到心理的满足，尽管这种满足是虚拟的、暂时的。这是网络社区与农民工特征相契合的第一点。

除了虚拟特征之外，网络社区的最大特点就是交互性。它可以实现一对多、多对多、一对一的互动关系。在微博、QQ群、微信群等网络空间中，参与的农民工个体可以通过相互讨论等同步与非同步的方式展开交流与互动，形成个人关系网。更为重要的是，农民工个体之间的这种互动不仅能够借助语言媒介，还有一些非语言的表情或者衍生语言，比如网络的流行语。网络的这种互动性是农民工个体在平等的条件下展开的，农民工个体可以发表自己的观点并得到批评或者赞同，他们可以突破社会空间的限制，对事实进行陈述和评价。外部的一些诸如风俗习惯、群体规则、资源局限和权力等因素对他们的制约在很大程度上淡化了。网络社区的匿名性让农民工群体在社会现实中的边缘化感受变成一种"去边缘化"的认同，无意中让他们产生"天涯若比邻"的感受。网络社区的互动改变了农民工群体在场交往和缺席交往的关系，让他们即使到了陌生的地方，也能迅速通过网络找到来自家乡的老乡、朋友，甚至在现实中形成互动，降低他们在异地的孤寂感和陌生感。笔者参与了很多"××人在××地"的务工群，他们在群里交换各种信息，从吃饭、穿衣到工作、工资、劳动保障等方面。"在被社会边缘化和污名化的人群中，网络社区提供了一种新的社会认同。与面对面的交往相比，网络的交往相对匿名和安全，人们可以投入更多，对网络社群产生新的认同。"① 这是网络社区与农民工群体特征相契合的第二点。

网络社区与农民工群体特征契合的第三点是网络社区类型和内容的多元性，这种多元指网络社区具有超文本性、丰富性，它不像传统书信那么死板，也不像电视那么被动，它综合利用文字、声音和图像、视频等手段，充分发挥农民工的主体性与参与性，无形中缩小了人与人之间的空间距离感。笔者调查的很多农民工都利用智能手机上网，通过QQ和微信平台随时和家人进行沟通，随时获取家人的动态。家人也可以随时了解他们在流入地的工作和生活情况。在QQ群、微信群中，人们可能使用很多标准选择交往对象，如年龄、性别、受教育程度和居住地。人们通过网络社区的多元性和丰富性实现沟通和交流，从而既能维护现存社会关系网络，又能延续现实生活中的社区，还能通过基于共同兴趣爱好结交新朋友。在网络社区中既能实现个人形象的在线展示，又能表达个人的观点，还能展现自身的情感和心理活动，实现在线角色扮演等。在网络社区中，参与主体不仅能够通过与具有相同兴趣的人讨论、交流，获取更多有关某种兴趣的知识，还能维护自己想要维护的关系，进行物品或产品的交流、满足情感需求等。这些需求都是农民工在脱域之后试图重新找回的。通过网络社区，农民工重新找到了一条嵌入的途径，尽管这条途径是虚拟的，也不是唯一的。当然，这种嵌入不是与城市的融合，反而是农民工在城市寻找心灵暂时栖息的地方，尽管这个地方是虚拟的。正如郑欣所言："新媒介环境是他们完成市民身份转变的难得机遇。正确地认识媒介在人际交往中的作用，利用好新媒介创造的有利平台，转变传统人际交往观念，全面缩小自己在交友、求职、交流等方面与城市居民之间的距离，为自己的城市融

① John A. Bargh and Katelyn Y. A. McKenna, "The Internet and Social Life," *Annual Review of Psychology* 55 (2004): 573–590.

入创造更多的机遇和可能，这是农民工完成心理和身份双重融入的关键所在。"①

三、农民工群体身份与社会公共性重构

当前中国的城镇化进程加快，很多乡村在城镇化推进过程中逐步消失，部分乡村的农民要么被迫"上楼"，要么变成农民工涌入城市寻找机会，主要表现就是部分村落"速溶化"，部分村落"空心化"。今天，在农耕文明时代生成的社会公共性显然已经无法完全契合工业文明、信息文明时代的需要，尤其是农民工群体在城乡之间的流动更是打通了原有的社会体系和社会结构，甚至创造出新的体系和结构。在这个过程中，中国社会的公共性由农业社会的差序格局②逐渐转向陌生人社会的契约和团体格局。在这种背景下，具有传统农业社会特征的农民工在市场的推动下，脱离乡村社会的差序格局场景，进入城市这种具有契约意识和团体格局特征的场景中，受到具有契约意识和团体格局特征的现代性的浸染。当然，我们可以说这是中国走向现代性的必由之路。因为随着中国社会的经济基础、社会性质、社会结构和职业构成等方面的变迁，产生于农耕文明基础上的社会公共性一定会随着这些变迁而重构。社会公共性的重构就意味着新的公共性对传统公共性的逐步取代。

中国社会新的公共性重构发端于近代中西文明的碰撞，从那时起，中国社会的公共性就在文明的不断碰撞中持续重构。③在这个过程中，在西方工业文明被引入和实现现代化成为国家目标之后，中国社会的经济生产方式、政治活动方式、民众的生活方式都发生了天翻地覆的变化。现代化的过程主要是发端于西方的工业科技引发的物质生产方式的变革对中国经济生产方式的影响。当前，这种影响主要表现在诞生于西方工业文明基础上的信息技术对中国经济、社会、政治、文化等方面的重新构造。在经济方面，网络经济和数字经济对整个经济体系、经济结构转型带来重大影响；在社会方面，在移动互联基础上诞生的新媒体使

---

① 郑欣等：《进城：传播学视野的新生代农民工》，社会科学文献出版社，2018，第140页。
② 张江华：《卡理斯玛、公共性与中国社会》，《社会》2010年第5期。
③ 小滨正子：《近代上海的公共性与国家》，上海古籍出版社，2003。

信息传播路径和传播方式发生巨大改变，这种改变影响了人们的信息获取方式，信息不对称状况有了显著改变。民众的权利意识开始出现某种程度做实的可能，民众通过新媒体获得了知情权。因此，新媒体的出现倒逼政府在社会治理的方式方法方面必须改革；在政治方面，网络平台在推进民主、搜集民意、畅通民情、实现参与等方面作用突出。政府利用政务网络平台推进阳光政务，同时搜集民意。民众利用网络平台发声，突破传统政治参与和表达方式的限制，网络成为舆论集散地和一定的民意表达渠道。因此，网络参与的不同群体都能够借助网络平台传递自己的声音，表达自身的利益诉求。可以说，借助网络平台，多元主体参与治理才能实现，共建共治共享也才能达成。在文化方面，网络平台显著改变了传统的文化传播途径，影响到所有的受众。各个年龄阶段、各个群体都受到网络平台海量信息的影响，从网络购物平台到微博、微信，再到抖音以及各种文化传播公众号，各种声音都有，这些共同推进了文化建设的繁荣，同时也出现了某种程度的众声喧哗、众口难调。作为网络参与者和使用者的农民工群体，在这些方面也不可避免地会受到影响。笔者调研的农民工对象，能够从网络中获取自身所需的各种信息；能够通过网络互动实现知识和经验分享，搭建各种关系；能够通过网络实现情感宣泄，获得情感慰藉。

中国仍处于并将长期处于社会主义初级阶段，这个阶段的主要任务是解放生产力、发展生产力，发展生产力的主要途径就是发展社会主义市场经济。既然是市场经济，那么人、财、物的流动就不可避免，尤其是人的流动。农民工流动的主要目的是通过出卖劳动力换取现金，第一代农民工通过这种方式补贴家用，改善生活。新生代农民工通过这种方式提升自己，试图改变不利的社会位置。这种特殊的背景要求农民工成为自由流动的劳动力，然而中国农民工的自由流动和西方法律意义上的自由流动不完全相同。中国农民工的流动有特殊的社会发展阶段背景，并受现实各种结构性条件的限制。农民工进入城市，对城市中的知识阶层、管理阶层和普通市民而言，是一种与城市完全不同的外来力量的嵌入。这种外来力量的嵌入引发了城市中知识阶层、管理阶层和普通市民与农民工群体之间的各种矛盾。在这种矛盾的基础上，农民工因其自身与城市不相容的一些特征而被污名化，同时社会排斥和社会边界开始形成。基于当前的社会排斥的存在和社会边界的初步形成，各地政府为了处理好改革、发展和稳定三者之间的关系，为了推动社会矛盾的消除，开始利用媒体和公共政策构建农民工群体的新身份和新认同。全国各地近年来涌现的农民工成为"新市民"就是这种身份建构的典型表现。然而已有的社会排斥、社会边界依然存在，农民工在城市的社会融入依然道阻且长。从社会公共性重构角度而言，现存于城市知识阶层、管理阶层、普通市民和农民工群体之间的社会排斥和社会边界是无法完成社会公共性重构的，因为我们需要的不是一种撕裂的社会公共性，而是一种能够实现社会整合和良性运作的社会公共性。

在进入城市的过程中，面对城市已有的各种结构性和制度性约束，农民工群体中的不同代际应对这种约束的方式和路径也不同。首先，农民工群体进入城市是先遣式的，然后再链式进入。先遣式进入的第一代农民工在嵌入城市过程中，他们内心深处并未将城市当成自己的终极目的。而后续链式进入的农民工包括新生代农民工，他们是将城市作为自己的终极目的的。也正是这些人用自己的软弱但又坚韧的步伐，推动着政府公共政策的完善和进步。在政府公共政策不断完善的前提下，这些将城市作为自己终极目的的农民工开始举家迁移到城市。这些随迁农民工子女，在城市接受教育，认同城市的工作和生活方式。对这些人而言，故乡反而成为异乡，城市才是他们心灵的栖息地，因此他们不会轻易离开城市。在这种背景下，如果城市中的知识阶层、管理阶层与普通市民不改变对农民工群体的态度，将会引发整个社会群体关系的撕裂。前文讨论过网络社区和农民工群体特征在某些方面的契合，笔者将这种契合理解为马克斯·韦伯在讨论资本主义兴起过程中新教伦理与资本主义精神的"选择性亲和"。网络社区和农民工群体特征的这种"选择性亲和"使农民工群体能够通过参与网络社区，从主观和客观层面对漂泊的身份、既有的社会排斥和社会边界做出回应。这种回应包括网络社区能够给农民工提供信息性和情感性的支持，同时农民工在网络社区中感受不到现实的排斥和边界，在网络社区中他们构建出一种新的"我们在一起"的社区类型。从笔者的研究过程来考察，当前农民工群体通过网络社区构建的这种虚拟的"我们在一起"的社区类型还只是一种情感型和信息型社区，这种情感型和信息型社区其建构基础与原则依然是传统的血缘、地缘和业缘。从某种角度而言，这种虚拟的"我们在一起"的网络社区只是农民工在城市适应过程中，囿于现实的结构性约束而发展出的一种自我应对策略，这种应对策略的客观结果是农民工通过参与网络社区，找到了自我安慰、自我宣泄的空间。这种虚拟空间的参与对农民工的城市融入而言，只是暂时让这一群体忘记了现实结构性对他们的约束，从而在"心理幻想"的层面实现在城市定居、融入城市的期望。

第四节　个体化的网络参与

国内对农民工群体研究一直以来基本沿袭国际上关于移民研究的范式，这种范式包括两个：一是经济学的均衡范式，即人口流动源于资源分布不均衡，农民工的流动能够推动资源的重新平衡，实现经济的均衡发展；二是结构功能范式，认为人口的流动是由地方社会的文化传统、社会结构决定的。对于政府管理而言，无论是资源不均衡产生的流动还是文化传统产生的流动，都是政府管理的相应参考。从政府管理角度出发，复杂的事情简单化是管理的最便捷途径。复杂事情的简单化并非中国政府在政策制定过程中愿意这样做，而是囿于中国东部、中部和西部的地区差异，各民族经济社会文化发展状况不一。就政策执行而言，分类推进和差异化政策在管理实践中难以操作，而现在的政府管理又强调规范化、程序化、科学化。因此，"一刀切"政策应势而生，对于进入城市的农民工群体的管理和治理也是如此。各地现行的相关政策法规都是从管控角度出发将农民工群体视为同质性的单一群体，并未直面农民工群体自身的主体性和群体内部的分化与异质性问题。从政府管理角度而言，地方政府推出的居住证制度、积分入户政策是在挑选农民工群体中的精英，也就是俗称的"竹子里面挑筷子""掐尖"策略。尽管居住证制度和积分入户政策面对的是所有流入城市但没有市民权的群体，而不仅是针对农民工群体的，但客观上带来了"掐尖"的后果。从农民工群体角度而言，居住证制度和积分入户的背后是这一群体流动和城市融入的个体化。

农民工流动和城市融入的个体化其背景是经济发展成为整个社会的重心。改革开放40多年来，以经济建设为中心，党的基本路线要管一百年已经成为政府、学界和民众的共识。其中，经济发展成为各级政府的第一要务，甚至成为执政党宗旨的体现，成为政府执政正当性的重要支撑。对于政府执政而言，让人民过上美好生活就必须发展经济，没有发展的绩效就没有人民的美好生活。因此，中国的各级政府作为推动发展的最主要力量，想尽办法发展经济。这种发展思路为农民工进入城市赚钱改善生活、流动改变命运提供了机遇和机会。然而农民工的流动始终是一种原子式、个体化的流动状态，哪怕是流出地的地方政府出面组织农民工外出打工，对外出打工的农民工提供有限度的支持，那也只是流出地政府和流入地政府在寻找就业机会、提供就业信息方面的对接，而非为农民工在流入地提供权益保护、提供城市融入方面的对接。农民工群体进入流入地之后的生活和工作，流出地政府无心管理。而流入地政府在当前财税分权背景下，也没有责任和义务承担外来农民工的社会保障与社会福利。农民工群体要享受合法权益，就需要回到流出地。失去了传统的风险防范和保护机制，带来了农民工城市融入的个体化，这种个体化使农民工群体不仅在社会结构中处于底层，而且在面对城市的各种风险时也无力抵御。

一、个体化：一种分析视角

经典现代化理论的基本是将传统社会与现代社会二分，即非现代非西方的国家在走向现代化的过程中复制西方现代化模式，从而实现自身的现代化。作为一个后发外生型现代化国家，中国无论是新中国成立之初的城乡二元分割体制，还是改革开放之后的外向型发展战略，都是这种理论背景下的具体实践。

然而，从20世纪90年代开始，一种同样发端于西方工业社会，但与工业社会的经典现代化不同的现代性——风险社会在全球各国日益显现。随着中国社会现代化进程的深入推进，社会结构的深刻转型和中国融入全球、成为世界工厂的步伐不断加快，风险社会对中国发展的影响也日益显现。面对经典现代化带来的各种不确定性和不可抗拒的风险时，地球上所有国家、社会、团体、社群和个人在某种意义上真正"平等"了。风险社会中，传统工业社会财富生产的逻辑逐步开始被风险生产和分配的逻辑取代。尽管在风险社会中拥有财富依然能够抵消或部分抵消风险的后果，但对于风险的不确定性分配，所有社会阶层却依旧束手无策。面对风险的生产和分配，所有社会阶层都不再仅仅关心利用自然或者将人类从传统的束缚中解放出来的问题（传统现代化或者现代性的主要任务是将人从各种束缚中解放出来），此时工业社会解放人们的主要方式——技术－经济发展，本身产生的问题成为所有人关注的焦点，人们通过工业社会的后果开始反思经典现代化理论。因此风险社会从哲学层面而言，是对传统经典现代化理论的一种否定。"在发达的西方世界中，现代化业已耗尽了和丧失了它的他者，如今正在破坏它自身作为工业社会连同其功能原理的前提。处于前现代性经验视域之中的现代化，正在为反思性现代化所取代。"① 从某种程度而言，技术－经济发展带来的风险是工业文明强加给当代社会所有成员的。当代社会所有成员在享受技术－经济发展成果的同时，也不可避免地要承受技术－经济发展的一些后果，风险就是这些后果的其中之一。

技术－经济发展带来的风险迫使地球上的所有社会成员成为平等的个体，而面对技术－经济发展带来的风险在全球范围内还未出现有组织的化解的现状时，个体就必须直面这些风险，从而社会成员的强制个体化就成为必然。综观全球，无论是在欧洲发达国家还是以中国为代表的发展中国家，其社会成员的强制个体化都在进行中。在欧洲发达国家，马克斯·韦伯所称的资本主义精神即工具理性在后福利国家中运转，导致欧洲社会的个体化浪潮的兴起和发展壮大。

中国农民工在城市出现的个体化历程与欧洲的个体化进程不同之处在于以下几个方面。首先，当前中国的主要任务依然是发展，因此，农民工的权益保障经常会受到忽视。其次，在当前制度框架范围内，农民工的完整政治权利、社会权利只能在户籍所在地实现，在流入地城市，农民工只具备理论意义上的政治权利、社会权利，而且这种理论意义上的政治权利、社会权利又被城市政府用市民权的相关理论分解为选举权、被选举权、就业权、居住权、劳动保障权等。这种分解导致农民工群体在以法律维护自身权益时，经常代价高昂。因此，世界工厂背景下的农民工群体的个体化呈现一种去政治化和以市场取向为基础的个体化。最后，在新自由主义相关理论支配下的去政治化和以市场取向为基础的中国农民工既非基本公民权利的承载者，也不能享受城市的各项福利和社会保障。

---

① 乌尔里希·贝克：《风险社会》，何博闻译，译林出版社，2003，第10页。

从农民工流动的最初动因考察，他们流动的最初目的是获取经济收益，因此对农民工群体的研究最早是在经济学的框架下展开的。在此之后，农民工的流动逐步转向经济收益和社会权益并重，此时社会学、政治学、法学等学科开始介入。经济动机只是农民工流动的最初动机，当他们进入城市之后，城乡之间强烈的反差会让他们滋生出其他动机，比如试图在流入地城市永久居留下来。农民工流动的目的已经不再单纯是经济收益了，他们更希望从流动中找到改变自身命运、提高自身所处社会地位的机会。他们在涉及群体的政治权利、社会权利保护方面处于弱势地位。尽管作为个体的他们，有时能够在权益受到损害时通过劳动仲裁部门和司法系统维护自身权益。但作为整体，他们的政治权利、社会权利益维护却是缺失的。因此，这一群体即使在互联网传播如此发达的背景下都很难在社会中独立发出声音，改变对自身不利的各种结构规定性和制度。他们只能不断地换行业、换城市、换职业，在城乡之间不停地奔波，哪里能找到工作、哪里听着更好就往哪里流动。这就是农民工群体被称为"漂泊化"和"失根"群体的现实根源。①

在新型城镇化理论的指引下，部分地方政府放开了原来设置的一些政策准入门槛，农民工群体有可能获得本属于他们的政治权利、社会权利等。但政府针对农民工群体降低门槛的这种做法，在部分媒体的喧嚣下，却被认为是政府对农民工群体的恩惠和特殊待遇。部分媒体的这种渲染引发了农民工的反感，这种渲染不仅没有满足农民工当前的社会期望，反而引发了这一群体的"用脚投票"行为。经济学家赫希曼曾针对消费市场讨论过退出和呼吁的功能："退出选择能发挥无与伦比的效力：玩忽职守将蒙受利润损失。"② 同时，他也认为："当退出机制可望而不可即时，呼吁便成为消费者或会员宣泄愤怒情绪的唯一选择。……呼吁是退出的余韵……退出与呼吁之间的关系就像一块运动中的跷跷板。"③ 农民工群体在当前中国城市社会，身处一种既无法退回农村也无法通过呼吁改变公共政策进而融入城市的境地，对城市的忠诚和认同就成为奢谈，这种处境使农民工的城市融入只能以个体化的方式进行。

① 陈映芳：《"农民工"：制度安排与身份认同》，《社会学研究》2005 年第 3 期。
② 艾伯特·O. 赫希曼：《退出、呼吁、忠诚》，卢昌崇译，上海世纪出版集团，2015，第 17、28 页。
③ 艾伯特·O. 赫希曼：《退出、呼吁、忠诚》，卢昌崇译，上海世纪出版集团，2015，第 17、28 页。

二、当代农民工的个体化

2013 年，清华大学社会学系课题组对国内农民工群体的就业趋势做了深入调查并形成以下结论："一是当前我国农民工就业普遍出现'短工化'的趋势，即工作持续时间短、工作变换频繁，这又体现为高流动和水平化两个方面。高流动体现为农民工换工作频率高，每份工作的持续时间短，前后两份工作之间的待业时间也较长。水平化则体现为农民工的职业流动，无论是在用工单位的内部还是通过变更工作从而实现用工单位之间的转换，其职业地位都难以有实质性的提高。二是农民工就业的短工化在近年来呈现不断增强的趋势。一般来说，农民工从业开始的年份越晚，这份工作持续的时间也就越短。三是当前农民工群体中，年龄越小，其短工化趋势也就越明显。相对而言，农民工越是年轻，换工作频率越高，从事一份工作的时间也越短……五是自致努力未能缓解短工化困境。"①

从清华大学课题组对农民工就业趋势的判断，我们可以看到新生代农民工的流动性高于老一代的农民工，但这种流动依然只是农民工群体代际水平化的流动，未能实现代际的向上流动，进而实现职业提升和命运改变。新生代农民工的水平化流动，首先能够说明这一群体的向上流动渠道不畅，这通过"短工化"反映出来。其次能够说明这一群体的城市融入过程不顺，这通过不断转换城市能看出来。最后能够间接说明哪怕是新生代农民工，即便有了一定的受教育水平，他们的社会组织水平和社会组织的力度依然不够。农民工试图通过流动改变自己的命运，试图通过自身努力在风险社会中控制自己的私人生活，然而由于缺乏相应的社会保障和福利措施，他们的这种流动和努力反而演变为自身面临的风险的根源。因此，当代农民工群体尤其是新生代农民工群体在处理自身与城市群体或城市社会的关系时，呈现两个特征：一是随着受教育水平的提高、眼界的日益开阔，农民工包括新生代农民工群体产生了与现代性匹配的各种需求；二是作为个体的农民工包括新生代农民工对于市

---

① 沈原：《社会转型与新生代农民工》，载沈原主编《清华社会学评论》（第六辑），社会科学文献出版社，2013，第 2 页。

场制度产生了依赖，无论是他们对现金的需求还是对尊严的寻求，都依赖市场体制和社会环境的变动。农民工群体包括新生代农民工处理个体与城市社会关系的这两个特征决定了这一群体的个体化过程包括三个相关过程。

第一个过程是通过流动从原有乡村的社会结构中脱离，这种脱离意味着他们离开了原有的熟人社会的运作模式，进入一个陌生人的世界。他们在进入陌生人世界的同时，也从原来社区设置的种种社会规制中解脱出来，这种社会规制包括原有的文化传统和界定他们身份与角色的社会范畴，比如家庭、亲属关系、社群和阶级等。这种从原有社区中脱离并在城市中嵌入的个体化过程引发了农民工群体的认同困境和危机，这一群体在面对现实的结构性障碍时有着深深的无力感。这种无力感的根源在于其城市嵌入和网络参与的个体化历程。

案例一：李 M 的故事

李 M，男，1986 年生，安徽人，宾馆保安。家庭主要经济来源是自己和父亲的打工收入。李 M 于 2004 年初中毕业，之后就跟随父亲第一次来 H 市打工。2008 年第二次来 H 市，直到笔者访谈他的时候。

我是个保安，最初我爸到这里工作。我到这里之后换了好几份工作，都不赚钱。后来，有人说老家条件好了，我就回去了。回去之后发现根本不是那么回事，我想创业根本没条件，也没市场。没有办法，就又来到 H 市。随便找了个保安的工作，能养活自己就不错了。就这个工作很辛苦，我想改变自己的身份，和 H 市人一样。但可能性很小，因为保安收入太低，在 H 市这个地方根本买不起房，买不起房就变不了城里人。即使我愿意与 H 市人交往，H 市人也不愿意和我交往。我现在一年也就回去一次，因此老家的一些事情离我已经很远了，即使你想关心也力不从心。我并不留恋老家农村的生活，家里没有事干，条件又差，手机信号都只有两格，更不用提其他条件了，和 H 市比，那我宁可待在 H 市。我喜欢这里的生活，但 H 市的发展变化与我也没有关系，我没觉得自己是这个城市的一员，在这里我找不到家的感觉。就这样先漂着吧。日常在 QQ 和微信上和老家那边的人聊一聊，像我这种情况的老乡多了，遇到事情了在这里想找谁帮忙都很难，因为你的交往范围就那么大。有时心里烦了，就约几个老乡出去喝酒，喝完了很多事就不用想了。老家亲人？现在老爸干不动了，就回老家了。我在这里就基本一年回去一次。老了之后怎么办？凉拌！走一步看一步吧，谁知道后面的路是什么样的。

　　李 M 的经历既呈现了农民工个体从原有乡村社区脱嵌，又呈现了个体无法完全融入流入地城市的图像。他的流动是一种典型的新生代农民工的范例，即被父亲带出来到外面打工，因此李 M 是一种个体化的流动方式。在流入地 H 市，他很少与亲戚联系，遇到事情也很少有人帮他，他也就一年回一趟老家，也不再关心老家的情况。他想与当地居民交往，却又没有途径和机会。在 H 市这个工作的地方无论是从制度层面还是心理层面都无法实现融入，对他而言，就只能在生理和心理层面先漂着。同时，他的这种生理和心理的漂泊意味着流出地的一些关系网络和社会规范对他在 H 市的生活也无法产生任何制约作用，而 H 市的一些关系网络他又没有办法进入，H 市的一些风俗习惯他也很难去遵守。他喜欢 H 市的生活，他的工作、思想、行为模式、消费观念等已经城市化，但他的工资待遇、生活环境和社会保障却没有城市化。个人生活上遇到什么问题，也就只能是在 QQ 群、微信群等网络社区中和熟悉的老乡聊一聊，甚至不熟悉的老乡都不能随便说。这种与老乡的聊天也是个体的随机参与，今天有什么高兴的事或者伤心的事，到 QQ 群、微信群里和其他老乡说一说，也就如此而已。心里不痛快了，就去喝酒，喝醉了就不用去想很多事。可以说，李 M 的个人经历给我们呈现一幅无论是现实空间还是虚拟空间个体嵌入的图像。从他的经历中我们可以看到，参与网络社区并不能解决他在现实空间遇到的困扰。

　　第二个过程是被迫的自主性。改革以来，国家从原有计划体制下的保障领域退出，并将相应的保障包括教育、医疗、住房进行了市场化改革。市场化改革消解了计划体制下的单位人观念，资本的力量推动所有社会成员变成个体。在中国市场化背景下，个体不仅要为自我的命运奋斗，要进行自我选择和决策，还要以个体力量面对所有社会问题并承担相应责任。个体在市场经济中的这种自主性完全是被迫的，这种被迫的自主性主要是国家制度设置和法律、政策推动带来的。在改革计划体制的过程中，农民工从人民公社的庇护下解放出来，成为具有自主选择性的个体。在某种程度上，他们具有了计划体制下所不具备的自主选择权，然而这种选择权的解释依然掌握在政府手中。农民工从原来的社区脱嵌，原有社区对他的庇护就自动消失，进入城市的陌生场域之后，面对与原有社区完全不同的文化和社会情境，此时农民工再想寻求传统、家庭或社群的保护已不现实，但国家对农民工群体没有提供完善的福利和保障，因此农民工群体的自主性是一种被迫的个体化。

根据清华大学社会学系课题组的调查，无论老一代农民工还是新生代农民工，他们离职的原因排在第一位的都是"工资福利待遇差"，两代农民工中都有超过50%的人因此离职。另外，还有22%的新生代农民工因"晋升空间小"而离职。新生代农民工与第一代农民工单纯只为赚钱的想法不同的，他们外出是想通过流动改变命运，改善自身在社会结构中所处的位置。然而，当他们进入代工厂之后发现，无论他们如何努力，代工厂向上流动的通道并不那么宽大，代工厂并不能帮助他们实现他们想要的生活。无奈之下，他们中的部分人就不得不离职，离职的这部分新生代农民工是他们中有想法、有能力的一批。还有18.4%的新生代农民工因"工作太无聊"而离职。① 从清华大学的调研报告中我们能够看出，新生代农民工的"短工化"就是他们试图通过自身努力改变所处境遇的方式，同时也是他们在"用脚投票"的方式。

案例二：刘 M 的故事

刘 M，女，1988 年生，陕西人，饭店服务员。初中毕业后去 W 市打工，中间又分别去过 S 市、G 市，2011 年来 H 市，后来听说她又去了别的城市打工。

这么多年在外漂泊，换了很多份工作，也跑了国内很多地方，大中小城市都有，但最后我发现，对我而言结果都一样，跳不出去的。无论走到哪里都是那么点钱，无论干什么工作都是农民工，低人一等。当年跟着同村亲戚出来打工的时候，我对城市、对我的未来有着美好的憧憬，这种憧憬后来在现实中被无情地粉碎。开始我跟着同村亲戚干，后来我自己找工作。工作和城市换来换去，总希望找到适合自己的，然而几乎所有城市我能干的工作都差不多，没有多余的选择。现在我就像一个女汉子一样的，事情全部自己干。找工作、租房子，因为经常换工

---

① 清华大学社会学系课题组：《困境与行动》，载郭于华主编《清华社会学评论》（第五辑），社会科学文献出版社，2012，第 61~62 页。

作、换地方，无法稳定下来，我不自己干，在陌生的城市谁会帮你呀。有什么事情我也不向家人说，你和家人说了，家里还要为你担心，干脆我就自己一个人处理，这都是被逼的。我是女孩子，也想找个坚实的臂膀靠一靠，累了休息一下。可是我这农民工身份，而且不稳定，经常换地方，谈过一个朋友分手了……有了QQ和微信之后，好多了。我经常约着微信中的朋友在工余逛一逛，自己一个人时看看微信中朋友发的一些文字，比起以前的那种孤单感，经常和QQ、微信中的人聊聊天，感觉好多了……人生目标？暂时谈不上人生目标，先解决温饱问题吧。打工赚不来钱，我又是一个女孩，除了嫁人，还有什么出路？最好有一个能赚钱的男人养着我，这又不可能。在这个城市，你与同事没有多深的交往，最怕交浅言深。其他陌生人也不敢信任。因此，QQ和微信中的老乡尤其是经常聊得来的老乡是最能信任的人了。有些话也能够对他们说，他们有时也帮我出出主意。

刘M作为一个女孩子，外出打工从来没有想到自己有一天会变成"女汉子"，在家里她也受家人宠爱。然而，她厌倦了父辈们日出而作、日落而息的千篇一律的生活。一旦外出，她就需要承担所有的一切，从生活抉择到工作抉择，乃至谈朋友的抉择。而且抉择的结果她还不能和家人诉说，怕家人担心。私下里，她告诉笔者自己觉得工作上的苦都能承受，因为这些年来麻木了。精神和内心的苦没有人帮她分担，她就觉得特别累。笔者在想，这样一个女孩子，如果不是为了想改变什么，何必在外面漂泊受累。而且在外漂泊受累，遇到问题时连商量的人都没有，出了问题谁会帮她解决呢？她又能依靠谁呢？没有任何人、团体或者组织能够在她遇到问题时给予意见或帮助。为了在城市生存下去，她必须通过自己的努力。尽管从表面来看，她在城市打工的自由度比在乡村从事千篇一律的农耕生活好多了，但她也就仅有打工或不打工的自由，却没有通过打工实现向上流动的自由，而且这种打工的自由是她付出巨大代价之后才实现的。这种巨大代价的一个主要体现就是必须独自解决外出打工遇到的所有问题并承担做出选择的相应结果。刘M并没有抱怨制度性和结构性的社会不公，这种个体责任感既体现了农民工自我奋斗的动力，也体现出贝克讨论的风险社会带给个体自由选择权利的同时，也把相应的责任转嫁给个体。从某种角度而言，刘M的个体责任感本质上是被迫个体化的一种结果。

第三个过程是通过从众实现个体的生活目标。尽管在全球化背景下，随着新生代农民工自身素质的提升，他们可以自由选择职业的空间比第一代农民工大。面对多样化的社会选择，对自由和个性的推崇并非必然会让每个新生代农民工都变得独一无二。相反，由于这一群体外出流动是对全球资本和世界工厂地位的依赖，是在当前中国的社会结构和体制背景下进行的，这些因素共同决定了新生代农民工试图寻找自我、标榜个性，但他们不能自由地追寻和构建一个独特的自我；他们必须在现有的制度框架下活动，即使在网络社区中也面临着各种限制。如果他们要彰显个性、实现自我只能在私人领域比如消费领域、娱乐领域实现，比如大家共同追某个歌星影星、穿某件流行的服饰、把头发染成黄色，甚至胳膊上文身，让自己显得很"酷"。新生代农民工生活在城市光怪陆离、五彩斑斓、诱惑众多的氛围中，受到城市环境的熏染，在追随城市人群的生活和消费模式方面，在对物质消费的追求方面，他们更为执着。怀着对于物质的强烈欲望，试图通过消费建构某种个性，进而通过这种个性消费满足自身欲望，实现群体认同。然而，打工收入的低下和城市生活成本的高昂，使农民工在这些方面的努力无法改变他们在城市融入过程中的嵌入性事实。在网络社区中，他们也很难利用网络社区实现集体行动。

案例三：孙 F 的故事

孙 F，男，1990 年生，河南人，H 市一家大型建筑工地工人，初中毕业就外出打工，家中还有一个妹妹。之前在其他省市的工厂打工，2009年来 H 市建筑工地打工，这是他的第五份工作。

我打工是看到同村一个比我小的在深圳打工的××，因为在外面见了世面，过年回家时给村里人吹嘘得天花乱坠。当然，我自己读书也不行，也没想着继续读书，所以就动了打工的心思。我是跟着隔壁村的一个人出来的，出来后才知道，在家百日好，出门事事难。最初我在工厂流水线装配件，第一个月拿到工资后很兴奋。我当时觉得我也能养活自己，能自食其力了。流水线的装配实在太机械了，刚开始工作我比较兴奋，即使当时每个月只有一天休息，也不觉得累。一年多之后，我觉得有比工厂流水线更赚钱的工作，我就辞职换了另一份工作。那一份工作是在一个汽配厂修车，一天满身油污。最初半年是学徒，只管饭和基本生活费，没工资。干了一段时间我依然觉得没前途，又辞职。辞职后还做过保安，做过 KTV 的服务生。直到在 H 市，我找到这个建筑小工的工作，这个工作也很累。我估计我也干不长，什么时候辞职不知道。现在这份工作也没多少钱，业余活动时间还几乎没有，每天除了吃喝拉撒就是干活儿，整天处于赶工期的状态，和外面（H 市）的人基本处于两个世界。工地上，除了我的几个老乡，其他人我都不认识，也很少和他们交往。我交往的人都在 QQ 群和微信群里，群里有我这几年打工认识的很多朋友，和他们交流基本是通过网络。即使我和他们不在一起，但离得远反而觉得有话说……说什么内容？什么都说，说得最多的就是最近的工作怎么样，家人怎么样，最近一些地方的新鲜事情，间或会有一些烦恼事，比如老板心黑不黑、工资能不能足额按时发放之类的。说实话，以前的工作工资都能按时发放，只有建筑工的工资不能按照发放，我也不知这是怎么回事。反正这个工种我不想久干，也不去计较了，混一天算一天。现在不像以前那么自立了，因为单纯靠打工，城市花销大，吃喝住行都要钱来解决，赚的钱不够花，有时甚至还要家人补贴一点。

孙 F 不停地换工作确实说明农民工的职业选择度和自由度比以前大了，但这种自由选择还是在政策和制度限定的大前提下。[1] 这种限定的前提约束着他们的选择和自由，尽管他们试图寻求并建构独特的、具有个性的自我，然而最终的结果就像火车永远不能脱轨一样，他们永远就只能在打工这条轨道上生活，想脱离也脱离不了，想改变也很难改变。他们想要生活自由，但首先在职业选择方面并不自由。一个新生代农民工宋×告诉笔者："我也不知道自己能够做什么，或做什么好，我都 25 岁了，还没有自己的方向。我有时躺在那里想到这个（问题）睡不着觉，就想在工地干活，以后怎么办？上了年纪干不动怎么办？"

---

[1] 孙立平讨论过中国市场转型的大框架，首先是政体连续背景下的渐进式改革，其次是权力连续背景下的精英形成，再次是主导意识形态连续背景下的"非正式运作"。社会整体的选择度和自由度的扩大依然没有脱离上述三个框架，农民工群体的流动及城市嵌入也在这个框架下进行，所以会有计划体制的等级色彩。参见孙立平《迈向市场转型实践过程分析》，《中国社会科学》2002年第 2 期。

三、农民工的个体化网络参与

阎云翔描述过中国社会的个体化进程，尤其是国家管理下的个体化是如何在乡村产生的。阎云翔认为中国社会中的个体化是一种与西方个体化不同的"无公德式个体"，[①] 也即中国语境中的个体主义是一种自我中心主义，因为这种个体化发展的过程中缺失了西方的自主、平等、自由、自立等前提条件，所以中国社会的个体化呈现一种"没有个体主义的个体化"或者说是"无公德的个体"。这种"无公德的个体"当然也是当代中国社会公共性重构或重建过程中需要面对的问题。对于当代的中国农民工尤其是新生代农民工而言，他们参与网络社区具有某种朴素的西方式个体主义的色彩，即他们参与网络社区是个体的自愿选择，然而在网络社区中的活动有着自主、平等、自由、自立的色彩，并且网络社区自身具有的特质也不断影响着他们。这种网络参与促使新生代农民工逐步学会尊重网络社区中的其他参与者，逐步学会利用网络保护自身权益、实现信息交换、维系个人情感等，这是农民工网络社区的个体化与阎云翔的中国社会的个体化之不同。尽管可能部分农民工在线上学会尊重别人，学会保护自身权益，学会自主、平等，但在现实生活中，课题组还没有完全观察到这些理念成为农民工群体的行为准则。这可能与农民工线上、线下面临的社会环境和群体氛围不同有关。

尽管农民工群体作为一个整体已经被中国政府纳入"产业工人阶级的一部分"，但受社会结构和体制的限制，他们无法承继计划时期国有企业工人群体和人民公社时期农民群体的认同。计划时期国有企业工人尽管从经济和社会地位上依附于企业，政治上依附于工厂领导，个人关系上依附于车间领导，从某种角度而言，这种三重依附约束了他们。但从另一个角度而言，这三重依附也给他们提供了相应的保障，经济依附使国有企业工人有饭吃，政治依附使国有企业工人有一定社会地位，个人关系依附使国有企业工人可以通过私人关系运作一些公共事务，从而软化制度的僵

---

① 阎云翔：《中国社会的个体化》，陆洋等译，上海译文出版社，2012，第17页。

硬，起到润滑功能。① 计划体制下农村的人民公社模仿城市的国有单位制，在人民公社中农民个体也从经济上依附于生产队，政治上依附于生产大队领导，个人关系上依附于生产小队领导。当时无论是城市国有企业的工人还是农村人民公社的农民，相互之间的大规模流动是很难的。城镇化、市场化背景下的中国流动却成为主要趋势和潮流，在此背景下的流动农民工从原有乡村社区脱嵌之后，只能以一种个体化的姿态在城市中默默打拼，即使他们的某些权益被侵害，他们也很难发出自己的声音。

另外，中国改革 40 多年取得的成就主要在经济领域，改革的对象也主要在经济领域。国家在经济体制方面的改革激发了企业对效率的追求，也激发了地方政府作为利益主体的主动性。同时，国家从计划体制下的社会主义父爱生产模式中退出，用市场化的方式替代。这种做法一方面有助于中国民众享受更大的流动空间、实现更多的自由选择权，另一方面导致像农民工这样的群体只能凭自己的力量应对市场风险。

网络社区作为随着科技和时代发展而兴起的一种工具，其与农民工的遭遇引发了学界的诸多争论。诸多学者认为在农民工会利用网络社区形成新的组织方式和结群方式，进而形成农民工的群体意识和群体认同（这方面内容我们在下节讨论），在群体意识和群体认同的基础上，集体行动好像是很容易的事情。笔者通过实地研究发现，网络社区的虚拟特征和农民工群体的流动性特征相契合，农民工网络社区参与具有个体化状态。也就是说，农民工参与网络社区的活动是个体化的，是农民工在嵌入城市过程中为了融入城市而做出的努力。因为现实的种种结构规定性，农民工需要重新找回情感寄托的地方，网络的时空抽离和压缩的特征正好符合农民工群体的期望，以这一群体熟悉的血缘、地缘乃至业缘方式在网络社区这一"虚拟村落"重新实现某种集聚。尽管农民工的网络参与在现实中呈现个体化方式，但这一群体能够在网络社区空间中通过与其他参与者的互动、交流而找回从乡村社区脱嵌之后失落的安全感和归属感，尽管这只是一种"虚拟安全感"和"虚拟归属感"。笔者前面讨论的网络社区的性质、议题、信任机制的产生等，能够说明网络社区也是消解农民工群体集体行动产生的一种力量，网络社区的参与方式也是一种个体化的方式，同

---

① 　关于这一点，杨美惠有着精到的论述。参见杨美惠《礼物、关系学与国家》，赵旭东、孙珉译，江苏人民出版社，2009，第 269~273 页。

时网络社区的自身特征也有效消解了农民工群体意识的产生和形成。农民工群体网络社区的参与只能形成虚拟的"安全感"和"归宿感",这种虚拟的"安全感"和"归属感"不仅不会增加他们城市融入的机会和社会资本,反而进一步强化了这一群体实际存在的个体化状态,从而强化了这一群体在城市"漂泊"和"无根"的状态。从目前城镇化进程中农民工群体网络社区参与的个体化状态考察,农民工群体在涉及自身权益方面的诸多行动,无论是城市融入还是权益维护,抑或是社会认同,依然处于马克思当年所讨论的"自发"状态。然而,实践发展要求这一群体能够从"自发"向"自为"转变,就笔者的考察而言,这一群体从"自发"到"自为"状态的转变依然还有很长的路要走。

第四章　网络社区的文化认同机制

　　随着全球化、城市化在中国的逐步深入，人们对网络的依赖只会越来越强，近年来，中国互联网络信息中心每半年公布一次的《网络发展状况报告》显示，网络使用人数不断增多、网络应用发展不断增加。对于农民工而言，随着群体内部的代际更替速度的加快和受教育水平的不断提高，网络应用的普及导致这一群体的网络使用率也在不断提高，使用水平不断提高，使用范围日益扩大。从网络使用角度考察，农民工群体和市民差别不大。真正的问题在于，即使农民工群体和市民在使用网络方面没有差别，但他们在城市中面临的"脱嵌"和"嵌入"的问题依然存在，即使在网络社区这一"虚拟村落"中能够实现一种"虚拟归宿"，但这种"虚拟归宿"无助于解决现实的漂泊和无根问题。这一群体游走在现实和虚拟之间，现实中这一群体的城市嵌入是个体化的，网络参与也是依照中国社会中的血缘、地缘逻辑，以个体化的方式参与网络社区活动。这种背景下，农民工个体和群体在网络社区会形成什么样的认同？什么样的意识？影响他们个体认同和意识形态的因素是什么？机制是什么？这些问题对于未来中国的城乡一体化发展、社会公共性重建尤为重要。笔者首先讨论影响农民工个体文化认同的因素，接着讨论影响农民工群体文化认同的因素，然后分析农民工个体和群体的文化认同建构机制，最后讨论农民工文化网络社区的文化认同与群体意识形成的关系。

第一节　影响文化认同的因素

曼纽尔·卡斯特这样讨论认同："关于认同，当它指涉的是社会行动者之时，我认为它是在文化特质或相关的整套的文化特质的基础上建构意义的过程……认同是行动者意义的来源，也是由行动者经由个别化的过程而建构的。"① 约翰·特纳则认为社会认同"是个体心理上的一个'社会建构领域'，是社会的心理或主观过程的重要因素之一。它是一种机制，社会借以而形成其成员的心理以追寻其目标；社会也借以而发生冲突，例如作为'市民'、'美国人'、'爱尔兰共和党人'、'保守党'、'社会主义者'或'天主教徒'。它的机能为群体成员提供了共同的心理场域、对他们自己共同的认知表征、他们自己的认同以及客观的世界——以关于事实和价值的共同社会规范的形式；并因此使得最简单的沟通和对于公共的、互为主体性的生活的情绪变得有意义"② 。无论是卡斯特还是约翰·特纳，他们对认同定义的相同之处是涉及个体对于意义的寻求。这恰恰也是农民工群体在流动过程中认同形成的主要影响因素。

中国成为世界工厂的过程，也是互联网和信息社会在中国大规模普及并盛行的时代。在互联网的帮助下，地球村的概念成为学界、政府的议题。互联网普及、信息通过其在全球大规模传播的时代，人们反而开始寻求自身生存的意义。无论是大到国家、民族，还是小到团体、个体，都开始为自己的行为和行为的后果寻求意义，并在寻找意义的过程中形成某种关于事物或者行为的认同。因此，越是民族的就越是世界的，这句话一时成为全球的流行语。于是各个国家、民族包括团体、个体开始从文化认同入手寻找意义。卡斯特和约翰·特纳的认同概念就是从这个角度出发的。我们可以认为，寻找意义的过程就是文化认同的建构过程。对于处在一定情境之中的个体或群体的认同建构，一定是个体或群体在某种地域和文化背景中根据已有的认知经验、运用已有的认知逻辑和结构，对来自社会、

---

① 曼纽尔·卡斯特：《认同的力量》，夏铸九等译，社会科学文献出版社，2003，第 3 页。
② 约翰·特纳：《自我归类论》，杨宜音、王兵等译，中国人民大学出版社，2011，第 222 页。

文化等各个方面的信息进行综合建构之后形成一种新的文化和社会认知，新的文化和社会认知固定之后，新的意义就会产生，文化认同由此形成。文化认同的形成涉及个体和群体意义的建构，同时个体和群体的经验、历史、情境、社会结构或文化背景等对文化认同的形成有着不可忽视的形塑和影响。对于农民工个体和群体来讲，流动方式、流动目标、流动过程、流动结果、社会结构、文化场景等都是影响这一群体认同形成的重要因素。前文已有多处讨论流动方式、流动过程、流动目标、社会结构等对于农民工个体和群体城市生活的影响，农民工在双重脱嵌的过程中不断寻找意义，建构一种既非城市认同，也非原有乡村认同的新的认同模式。这一节笔者重点讨论作为文化认同主体的农民工自身的经验与情境对其在城市中寻找意义、建构文化认同的影响。

在讨论农民工个体或群体文化认同建构之前，首先要从学理层面讨论自我概念的建构。从社会心理学角度考察，人因为具有自我反思性，从而自我的形成既是客观的又是主观的，美国社会学家米德提出"主我"与"客我"就是从这一角度考察的。对于农民工个体而言，其在城市嵌入和网络社区参与过程中的意义寻找也是一个"主我"与"客我"相互辩证、相互借鉴的互构互动过程，通过这种互构互动，"我"与"他"、"我群"与"他群"的区隔和边界才能真正形成，农民工个体和群体在城市中的社会边界前面已讨论过，不再赘述。有了"我"与"他"、"我群"与"他群"的区别，并通过相互区别相互借鉴，认同才得以形成。在农民工个体自我概念的形成过程中，首先是农民工个体在现实中被赋予了身份，这个身份与其社会结构有关；其次是社会情境对于农民工个体的定位和认知；最后是农民工个体对于被赋予身份和社会对个体定位和认知的认识。这三个阶段中，"主我"与"客我"不断相互型构，最终形成认同。笔者访谈的80年代末期出生，现在N市打工的陈×的流动经历和认同就鲜明呈现这种特点。

　　我在父母打工的东莞市出生，读书是在贵州老家农村，是爷爷奶奶把我带大的，每年只有暑假时能到父母身边，寒假过年时父母回家一趟，其余时间基本见不到他们。爷爷奶奶只能管我生活方面，其他方面他们没法教给我。功课没有人教，我初二就不读书了，不是不想读，而是没法读，遇到学习上的问题不知找谁，问题越积越多，就干脆放弃了。父母也觉得还是早赚钱好，他们压力小一点。然后我就到东莞来打工。尽管在农村长大，但我很少愿意干农活儿，从书里读的那些东西我觉得都是骗人的，人生下来就是不平等的。我父母常年在外打工，一年我能见到没几次，也没见到他们赚多少钱，就因为农民身份。我先在东莞打工，最先是在工厂流水线做。开始，我住在厂里的宿舍，但宿舍经常丢东西，因为大家每天三班倒，根本相互都不认识，后来我就搬出来了，在一个农民家里租了一间小房子，但广东人说话、习俗和我们都不一样，我在那里根本没有朋友，和父母也说不到一起，后来我干脆就不在东莞干了，到其他地方闯一闯。我先到深圳，在深圳做了一年多保安，觉得没前途，赚不来钱。又跑到佛山，在一家电子厂工作，钱多了一点，但太辛苦。流水线上的活儿，多出来的钱都是加班加出来的。后来我又去广州，和东莞、深圳一样。在这些地方，我眼界开阔了很多，在当酒店保安时知道了西餐的吃法，也喝过洋酒。那时有点后悔自己当初没认真读书，如果书读好了，考上大学了，今天也有可能过上那样的生活。因为我们不会说粤语，和本地人在一起，他们一说话，我们就感觉被排除在外。本地人看不起我们，我们自己有时也看不起自己。打工这几年，想想我自己，钱没赚到多少，本事长了不少，抽烟、喝酒、打架样样不缺。记得有一次，我有整整三个月没找到工作，也没收入，方便面都吃不起了。后来还是打电话给家里，家里给我兑了点钱，才算撑过去了。广东这边赚不到钱，我就想上海、江苏、浙江这边。然后我就来到苏州，在苏州又找了一个库管的工作，现在钱不敢乱花了。然后觉得还是要学点本事，我就去考了个驾照。开始开出租车。后来有了滴滴，我自己就买了一辆便宜的国产车，开始开这个，比出租车好一点。我也不知道未来会怎么样，我睡过工地，睡过厂房，睡过外面的草地，住过集体宿舍，跑过很多地方，唯一不变的是农民身份却从来不会种地，做工人也只是农民工，永远在流浪。我走了这么多城市，却从来没一个是我的家，对我来讲，暂住证、居住证都比身份证管用。①

考察陈×的表述，他对于作为一种身份的农民是有认知的，这种认知

---

① 2015 年 12 月 10 日对 N 市外来农民工的访谈调研。

就是一种内心的反感和深深的不平等感，这种认知导致他"很少愿意干农活儿""是农民身份却从来不会种地"。父母不在身边的这种经历与他后来在城市的文化认同形成有很大关系。乡村的教育条件和父母的打工条件使得身边亲人无法对小陈的教育有更多的关注和投入。在城乡分割的教育体制下，乡村孩子改变自身境遇和命运，要付出更多努力，也需要得到更多关注和投入。然而这一切对于新生代农民工小陈而言都是缺乏的，因此他初二辍学并外出打工赚钱就成为必然。然而，他打工换了多份工作之后，开始后悔当初没有认真读书。小陈即使后悔，也没有埋怨谁，因为他首先要活着。

当小陈到了东莞之后，内心对于城市的期望还是有的。他先到父母所在的城市，这样能够有所依靠。然而，他很少谈及与父母在一个地方工作的经历，反而对于自己一个人在其他地方的经历和笔者谈论很多。在这个过程中，小陈感受到了社会情境对其的定位，这种定位影响了他对于流入的认知。小陈与广东本地人在一起时，因为不会说本地话，而且是外来者，本地人不太愿意和他交流，此时的他觉得身份是没有办法改变的。也就是说，小陈已经将社会情境给予他的定位内化成了对自我的一种认知。这种认知影响了小陈的城市融入和文化认同。小陈的自我体验是"是农民身份却从来不会种地，做工人却只是农民工，永远在流浪。我走了这么多城市，却从来没一个是我的家，对我来讲，暂住证、居住证都比身份证管用"。还有诸多类似小陈的农民工，对于这一群体的城市融入和文化认同，学者们使用了诸多概念，比如"半融入与不融入"[1]　"半城市化"[2]等进行描述和分析。然而这些概念分析很少关注农民工个体和群体在城市融入和文化认同形成过程中的自我体验。正如笔者上文所言，农民工个体和群体认同既有客观因素的影响，也有主观因素的认知，笔者认为农民工的认同建构是"主我"与"客我"的交织互动型构而成。

笔者问及小陈平常上网的情况。

> 我手机装了QQ，经常靠这个和朋友聊天。以前我还隔三岔五地发微博，微博内容要么是转别人的，要么是自己的一些想法。不过微

---

① 李强：《中国城市化进程中的"半融入与不融入"》，《河北学刊》2011年第5期。
② 王春光：《农村流动人口的"半城市化"问题研究》，《社会学研究》2006年第5期。

博我就只是找一些感兴趣的东西，没有什么互动。QQ我是读书时候就有了，那时我经常到网吧上网，当时和很多朋友一起打游戏，QQ沟通方便。后来出来打工就更觉得QQ联系方便。我上网主要使用手机流量，所以QQ不是一直在线，集中看一下信息，有需要就回复。后来有了微信，微信通话和视频既方便又省钱。QQ和微信中有很多我以前打工认识的朋友，一部分不联系了，但也有一部分还经常联系，我们相互提供各种信息。我每到一个工厂或者酒店，总会认识一些人，然后大家一起上班，一起娱乐。一来二去熟悉了，大家就相互照应。除了工作上的朋友之外，还有一些在打工时认识的老乡，这些老乡一般离开了那个地方，就很少联系了，但一起工作过的还会联系，回乡之后也会联系一下，相互走动。有了QQ群和微信群，如约饭、帮忙等，确实方便了很多。你说认同？什么是认同？我走了这么多地方，没什么认同。每个城市对我而言，都大同小异。我认同城市，可城市不认同我，我在流动过程中，心态很不平衡。凭什么我生来就要吃苦受累，而有些人却坐享其成。而且我权益被老板侵害了，也没有人主动帮你。我除了自己吃亏装哑巴，又能怎么样？从法律途径捍卫权益，想想可以，但我们等不起，打官司要花费时间、金钱和精力，老板可以雇人专门做这个事，我哪有这个条件。我身边像我这样的人有很多，我们又能怎么样？在网络中呼吁？以前倒是听说过，但我一个人，即使我能在网络中发帖，但也很快就没有了。我至多在QQ、微信中和老乡、朋友诉诉苦，他们有很多人愿意帮我出主意，甚至有时和我一起去找老板。但这也限于关系很好的，愿意为你的事出头、分忧。和你没一定关系，谁愿意做这种事，毕竟这是有风险的。①

小陈的网络社区（QQ、微信）朋友由三部分构成：读书时的同学、工作中的同事、打工时结识的老乡。朋友圈的构成决定了小陈对于网络社区的使用多以朋友间的沟通、交流、互动为主，而维权或者其他的很少。这可以从小陈使用网络社区主要以约朋友吃饭、唱歌、帮忙、诉说心情等看出来。而在涉及自身权益保护方面，他认为网络社区无法起到实质性作

---

① 2015年12月10日对NB市外来农民工的访谈。

用。从现实角度考虑，农民工个体权益即使受到损害，也很难维护。当然这不是法律不健全，而是农民工个体的力量和资本的力量对比悬殊，农民工个体直接面对交易时，要付出很大代价才有可能通过法律途径获得成功，而他们恰恰是很难承受司法途径的高额代价的。农民工群体又没有组织力量，无法和资本在同一平台平等对话和博弈。通过网络社区的呼吁，如果只是自己发帖，也很快会被其他海量信息淹没。[1] 只有一些关系特别好的朋友，在小陈权益受损时愿意帮他出面找老板讨个说法，但也仅限于此。经济学家奥尔森探讨过集体行动的问题，小陈描述的关系特别好的朋友在他利益受损时帮他出面这种现象是奥尔森所讨论的"小集团"，而且是具有某种程度的排外性质的集团，只有这种集团才能真正形成有效的集体行动。[2] 大集团的集体行动中只有搭便车，而无法形成有效激励，因此大集团无法形成有效的集体行动。北师大的研究报告也指出，微信群的结构维度首先是群活跃度最佳人数 11 ~ 14 人，其次是微信使用的活跃度超过朋友圈，再次是微信群还是以熟人交往为主。同学群和同事群是使用最为频繁的群。也就是说，微信群还是以现实社会关系的迁移为主，虚拟交往不是主导。[3]

小陈描述，身边和他类似情况的人有很多，也就是说，小陈尽管作为个案，同时是农民工群体中的一分子，他的经历和遭遇完全能够反映农民工群体的状况，可能在某些方面或者某些地区会有不同的情况存在，但在当前的社会结构背景中，差异也不会太大。对于"小陈们"而言，他们认可城市，可城市不认可他们。小陈是这样，其他农民工也是这样。网络社区可以成为农民工个体和群体情绪宣泄的平台，可以诉苦、聊天，但在维护权益方面起不了多大作用。无论是现实还是理论，都能够说明为什么农民工群体无法借助网络平台形成群体维权的意识，即使有一些农民工借助网络平台实现了集体行动，达到了自己最初的目标，也就是当前一些学

---

① 网络中要能够形成舆论声势，必须有网络推手，这一点现在大家已经形成共识。参见王奕《从论坛到微信：网络水军的前世今生》，《创业家》，http://www.qstheory.cn/politics/2015 - 09/30/c_ 1116700812. htm。

② 曼瑟尔·奥尔森：《集体行动的逻辑》，陈郁、郭宇峰等译，上海人民出版社，1995，第64 ~ 68 页。

③ 《微信社会资本对集体行为影响报告》，http://www.cssn.cn/xspj/qwfb/201501/t20150108 _ 1471216. shtml。

者研究的网络抗争动员的问题，但研究发现，这些网络抗争动员的事件其参与者不仅有农民工，而且涉及大量其他社会群体，网络抗争的目的是社会公共利益而非农民工个体或群体的利益，近年来，中国社会的网络群体性事件的类型基本如此。倪明胜从网络抗争动员的生成结构、前置条件、逻辑过程、手法策略及抗争治理策略回应等方面研究了网络抗争动员的情况，认为国内现有的网络抗争动员研究还存在较大问题。① 而网络群体性事件的研究框架和研究范式显然与农民工群体的网络呼吁、网络参与完全没有相似性和可比性。

小陈对网络社区的认知也是当前农民工个体和群体使用网络社区的最大困惑。首先，网络社区信息传播固然是裂变式的，然而海量的碎片化信息却能迅速淹没他们的个体信息。其次，农民工网络社区的集聚依然延续了血缘、地缘的标准，这种标准固然能够解决一些农民工在城市融入中的困境和问题，然而对于以组织化力量解决农民工个体和群体面临的结构化困境而言依然不够。因为"植根于日常生活、内在于群众内心、表达于网络交流中的信息权力，通常缺乏系统性和逻辑性，呈现为碎片化、零散性的话语表达，甚至通过笑脸、悲情、愤怒、狂喜的网络符号表达出来。在思想体系的构建者和长篇大论的著述者们看来，流传于互联网中的这些信息，表达的是感性层面的意识活动，是需要理性化提升的浅薄观念"②。从这个角度而言，网络社区远远谈不上为农民工个体和群体赋权，只能说为农民工个体和群体提供了虚拟时代的人际交往方式变革。这种人际交往方式变革为以小陈为典型的处于城市嵌入过程中的农民工提供了某种程度的沟通、互动、情绪发泄的方式，但真正形成农民工群体的集体行动和群体意识，无论从理论还是现实考察，都还有很长的路要走。

农民工个体网络社区认同的形成除了前文讨论的主观方面的个体经验和客观方面的外在情境之外，还有流动时间先后的影响。从农民工流动的时间先后考察，最初这一群体是先遣式流动。这种先遣式流动发生于改革开放之初的政策背景和社会发展阶段中，没有互联网，也就谈不上网络社区的虚拟认同。当时人际关系网络发达，是通过外出务工的农民工人际关

---

① 倪明胜：《网络抗争动员研究的一种范式与反思》，《南京师范大学学报》（社会科学版）2017年第4期。

② 刘少杰：《网络社会的结构变迁与演化趋势》，中国人民大学出版社，2019，第185~186页。

系传递信息的。先遣式流动中的人是具有冒险精神的、敢于第一个吃螃蟹的一批农民工。这些人出来之后，通过人际关系网络将信息传递回家乡，形成了后来的链式流动。链式流动出现之时，也是中国的市场化进程加快之际，此时中国与全球开始同步发展，互联网成为全球化在中国的在地化反映。这种在地化反映在小陈身上，就是他的父母和他先后进入城市，成为世界工厂的一分子，也成为在城市漂泊的一分子。当前的现实是，城市为了自身发展需要，愿意有前置条件地接纳农民工，这些前置条件的目的是实现农民工"有序流动"，以保证城市正常的社会秩序。正是在"有序流动"的口号下，农民工个体和群体开始利用网络社区，实现新的集聚形成新的认同。然而网络社区的这种聚集也并未帮助农民工实现团结起来和组织起来，并以团结的力量和组织的力量而非个体的力量，与资本和权力等结构化力量博弈。因此，影响农民工网络社区认同的主要因素依然存在于现实当中，网络社区的认同依然是现实社会的某种反映。比如，农民工在网络社区集聚的标准依然是现实社会中的血缘、地缘等，纵然有一部分农民工因为兴趣而集聚在网络社区中，但这种兴趣对于农民工群体的结群和集体行动的促进效果非常弱，反而在现实当中血缘与地缘对于农民工群体的结群和集体行动还有一定的促进作用，这与农民工在现实社会结构中所处经济地位密切相关，也与农民工所处发展阶段相关。对于现阶段的农民工而言，因为他们在现有社会结构中的地位，这一群体产生了分化，影响第一代农民工的主要是经济动因，然而对于新生代农民工而言，经济动因只是原因之一，其他社会动因可能更为主要，比如对更高社会地位的渴望，对平等权利的追求等。然而，无论第一代农民工还是新生代农民工而言，他们在经济方面的追求是被社会环境允许的，但对于其他方面的追求，有些被允许，有些则被忽视、漠视。这是形塑农民工网络社区认同的社会结构性因素。单纯依靠农民工群体本身，是无法对这种结构实现方向性改变的。农民工群体只能通过自身的努力，不断促进这种结构的微调。正是受到这种现实因素影响，农民工的城市生活处于一种嵌入状态，这种嵌入是通过先遣、链式两个阶段，以个体的力量进行的，因此是一种个体化、原子式的。关于这点，小陈自身的经历、笔者前文的调研材料都能证明。

形塑农民工网络社区认同的虚拟力量就在于网络社区的自身特性。网络独有的一些不同于现实社会的特征，比如网络的时空压缩性、去中心化、平等性、交互性、价值的多元性、议题广泛性、符号性、人际关系松散等，这些都是影响农民工网络社区认同的因素，这些因素前文已经讨论过，不再赘述。除了现实因素和网络社区特征这些客观因素，通过小陈的经历和笔者前述调研资料，我们发现，农民工个体自身的经历和体验也是影响农民工网络社区认同的主观因素。有些农民工是凭借自身兴趣，参与一个网络社区；有些农民工是想联系方便，参与一个网络社区。但大部分的农民工是试图在城市当中找到一种归宿，因此参与网络社区，因而会出现笔者讨论过的"虚拟村落"和"虚拟归属感"现象。

第二节　城市融入中文化认同的建构[①]

　　农民工个体和群体在城市生活中的文化认同建构，从文化认同的机制角度而言，需要经历三个阶段：首先是文化不适应和文化震惊阶段，其次是文化自我类化阶段，最后是文化认同或涵化阶段。

　　首先，从一个社会和文化场域到另外一个社会和文化场域，农民工会出现生活上的不习惯，这种生活上的不习惯会让农民工在心理上不适应，这种心理上的不适应导致个体产生生理或心理的反应，比如思乡情绪，思乡情绪的产生属于文化不适应的一种表现，甚至可以说是由文化震惊引发的。中国传统农业社会就以千差万别的地域文化为特点，这种各有特点却和而不同的文化认同格局构成了中华文化几千年的发展格局。各个文化地域的民众既对自己所处地域文化有着高度认同，对国家层面的文化一统也有一致认同，这是古代中国的天下文化观，它是一种同心圆式的文化认同格局。这种同心圆式的文化认同能够求同存异，并存和发展。甚至这种同心圆式的文化认同主导了中国社会的基本结构。[②] 当代中国的文化认同虽然几经变迁，依然在某些方面呈现传统天下文化观的特征，这些传统天下

---

① 本节部分内容曾以《流动人口文化认同的过程、困境及其消解》为题发表在《江汉学术》2015年第4期。

② 费孝通：《生育制度》，载《乡土中国》，北京大学出版社，1998，第24－30页；王铭铭：《作为世界图式的天下》，载赵汀阳编《年度学术2004》，中国人民大学出版社，2004；张江华：《卡里斯玛、公共性与中国社会》，《社会》2010年第5期。

文化观具体到地方社会，就成为千姿百态的地域文化，这些地域文化影响到流动的农民工。

其次，在初期的文化不适应和文化震惊阶段之后，文化自我类化阶段开始出现，这种自我类化即以同一种地域文化为中介，习得这种文化的个体总能够聚集在一起，形成某种社会组织，即我群的形成阶段。在这个阶段，个体根据某些标准，将自身与其他群体区别开来，进而形成"异－己"的群体划分，这个阶段也是农民工与城市普通市民社会边界的产生阶段。调研过程中我们发现，农民工基本是以血缘、地缘的标准实现集聚，老乡在流动的过程中是一个非常重要的分类标准，这种举动也有其历史和文化渊源。历史上各地的会馆、现代的同乡组织，都是文化类化的具体表现。文化类化阶段可能与认同或涵化的目标背道而驰，但随着时间的流逝终将融入个体所处的地域文化之中，成为地域文化大圆包含的小圆。

最后，就是文化认同或涵化。作为流动的个体与流入地的知识阶层、管理阶层、市民阶层接触，总是流入地群体的地域文化居于主导地位，流动群体的地域文化处于从属地位，从而出现流动的个体被流入地群体的地域文化涵化或流动的个体主动接受流入地文化，融入当地。这种融入并非农民工原有的文化形态，也并非流入地的文化形态，在农民工身上呈现一种流出地文化与流入地文化交汇的形态。这是文化认同的最终结果。然而，如果受到诸多外界因素干扰，这种新的文化形态也很难产生，反而会形成一种强化原有流出地文化认同的倾向和结果。这是文化认同结果的一种变异，这种变异在当代中国农民工身上体现得特别明显。

在日常生活实践中，文化认同总是与特定的文化模式相联系。在农民工流动之前，他们的文化认同是流出地的地域文化认同，也就是说他们实际的文化认同是地域性的；在他们流动之后，他们地域性的文化认同开始受到冲击，地域性的生活习俗开始发生变化。因此在流动之后，农民工的文化认同一直处于变动不居的状态，这与农业社会安土重迁的地域认同完全不同，可以说正是因为流动，才导致农民工文化认同从封闭到开放、从稳定到剧变。正是在这个过程中，文化震惊、文化类化、文化涵化等阶段才会产生并影响个体的文化认同。笔者访谈农民工时，绝大多数人有过不适应或震惊、类化、涵化的经历，我们以三个案例说明农民工主体经历的文化认同过程。

案例一：文化不适应或震惊的王 JH。王 JH，河南平顶山人，在 W 市某足浴馆做足浴技师，2012 年经初中同学介绍到 W 市学习三个月足浴技术，后在 W 市足浴行业就职。笔者和她聊她的工作和生活、她对 W 市的看法等。

（问：您对这里还习惯吧？）不是特别习惯，这里的气候、风俗习惯和河南完全不一样。河南人吃面，这里人吃米。这里信基督教的人多，河南信天主教的人多。我亲戚中就有几个信天主教的。这里靠海，风俗习惯和我们那里完全不同。这里的人特别精明，很有头脑，很会做生意，总能发现机会。相比之下，我们那里人就不行，太老实，头脑不灵活。我一直想着在这里赚点钱，回河南老家去，这里的民情风俗与我们那里差太远。

（问：那您在这里待了多久了？您喜欢这里吗？）我从 2012 年到这里，到现在已经三年了。说实话，谈不上喜欢不喜欢。平常很少与本地人交往，只是单纯为了赚点钱。我在外面租房子住，房租很贵，水电费都另算。要不是老家没钱赚，我何必到这里来。从内心来说，我还是喜欢河南。这里的人太虚伪，太会算计，交往多是目的很明确的。不像我们那里，人与人之间很实诚，人与人的交往目的性小，比较单纯。不过这里确实比老家发展得快一些，我到这里也学到了很多。但我肯定不会在这里待很久的，这里的生活习惯、风俗与我们那里完全不同，我适应不了，也无法适应。所以我平常和当地人交往很少，到了公司放假的时候，我就约几个老乡一起去逛街，去玩一玩。对这个城市的认识，怎么说呢？说不出什么感觉，这里比老家发达一些，但少了很多人情味。我在这里永远是个外人，没办法和当地人深入交往。①

王 JH 对 W 市的认识是"说不出什么感觉"，这种说法说明她内心并不喜欢 W 市，"比老家发达"所以她才会在这里工作，但她的目的并不是终生就在 W 市，对于王 JH 而言，老家才是她认同的地方，"这里的生活习惯、风俗与老家完全不同，我适应不了，也无法适应"。她目前在 W 市工作，但只把这里当作过渡地而非人生的最终目的地。从这个角度而言，王 JH 只是 W 市的过客。她只想在这里赚点钱，然后就回老家。王 JH 这

————————

① 2015 年 12 月 27 日对 W 市外来农民工的访谈。

种"适应不了，也无法适应"的态度其实是对在 W 市的工作和生活环境不满意，对 W 市的地域文化不认同。

也有部分农民工因为外出时间久了，在流入地工作和生活逐渐稳定下来，他们不愿意再轻易变换工作的地方或更换职业，他们开始逐步和流入地城市的群体交往，并能够理解和欣赏当地的生活方式和文化。此时他们与流入地城市群体的交往还只是粗浅的、表面的，这种情况下他们需要找到自己能够依赖和信任的人或群体，这样他们遇到问题才能得到帮助。而在同一城市工作和生活的老乡，尤其是长期居留在同一城市的老乡，就成为他们了解当地文化习俗、生活习惯，扎根流入地的一种便捷途径。

案例二：李 M，湖北襄阳人，2005 年就到 N 市，到 2014 年已有 9 年。在 N 市先后从事过多个行业的工作，现在 N 市一间连锁茶馆做前台经理。

(问：您怎么会想到 N 市来的？) 我老家在湖北襄阳，地处湖北和河南交界。那里农村教育质量不高，读书又读不出来，但像我爹妈那样一辈子种地我又觉得没前途。初中毕业后，高中我只读了半年就不想读了，想出来见见世面，开开眼界。然后恰好我们村里有老乡在 N 市打工，而且感觉他混得还不错，我就和家里说我出去打工赚钱，家里可能也觉得我读书是浪费，就让我和老乡一起出来了。到了 N 市，开始在一家民营纺织企业做，主要在纺织车间。干了一年觉得钱少又辛苦，还学不到什么实际东西，就不干了，当时给老板的押金也没要回来。后来我又在 4S 店做洗车工，在工厂流水线做配件工，换了很多工作，都觉得不是自己想要的，直到有一个茶馆招聘，我想这里可能客人素质高，工作环境好，就想来试试，结果成功了。这里的人喜欢空闲的时候相约一起喝茶，我就学会了煮茶等一系列的东西，这比工厂轻松多了，而且有空闲时间我还可以学点自己喜欢的东西。

(问：那您觉得您达到了最初的目的了吗？比如赚钱？比如开眼界？) 出来这些年，换过不同的行业和职业，眼界确实开阔了很多。但钱也没有攒下来，一是可能赚的本来就不多，花的地方又太多。二是攒钱干什么？能及时行乐就及时行乐。我平常和朋友一起吃饭、唱歌，有时还出去旅游，书没有读多少，但这些年也跑了一些地方，通过这种方式我也学到了很多书本当中学不到的东西。

（问：您平常都和谁一起玩？在这里朋友多不多？遇到事情找谁帮忙呢？）我平常多和湖北、河南的老乡一起的。因为我们那里刚好是湖北、河南的交界，我湖北话和河南话都会说，因此我在这里朋友还是比较多的，我是跨地域交朋友的。（插问：本地朋友多吗？）本地朋友吗，待了这么多年了，好歹有几个。遇到事情时还是湖北、河南的朋友帮忙多。我参加了两个QQ群，一个是湖北人在N市，一个是河南人在N市，平常我参与他们的活动比较多，两个群里我都有关系比较好的。遇事多向这些关系好的人求助，他们也会帮忙的。这里各方面的条件比老家好，以后如果有机会，我就准备在这里生活了。当然，现在条件还不具备，至少房子还买不起。现在我开始攒钱了，也要为以后打算一下。女朋友？在这里找了一个四川的女朋友，两个人一起打拼不会很孤单，遇事也能相互商量。我们准备过段时间就结婚。

（问：那您的日常交往还是以老乡为主了？）是的，和老乡交往没有太多顾忌，风俗习惯什么的比较一致。和本地人交往，需要注意很多东西，因此直到现在，我交往的本地人也不多，交往的几个本地人，关系也不像跟老乡那样，什么话都说，什么玩笑都开。这里可不行，毕竟文化和生活习惯、风俗什么的都和老家有区别，理解和尊重他们的习俗和习惯。①

李 M 在 N 市的打工生活已经基本稳定，他也适应并居留下来，还在当地交往了一个准备结婚的女朋友，而且他愿意未来留在 N 市工作和生活。但他交往的朋友圈还是以老乡为主，N 市的也有，但多是泛泛之交，在他的朋友圈中不占主要地位。对于 N 市的生活习俗和文化，他也理解并尊重，而非前文的完全不适应。对于李 M 而言，与同乡交往既是惯性，更是方便求助。而与当地人的交往，是李 M 开始逐步接受、认同当地文化和习俗的呈现。

案例三：徐 M，安徽六安人，在 H 市打工生活已经 17 年，现担任某社会公益组织负责人，很少回老家，小孩在 H 市出生和成长，现在已经在读初一。

---

① 2016 年 1 月 2 日对 N 市外来农民工的访谈。

（问：您觉得 H 市怎么样？喜欢这里吗？）最初因为安徽老家穷，就想外出打工赚钱。这里离老家比较近，就选了这里。来了之后基本就没动过，一直在这里，17 年了。在这 17 年中，开始我自己一个人打拼，后来在这里认识了现在的妻子，结婚生子都在这里，工作生活也在这里，因此慢慢就习惯了这里的生活，不太愿意再回老家了。

（问：现在您的本地朋友多吗？）多的，我自己从事公益组织交往的一些本地朋友，通过孩子交往的本地家长等，有很多。当我后来组织了一个农民工的公益组织"××之家"的时候，和当地的媒体、租住的社区干部交流就多了，然而交流是交流，但真正的本地朋友却不多。我愿意和本地人交往，但本地人总感觉他们高我们一等，感觉我们抢了他们的东西一样的。

（问：你现在遇到问题谁会帮忙多一些？）要看遇到的是什么事，我自己能解决的小问题我自己解决。需要朋友帮忙的事情我会找他们。有些事情朋友也解决不了的，我会通过"××之家"的平台，与当地社区交涉，一般也能够解决。但更大的政策层面、法律层面的，无论我还是社区干部，都没有办法解决的。我有事找政府，政府还是愿意帮我解决问题的。因为"××之家"这个平台，能够帮助政府解决许多农民工的一些问题。我通过这个平台，经常为在这里居住的农民工举办各种活动，比如和当地工会、妇联、团委联合，为民工举办"茶艺培训"、民工秋游、民工电脑培训、周末民工联欢、亲子活动、小候鸟夏令营等。这些都是为政府排忧解难的，政府和民工都很欢迎，为民工举办的电脑培训现在已经办到第 23 期了。

（问：您现在还经常回老家吗？）很少回了。小孩在这里出生和成长，他的朋友同学都在这里，我带他回老家去，他反而不是很适应老家，他们这一代和我不一样。我是生在六安，长在六安的。他是生在 H 市，长在 H 市。除了同学家长有时会强调孩子之间的差别之外，他们从外表上看不出来有任何差异。小孩跟着他的 H 市朋友也学会了本地话。我回六安也有点不适应了。老家也没什么亲人了，我已经把家安在这里了。

（问：那您在这里买房了吗？）这里的房价太高了，我的打工工资哪能买得起？房价高带动的租金也高，最早我到这里租房几十元一个月，慢慢涨到几百元一个月，现在我租的那个房子，一千多元一个月。没办法，在这里十九年了，依然买不起房，只能租房，租房的最大问题就是经常要搬家，这十几年间，我都记不清我搬过多少次家了。搬一次家，就要扔一些东西。但又没有办法。这里的整体环境都好，教育、文化氛围什么的，就是房价太高。[1]

　　徐 M 已经在 H 市居留了 17 年，而且是家庭式居留。对于他而言，通过"××之家"的民工公益组织，他已经相当程度地打开了与民工和当地政府、市民交往的局面，可以说徐 M 已经开始逐步融入当地，认可当地的习俗与文化。他的孩子甚至都能够学会当地方言。在笔者调查的其他个案材料中，甚至有农民工将老家的父母接过来与自己在流入地一同居住，这种举家迁移的趋势越来越明显。

　　农民工在流入地城市无论是生活还是其他方面都处于一种嵌入状态，这种嵌入状态影响到他们在地文化认同的形成。尽管在内心深处，他们可能依然会觉得还是故乡好，但这种现象也仅出现于第一代农民工中，对于新生代农民工而言，他们的认同处于一种游移状态。从发生学角度而言，影响农民工在地文化认同形成的既有客观文化和社会因素，也有农民工个体主观经验和认知的问题。在认同形成过程中，不同代际的农民工的文化认同是有差异的。第一代农民工在初次进入城市之后的文化震惊和文化撕裂可能会表现更明显，而在城市出生的第二代、第三代农民工可能回到老家的文化不适应、震惊和文化撕裂表现更为明显。只要有流动，而且在流动过程中的结构性约束没有完全消除，那么上述三个案例呈现的文化认同的三个阶段在农民工群体中都不同程度地存在。从社会学角度出发，结合前文讨论的所有经验材料，我们发现影响农民工在地文化认同的主要因素是外界社会和文化环境，其自身的心理原因当然也是影响因素，但自身的心理反应主要是对外界社会和文化环境的应激。

　　这种社会和文化环境在当代中国主要表现为在全球化背景中和中国成为世界工厂的过程中，新自由主义的意识形态和整个社会以发展主义逻辑为指导形成的资本力量的强势，以经济建设为中心的地方政府出于改革、发展、稳定三者关系的考量而对于农民工发起的针对资本的组织活动和组织力量的防范与消解，这些外在的社会与文化因素影响农民工的城市生活和城市融入过程，也影响农民工在地文化认同的形成。当前，影响农民工

---

[1]　2016 年 3 月 10 日对 H 市外来农民工的访谈。

在地文化认同最为主要的外在社会因素如下。一是现行财税体制下，造成地方政府和城市居民普遍认为农民工在城市中工作生活，他们与流入地城市居民的关系是利益博弈和竞争的关系。这是限制农民工城市融入和在地文化认同形成的外在社会因素之一。^① 二是农民工外出流动，与老家农村各个层面的客观联系在减少和削弱，第一代农民工可能联系还紧密一些，而新生代农民工重新回到农村的主观意愿则不断在降低甚至干脆就不想回到农村。因为从生产和生活方式而言，这一群体已经完全与农村生产和生活方式脱离，但在城市的工作和生活中的农民工身份却又很难让他们获得与市民平等的权利。尽管可能因为各种压力，一些旧的社会区隔会被改革或取消，但在这个思路下，新的社会区隔会继续再生产出来，从而农民工的在地文化认同、作为文化认同形成主体的农民工与作为认同客体的流入地城市居民和群体之间的差异会永远存在，对于要实现现代化的中国社会而言，对于中国的城乡关系和社会结构而言，这一点是值得注意的。

第三节　网络社区文化认同的建构^②

许多学者对网络社区或虚拟社区进行了相应研究并提出了网络社区的特征，包括碎片化、虚拟化、流动性、个体性等。也有许多学者对于农民工群体在城市融入过程中遇到的各种问题包括理论和机制做出了相应研究，比如社会屏蔽机制、社会排斥机制、相对剥夺感等。笔者在前文也提出了网络社区的相应特点，包括网络社区的议题分类及社会影响、农民工在网络社区中的信任机制、信息分享与人际互动等。然而有关农民工群体

---

① 陈映芳：《"农民工"：制度安排与身份认同》，《社会学研究》2005 年第 3 期。

② 2017 年 9 月 7 日国家网信办出台《互联网群组信息服务管理规定》，根据这一规定，"微信群已经开始立法，规范管理。任何发言都要担负法律责任，尤其是群主，所以请群里的伙伴们今年发微信一定要注意：1. 政治敏感话题不发；2. 不信谣不传谣；3. 所谓内部资料不发；4. 涉黄涉毒涉爆等不发；5. 有关港澳台新闻在官方网站未发布前不发；6. 军事资料不发；7. 有关涉及国家机密文件不发；来源不明疑似伪造的黑警小视频不发；8. 其他违反相关法律法规的信息不发。感谢群友配合，保护群主，人人有责"在微信群广为传播。对网络社区包括 QQ 群和微信群管理而言，这是必须的。对于农民工群体而言，他们网络社区的话题少了很多。甚至北京一农民工微信群中开涉恐玩笑"跟我加入 ISIS"者被判刑 9 个月（参见《工人日报》2017 年 9 月 22 日报道：一句玩笑话惹这么大麻烦，真后悔）。这些措施都将对农民工网络社区的文化认同建构产生影响。

在网络社区中的文化认同建构，是新时期农民工网络社区群体意识能否形成的关键，也是本研究绕不开的议题。农民工网络社区的文化认同与农民工现实中在地文化认同、与流出地的文化认同既有差异，也有联系，二者也是互相作用，互相限制，相互形构。对于农民工群体而言，他们对网络社区的认识和在网络社区中的参与，既依赖这一群体本身的受教育水平，同时也与网络信息技术的创新发展有关。课题研究过程中，笔者发现与第一代农民工相比，新生代农民工对网络的认识、使用，包括网络社区的参与和网络应用程度水平更高。尽管如此，我们也不能完全排除第一代农民工参与网络社区的可能性。正如笔者曾经调研的酒店保洁员和建筑工地的工人不仅会使用最先进的社交工具——微信，而且当场添加了笔者的微信号，后续还不停就一些问题通过微信咨询笔者。今天伴随着微博、QQ、微信等网络社区的各种第三方应用已经渗透进社会各个层次、各种水平的所有群体。具体到农民工群体，笔者认为这一群体网络社区认同建构机制主要与以下几个层面因素相关。

第一，农民工在网络社区的人际互动与信息传播是一种虚拟化、数字化的互动与传播。在网络社区中，农民工的人际互动是通过各种文本进行的，比如语言、视频、各种虚拟表情等，即使某个农民工个体发起的话题能够得到其他参与者的回复或响应，然而话题的焦点是根据参与者的兴趣随时转移的，因此农民工在网络社区的人际互动关系并不持久，话题焦点也并不集中，这种互动很难有效、持久、深入。"工业社会就其存在基础和运行根据而言，一定要追求确定性，保持确定性。但网络社会却大不相同，网络社会的主要内容是信息流动，而信息的本质是更新，只有不断更新，信息才能保持自己的活力与价值。如果信息不更新，它就质变为噪声，就失去了存在价值和意义，就会变成令人厌烦的干扰。正是在这个根本意义上，网络社会一定是一个快速变化、不断创新的社会，从工业社会的眼光看，它就是一个充满了不确定性的风险社会。"[1] 笔者讨论的网络社区互动的这些特点，刘少杰教授也注意到了，并从信息流动的角度提出了自己的观点。

除了信息流动，QQ、微博、微信等网络社区中的第三方应用和附加应用也成为网络社区参与者热衷于使用的。比如 QQ 群就有我在线上、离

---

[1] 刘少杰：《网络社会的结构变迁与演化趋势》，中国人民大学出版社，2019，第 19 页。

开、忙碌、请勿打扰、隐身、离线等多种状态，这些状态使社区的参与者
如果不想继续参与某一话题，就可以直接从在线变为隐身或者忙碌或者离
线或者请勿打扰，从而随时中断话题讨论，这与现实生活中的面对面的人
际互动或群际互动不同。现实中的人际互动或群际互动没有这么多状态，
在人与人的互动与交流过程中，话题也不可能随时中断，除非有特殊情
况。而且现实生活中人际交往的方式比较单一，不像网络社区中虚拟辅助
工具和文本如此之多。可以说网络社区的虚拟化、数字化互动真正摆脱了
具体情境对于人际互动的时间和空间限制，从而网络社区中农民工个体的
认同是一种非情境化的认同。这种非情境化的认同带给网络社区参与者的
影响是他们的文化认同不再像以前那样情境与认同相对应，反而是一种脱
离情境的认同。"通过十分活跃的网上活动，网民们接受了大量信息，这
些信息不断地刺激和更新着他们的感受与体验。经验是身体的经历过程和
心理的体验过程的统一。"①

> 在 QQ 上我如果不愿意说话，我就隐身或干脆不搭理他，即使他
> 留言也不回复。我可以很方便地与我想交往的人交往，我单独点击他
> 的头像，加他好友，就可以直接联系他。对于群里大家讨论的话题，
> 我感兴趣了，就主动参与下，不感兴趣或话不投机了，就不参与或者
> 干脆在旁围观，甚至觉得烦了，还可以直接关闭信息弹出。与陌生人
> 如果聊得好了，就有可能下次继续聊，慢慢地就变成朋友了。哪怕是
> 老乡之间的交往，我不了解你，我也不可能经过一次交往，就信任
> 你，只有 QQ 上聊得来，然后线下经常见见面，才有可能成为好
> 朋友。②

卡斯特尝试过用流动空间与无时间之时间解释网络社会在空间与时间
结构上的变化。这种脱离了情境的认同正是卡斯特描述的网络空间时空抽
离的结果。笔者参与的农民工网络社区中，参与者即使是同一工厂的，他
们在网络社区中聊天的话题也仅限于工厂内部的一些涉及个体的具体事
务，比如工厂什么时候放假、什么时候发工资、家庭如何、小孩如何、工

---

① 刘少杰：《网络社会的结构变迁与演化趋势》，中国人民大学出版社，2019，第 18 页。
② 2016 年 4 月 10 日对 H 市"草根之家"外来农民工的访谈。

厂效益如何等话题，很少涉及社会公共话题或者公开谈论对工厂的不满、对工作的消极态度等。甚至笔者参与的好几个网络社区连续几天没有人发言——这可能是因为大家打工事情比较多，但也有可能是在网络社区这种虚拟的环境中没有什么话题能够引起所有人的共鸣，大家干脆都充当了沉默的大多数，这是农民工网络社区文化认同建构机制的第一个层面。

第二，农民工网络社区的互动更大程度上是一种个体化互动。"就个人的生活世界与意义世界而言，缺场交往所发生的重大影响之一是网民在其中形成了全新的人生体验与感受。在网络社会中，网民通过参与其中，既能传递信息、分享知识，又能得到他人认同，进而在网络社会中进行自我重构，实现对现实社会角色的替代性超越。"①

> 对于我而言，网络尤其是 QQ 和微信能够给我提供一个新的空间，无论是交朋友呀，获取就业、购物等方面信息呀，甚至在网络中，我才能找到一些现实中没有的平等的东西，在网络中我也经常参与一些游戏，扮演一些角色。让自己的人生体验更丰富一些。当然，网络社区中我也和所有人聊天互动，但和一些能聊得来、投缘的朋友聊得最多，互动最频繁。②

笔者将上述新生代农民工参与网络社区的原因归结如下：一是他们期望能够从网络社区中获得一些情感支持；二是能够获取网络社区中相应的信息和资源；三是在网络社区中的角色扮演和自我实现；四是拓展一种不同于现实生活的空间，构建一种不同于现实的新的社会网络。这四种参与动机无论哪一种，背后都是个体根据自身的兴趣爱好选择参与的结果，而非组织化的结果。笔者也曾经参加一些以组织名义建立的 QQ 群组和微信群组，结果这些网络社区基本呈现"僵尸群"状态，群里根本无人发言，也无人互动，基本的互动沟通都没有。网络社区中的文本、视频、图像等完全是农民工个体依据自身喜好进行选择，不必再像面对传统媒体那样被动接受。农民工在网络社区的信息选择、情感交往、角

---

① 刘少杰：《网络社会的结构变迁与演化趋势》，中国人民大学出版社，2019，第99页。
② 2015 年 7 月 17 日对 N 市外来农民工的访谈。

色扮演、生活空间拓展无一不体现出他们的主体性。网络社区的非线性传播方式与参与者的个体化、个性化选择是分不开的。农民工参与网络社区也一样。

笔者曾经参与一个务工论坛讨论,在其中和论坛的朋友讨论过一些具体事务,比如对马克思和《资本论》的看法,大家议论纷纷,各种意见都有,笔者试图把农民工参与讨论者的立场综合一下,却很难做到。总体而言,网络社区是一种个体化的技术社区,而农民工个体在网络社区中的活动,不仅凸显了网络去中心化、个性化色彩,同时也影响农民工网络社区参与的个体化进程。因此,才会有学者从网络参与者身份的多元化、地位的民主化、权力的分散化角度得出社交网络改变世界的结论。确实如此,网络社区的出现,至少在一定程度上改变了农民工群体的认同,现实中他们无法获得的,他们希望能够在网络社区中至少虚拟地获得。网络社区的这种"虚拟村落"形成的认同源于现实,但又无法改变现实,反而加深农民工群体对于现实的失落和失望,对于现实的失落和失望又反过来推动他们沉浸在网络社区的虚拟平等世界当中不能自拔。这也是网络固有的个体性技术手段带给农民工群体参与者的虚拟和现实方面的影响,而这种虚拟与现实关系的循环往复直接影响了这些参与者对网络社区的文化认同。

第三,农民工网络社区参与的非预料结果是虚拟与现实的交织,影响农民工形成稳定的认同。农民工参与网络社区动机在于获取城市不能给予的情感支持并且寻求相应的信息和资源、角色扮演、构建新的关系网络,非预料的结果却是造成了一种虚拟与现实的交织的状况,这种状况对于农民工网络社区的认同既可能产生假做真时真亦假的情况,也导致农民工自身的文化认同成为一种流动性认同。假做真时真亦假的情况我们先暂且不论,我们先讨论农民工群体的流动性的认同。这种流动性认同在降低了农民工对流出地曾经稳固的文化认同的同时,催生了这一群体的变动不居的文化认同。网络社区参与者的变动性,信息传播的去中心化、碎片化影响农民工群体的观念。他们与流出地之间的关联开始慢慢弱化,但在地文化认同他们又囿于各种原因无法持续建构。安土重迁时期,农民工是以地方感和地方文化为基础构建文化认同的,农业文明承认并强化这种地域文化认同,第一代农民工群体将乡村作为自身归宿本身就是这种文化认同塑造的结果。然而新生代农民工群体的地方感和地域文化基础被大大削弱。他们对于祖籍地以农业文明为基础的地域文化认知感受不深，对流入地的以工业文明为主的文化却有着深刻的向往。媒体对于当前农村现实的报道能够证明当前农村年轻人的心态。"'70 后'不愿种地。'80 后'不会种地。'90 后'不提种地。"① 这些不愿种地、不会种地、不提种地的农民工丧失了对祖籍地以农业为主的地域文化认同，但流动和网络也未能让他们产生新的稳固的在地文化认同，这一群体当前只留下符号化、标签化的地域外壳，却无实质意义。以笔者参与的 QQ 群陕西人 H 市群为例，这个 QQ 群以来 H 市打工的陕西人居多，但很少组织实际活动。经常聊天的就那么几个人，偶尔群里会发一些招工信息。笔者曾经私下和群里一些人聊过，发现他们处于一种"进不去城，回不去乡"的实际状态，这种状态也是他们认同状态的写照，他们在流出地与流入地之间很难形成稳固的文化认同，或者说他们的文化认同是一种"双栖式认同"。这种"双栖式认同"在网络社区中也表现得很明显。QQ 群中经常有人说老家好，也有人说 H 市好，然而最终却没有任何定论。

农民工网络社区认同的假做真时真亦假的情况更是一种"虚拟认同"。尽管网络社区的结构是开放的，边界是模糊的，农民工可以加入多个网络社区并在不同社区中获得不同满足。农民工通过加入不同的网络社区拓展自己的社交网络，从而获得各种归属和社会资本。然而，笔者的田野调查发现，尽管农民工可以选择多个网络社区参与，但他们所处的关系网络基本是平面化的，亚文化环境也基本类似，他们无法突破现有社会结构带给他们的影响。笔者参与的两个微信群，其中一个起初由户籍在 S 省人的组成，后来这个微信群介绍了一些 S 省人加入，这些新成员加入之后这个群就成为"僵尸群"，笔者一直很纳闷，直到笔者和群里另外一个重要成员在一个偶然场合聊起这件事，他告诉我那个群他们已经不参与其中活动了，因为群乱了、人杂了，他们重新组了另一个群。后来，笔者了解到新加入那个群的成员确实有许多是由 S 省来 H 市打工的人。经过这一体验，我们发现即使在网络社区，群体的分层与分化也很明显。即使是同一地域出来的 S 省人，他们又都在 H 市，但他们也无法形成一致认同。他们只是保持着"S 省人"的虚拟身份，此其一。其二，网络的去中心化

---

① 光明网：《告诉你一个真实的农村："80 后不会种地"，"90 后不提种地"》，http://news.gmw. cn/2016－05/30/content_ 20329859. htm。

等特征带给流动的农民工一种虚幻的意识，比如网络社区中他们可以和所有人包括当地居民平等相处，网络社区能够让他们顺利地发出自己的声音，等等。这种虚幻意识让这一群体能够产生一种他乡即故乡，甚至他乡比故乡还要好的"虚拟归属感"，但一旦他们离开网络，网络社区带给他们的种种"虚拟归宿""虚拟村落"又被现实世界的结构规定性打破，他们始终游离在"现实"与"虚拟"之间，从而产生假做真时真亦假的认知和为人处事方式。从这个角度而言，网络社区的结群和团结是通过虚拟方式进行的。这一点，清华大学社会学系和中国传化公益研究院在研究卡车司机群体的认同时也注意到："卡车司机普遍使用智能手机和互联网。智能手机和互联网为卡车司机提供了各种不可少的功能性服务。找货、导航、呼叫救援为卡车司机提供了劳动过程的协助；朋友互动、消磨时间和联系亲人则贯穿于卡车司机的日常生活之中。……车间生产线上的工人、建筑业和矿业工人、服务业的从业人员无不广泛使用智能手机，但这里强调的是由于卡车司机对智能手机和互联网的尝试依赖而形成的特有的团结形态——虚拟团结……"[1]

第四，参与网络社区的农民工具有双重性质，既是网络参与的主体又是网络参与的客体。这种主客体之间的转换形成某种主客体间性，影响到这一群体网络社区认同的形成。借助网络社区的"虚拟性""开放性""主体性"等特征，农民工能够在网络社区中以平等的姿态参与网络社区的互动，建构一种新的社会关系和社会网络，从而网络社区的文化认同具有形塑的主体性和塑造的客体性，也就是网络社区的文化认同建构过程中，参与者既是主体也是客体。正如笔者的一位访谈对象所说："在 QQ 或微信中，我不用担心自己被查暂住证，不用担心被歧视、被排斥，我和别人拥有同等的权利，我能够按照自己的兴趣和爱好做一些事情。我在 QQ 或微信中的发言能够得到别人的呼应，同时别人的发言我也会呼应。我的一些对事物的看法别人会接受，别人对一些事物的看法也会影响我。"[2] 众所周知，作为虚拟空间的网络与现实社会不同，在这个空间里，个体可以通过技术手段隐瞒部分甚至全部在现实世界的真实身份，自由选

---

[1]　传化公益慈善研究院中国卡车司机调研课题组：《中国卡车司机调查报告 No.1》，社会科学文献出版社，2018，第 157~158 页。

[2]　2016 年 5 月 1 日对 W 市外来农民工的访谈。

择与他人的交往方式、交往目标，呈现给他人的面貌，其至通过网络社区的交往塑造一个与现实社会中不同的形象。这种塑造没有边界，不受真实世界的限制，而且作为一种现代性的后果，网络的全球性特征使得任何一个个体参与者或群体参与者都无法完全控制网络，由此网络社区的农民工既是参与者，也是组织者；既是传播者，也是受众；既是形塑文化认同的主体，也是被文化认同塑造的客体。在农民工利用网络社区获取信息的过程中，所有参与者存在无限种可能，既能依照自身意愿与其他参与者交流，获取信息，也能利用网络扩展自身社会资本，让自己的交往空间无限延展。这种无限延展的交往空间与按照自身意愿与其他参与者交流、获取各方面信息的过程是经由与其他参与者互动而获得的，只有在网络社区中长期地沉浸并稳定地与其他参与者交流与互动，农民工才能在网络社区中获得其他参与者的承认和认同，并以这种网络认同与其他参与者建立某种休戚与共感。在这个过程中，参与者就既是认同的塑造主体，也是认同的塑造客体。就像笔者参与的不同的外来务工人员QQ群，最初的身份或者代号可以变化，时间久了之后，只能以固定的身份与其他参与者互动，此后笔者的所有活动，其他QQ群参与者一直会以这个固定身份来评价笔者，笔者也会不由自主以这个固定身份发表一些言论，从而影响其他参与者。

第五，农民工网络社区的文化认同既与实际生活有某种程度的割裂，也有某种程度的统一，这是农民工建构网络社区文化认同的二重性。农民工群体作为网络社区文化认同建构的主体和客体，既可以在网络社区这个前台扮演其他参与者期待的角色，又能够塑造网络角色隐藏现实生活中的自己。农民工建构网络社区文化认同过程中，与现实生活的认同出现某种割裂性。也就是说，网络社区和现实生活与戈夫曼论及的前台和后台类似，网络社区相当于前台，现实生活相当于后台。前台人们可以塑造一个有别于生活世界的文化认同，但这个文化认同的塑造过程却无法脱离现实生活，无法完全抹去现实生活的痕迹。"我可以在网络世界中与其他人聊天聊得很好，打游戏也可以角色扮演得很好，甚至在网络世界中我还有自己的老婆，我扮演老公的角色很称职。网络世界中我赚钱能力很强，但一回到现实生活，我就很痛苦，我赚不到多少钱，不够自己花，也交不到女朋友，换了好几份工作，我发现都一样，永远摆脱不了打工的角色。我不甘心，但现实又特别无奈。"① 农民工参与网络社区，只是借助某种文本或视频实现了部分人格，他们通过网络技术的掩饰和联结，能够暂时脱离现实生活，进入另外一个意义世界中，打造一个新的生活空间，在这个空间中与他人交流互动，借以摆脱现实生活中自身的认同困境。然而，一旦他们脱离网络，回到现实生活中，他们又不得不重新面对认同的困境。这与现实生活的文化认同形成与建构完全不同，至少现实生活的文化认同不会存在这种既割裂又联系的状况。

第四节　网络社区认同与群体意识

美国学者裴宜理研究过中国的工人政治，他注意到以前上海工人的同乡身份与工作机会之间的密切关系，并通过这种关系证明了移民工人的结群依赖于这些人的地理源流。裴宜理用上海工人罢工的经验材料证明了"来自相同地区的移民和相同行业中的同性，构成了集体行动的潜在基础。……地缘政治是一柄双刃剑，既为集体行动的发展提供了机会，又是一种人为的壁垒。……地理源流将来自同一地区的人们汇聚到同一行业的事实表明，地缘关系和产业关系往往是交相为用的"②。历史上，中国的无产阶级就与农民有着天然的联系，历史的车轮走到了今天，这种血缘、地缘在流动过程中的重要性依然未能减少。笔者在研究当代中国农民工网络社区的文化认同时，发现农民工无论在实际生活中还是网络社区的集聚中，血缘、地缘依然是他们的重要标准。而且地缘又与农民工在城市的就业结构、网络社区的集聚程度是相互作用的。笔者研究的 Z 市出租车行业就是如此，大量的 H 省的农民工集聚在 Z 市的出租车行业中，笔者和他们交流时，发现基本是地缘标准。他们到 Z 市完全依靠血缘、地缘为纽带，这也与笔者前文讨论的农民工流动的先遣式就业、链式就业的模式完全一致。

从农民工开始流动至今，只有极少数流出地政府以组织化的方式组织

---

① 2016 年 6 月 4 日对 H 市外来农民工的访谈。
② 裴宜理：《上海罢工》，刘平译，江苏人民出版社，2012，第 31～33 页。

农民工流动到国内某个城市打工，这也包括流出地政府与某个企业具体对接，每年固定输送部分农民工到特定企业，这种企业一般又都是全球资本兴办的劳动密集型企业。绝大部分的农民工流动是依靠先天的血缘、地缘等个体关系获取工作信息，包括工作途径、工作内容、工作方式、薪酬待遇等。甚至部分农民工凭个体关系进入城市，发现之前的就业和招工信息已经因为各种原因过期，短期内成为一个无业者，只能就地等待新的就业和招工信息。此时，这些无业的农民工只有依靠其他打工的亲友接济。笔者在调研时，经常遇到外出流动的农民工处于这种境况。因此，对于农民工的流动而言，无论是就业和招工信息的提供也好，还是在城市当中合法权益的保护也好，都需要某种程度的组织化。

然而对于流入地政府而言，农民工的组织化会带来管理上的一些问题，由此所有流入地政府对于农民工组织化都采取一种管控思维，农民工的组织化实际上受到各种限定；尽管原劳动和社会保障部颁布过《工资集体协商试行办法》，但现实中因为资本和农民工的地位和力量并不对等，工资集体协商规定的落实受到影响。近年来，为了维持社会稳定，消除劳资矛盾引发的社会隐患，中央政府相继出台各种政策，相关的法律法规也不断完善，但实践操作与制度文本规定之间存在着一定差距。

社会中有众多的以关怀、关爱农民工为主题的农民工非政府组织（NGO），即各种草根组织，这种草根组织为农民工群体意识的形成提供了新的组织载体和社会空间。[①] 然而，农民工的草根社会组织在现实运作中遇到人、财、物等一系列困境。比如农民工 NGO 大部分是通过工商注册的，提供的服务包括法律咨询、针对农民工的各种培训、代理农民工起草文书、提供农民工休闲娱乐、假期帮助农民工照看小孩等。笔者课题组成员中的李×也是"××之家"的负责人之一，他这样告诉笔者："我们这个'××之家'主要放在 Z 市的这个 HWY 城中村，是考虑这里打工者聚集程度高，我们注册时只能以工商方式注册，无法找到业务主管单位。工商注册就需要注册资本金。我们的注册资本金是东拼西凑出来的。我们能提供的是法律咨询、诉讼代理、文化活动、图书服务、业务培训等。我

---

① 有学者注意到了农民工结群方式从老乡会到农民工 NGO 的变化及这种变化背后体现的农民工结群及力量展示的不同载体。"以地缘为纽带的维权"的出现，充分表明农民工组织起来的愿望。参见江立华、胡杰成《"地缘维权"组织与农民工的权益保障》，《文史哲》2007 年第 1 期。

们的这个场地是向街道租的。我们的活动是在法律规定范围内，努力为工友提供一些力所能及的帮助。"① 作为负责人的李×透露出农民工 NGO 的生存困难，比如缺乏合法性身份，没有日常运行费用，对工友服务内容单一。鉴于"××之家"在工友中的巨大影响力，政府通过给"××之家"创办人一个 H 市总工会下属的事业身份，将这一发端于草根的农民工社会组织吸纳到体制内，这一组织的创办人也具有了体制内的身份，但政府并没有给这一组织的其他协办人编制和身份。无奈之下，这个农民工公益组织的绝大部分人包括李×离开了"××之家"。李×及"××之家"农民工 NGO 的现实遭遇，充分说明了农民工对组织化有着强烈的渴望——他们知道，单凭自身的力量是无法与资本博弈的。但无论是农民工自发组织的 NGO，还是其他形式的农民工维权组织，都根本无法突破现有的人、财、物方面的制约，从而也就无法有效实现组织、动员农民工的目标，无法有效促成农民工的团结，更无法有效激发农民工的群体意识。尽管如此，很多农民工依然愿意信任并靠近这些组织，并且对这些草根组织在某种程度上形成了依赖。近年来，全国各地出现许多冠以"××之家"的草根型农民工组织。

现实中，农民工群体因为各种约束无法形成组织化的力量和群体意识，在网络社区中农民工想要通过参与形成认同，并通过这种认同实现组织化的可能不是没有，但因为受到现实因素的约束和网络特性的影响，其可能性反而更低。从前文笔者讨论的农民工网络社区的活动考察，农民工是无法利用网络社区形成有效的在地文化认同或者群体认同的，因为当前农民工能够参与的各种网络也依然是按照趣缘、血缘、地缘、业缘建立起来的，这种结群途径在农民工群体当中依然占据主导地位。借此形成的网络社区，其参与活动首先考虑的不是群体的利益和群体的意识。这无形中阻碍了农民工形成有效的群体意识和阶级意识，裴宜理正是从这个角度切入讨论过上海工人之间因为从事行业和职业不同而产生的分化。裴宜理讨论的这种分化，在当代农民工群体当中依然存在。笔者接触的一些从事技术行业和工种的农民工，与那些从事没有技术含量行业、依靠出卖体力的农民工之间，现实中无论工资薪酬、为人处事、往来交友还是自我认同，差异都很大。尽管他们在城市居民看来都是外出打工的农民工，但由内部分化引发

---

① 2015 年 5 月 3 日对 H 市"草根之家"负责人的访谈。

的异质性反而比其同质性更大。前文讨论过笔者田野调查参与的 QQ 群和微信群,这个群由"一些自认为有技术、有水平"的外来农民工组成。他们都是通过朋友相互介绍扫码入群的,因此这个群的边界还是比较清晰的。然而,由于各种原因,这个群在加入了一些"据认为是没有什么技术水平"的农民工老乡之后,群里的其他人就开始逐渐不说话、不活动,直至这个群成为"僵尸群"。这还只是因为从事行业和职业不同而出现的农民工群体的内部异质性。如果再加上地域差异,那么不同省份的农民工,无论是在现实中还是网络社区中,他们对同一事物的认知和文化认同、群体意识也有差异,可以想象其异质性可能更加强。群体内部分化引发的异质性也在很大程度上阻碍了农民工群体在网络社区形成群体意识。

除了趣缘、业缘和地域差异之外,网络社区自身的一些特征也引发了农民工群体的分化,这种分化也消解了农民工整体的文化认同和群体意识。网络社区作为一种现代性的表征,不同代际的人群对于网络的认知和使用是完全不同的。

笔者访谈的第二代、第三代农民工都呈现显著的网络沉迷状态,一位90 后农民工这样说:"我经常在朋友圈给我的朋友点赞、评论,有特殊日子还给他们发红包,过生日时还会送一些虚拟的电子礼物等。当然,我的朋友们对我也会这样做。我习惯性地过几分钟要看一下微信,以前是 QQ。我是经常刷朋友圈的,生怕漏掉朋友之间的一些信息和动态。"[1] 在这个过程中,青年一代的农民工明显呈现社交满足、信息满足、娱乐满足的状态。沉迷网络的青年农民工,有强迫刷微信或 QQ 的习惯,他们短暂又重复性地通过手机获得信息更新,他们怕被朋友圈排斥在外,担心自己不被关注。"对现代人而言,社会网络中的熟人关系越多,普通关系越多,关系熟悉程度越高,他们的各类孤独感往往越低。"[2] 正是网络这种虚拟的满足阻止青年一代的农民工参与维权行动,他们从成本收益角度出发考虑问题,对农民工维权的集体行动从内心并不很认同。而农民工群体中的70 后和 80 后,这一群体的微信使用比较普遍。笔者问及一名 80 后农民工,他如此描述微信:"微信好用,方便、功能简单、空间又私密,我和

---

① 2015 年 8 月 21 日对 H 市外来农民工的访谈。
② 傅正科、严梦思:《网络化个人主义在中国的崛起》,浙江大学出版社,2019,第 146 页。

对方点对点说的话，别人不会知道。"① 笔者前文也讨论过微信和微博的区别，微信确实有他所描述的这种特点。处于中年阶段的 70 后和 80 后农民工，他们喜欢在微信群里"晒"自己的一些信息，比如美食、旅游、朋友聚会等。他们试图在朋友圈呈现自己丰富的、有意义的生活。同时，他们也很在意自己的隐私保护。70 后和 80 后农民工的这种网络社区使用习惯，也阻止了他们和 90 后农民工一起，共同形成一致的网络社区认同和群体意识。

在调查过程中，所有农民工都很反感笔者和其他调查者称呼他们"打工者"，更愿意被称呼名字。这一群体已经意识到"打工者"这一名词可能包含的歧视和贬义，他们期望通过自身努力达到更高的社会阶层。"大家都在打工，凭什么单纯称呼我们是打工的？我是给老板打工的，打工的对象不同而已。我凭自己的劳动吃饭，又没偷又没抢。"② 这个农民工的一番话让笔者对农民工群体有了新的认识，从某种角度而言，这一群体在市场的背景下已经开始萌生一定程度的群体意识，但当我问及群体意识时，他们又为现实所困惑：

> 打工的理应都是一家人，因为大家所处境遇相同，都远离家乡和亲人，都在打工地受到一些排斥，但现实大家却都没有这个意识。日常生活，大家各自干各自的，都是自己单干，遇到一些权益受损的事情，也是自己单独和老板较劲，顶多就是经常交往的一些老乡、朋友帮忙出出主意，和老板理论理论，大部分人如果事情不大，基本都息事宁人了。打工者中间也有能混出头的，我身边就有一个老乡，他在这个城市慢慢熬出头了，当时他组建了一个装修工程队，把一些老乡拉进来一起干。后来他发了。当初我和他能称兄道弟，现在他混出了头，做了小老板，我再和他称兄道弟就比较难，你说打工的是一家人吗？我看不是。③

这位农民工的一番话，说出了困扰这一群体的一些问题。首先，农民

---

① 2015 年 8 月 28 日对 H 市外来农民工的访谈。
② 2016 年 1 月 3 日对 H 市外来农民工的访谈。
③ 2016 年 4 月 23 日对 H 市"草根之家"工友的访谈。

工受到当前结构性的约束，他们日常生活和工作中都是各干各的，尽管面临的境遇类似，但这一群体中的个体从来没有想过如何组织起来的问题。其次，遇到权益受损的情况，如果问题不大，宁愿息事宁人；如果问题很大，按照这位农民工的说法"顶多就是一些老乡、朋友帮忙出出主意，和老板理论理论"。再次，农民工群体内部的分化，也约束了他们群体意识和认同的产生。确实，对于有着生计压力的农民工而言，他们很难有空闲有精力思考个体的命运及群体的未来走向问题。对于这一群体中的大部分人而言，踏实干活，拿到工资，解决家庭面临的问题才是最为实在的。而即使这么微小的要求，对于一部分农民工而言都是奢望。

英国学者汤普森讨论过："当一批人从共同的经历中得出结论（不管这种经历是从前辈那里得来还是亲身体验），感到并明确说出他们之间有共同利益，他们的利益与其他人不同（而且经常对立）时，阶级就产生了。"[1] 就这个角度而言，群体是否存在共同利益成为判断群体或阶级产生与否的重要标志。笔者对于农民工网络社区的文化认同的研究可以发现，农民工对自身的利益比较关注，他们能够以直观的体验认识到权益受损的根源，同时对政府的一些宣传和政策又持有一定的乐观期待，期望政府能够出面保护他们的利益。这也与传统中老百姓对官员的期望一致，也与政府在一些情况下出面对这一群体中的部分进行安抚有关。尽管安抚的是群体中的一部分，然而对于宁愿息事宁人的农民工而言，他们哪怕是有一丝希望，也不愿意放弃。这一群体最大的问题在于他们根本没有意识到中央的政策和地方的执行会出现差异。其次，在发展主义的主流话语体系中，一些学者、城市居民甚至政府官员认为社会向前发展总要牺牲一部分人的利益，当前农民工确实做出了贡献。一些基层官员没有意识到，农民工作为弱者，"闹"是这一群体成本最低、对抗资本、维护权益的武器。

第三，农民工群体本身对于其创造的价值和剩余价值认识也是模糊的，但他们对于自己在城市生活中的个体遭遇和困境却有着深刻的认知。从这个角度而言，农民工当前的总体利益和群体意识还都处于分散化、个体化阶段，即使网络社区提供给这一群体一种交流、互动、产生群体认同和群体意识的平台，然而由于趣缘分割、结构性约束、年龄差异、网络特性、国家政策规定等各方面的原因，现阶段农民工并未将分散化的利益转

---

① E. P. 汤普森：《英国工人阶级的形成》，钱乘旦译，译林出版社，2001，第1～2页。

变为整体的利益，将个体化的认同和意识上升到群体认同和群体意识的层次。即使有个别农民工受到了一定的启蒙，意识到自身权益受损的根源，但从个体角度而言，他们无法也无力突破当前发展主义背景下劳资博弈的体制框架。农民工告诉笔者，在城市生活的过程中，一旦遇到各种权益受损的事，实在不行了就回老家务农种地，尽管事实上农民工已经很难再回到家乡务农。农民工要么"用脚投票"，离开工厂或者离开城市，继续漂泊生涯，要么就在网络社区中找老乡诉说，发泄一下情绪。部分农民工也曾向笔者诉说对工会的不满：

> 参加地方的工会？开始我参加了，每年会费要缴一笔钱给他们，尽管这笔钱不多，但是他们在维护我们农民工利益方面没做多少事。当我希望有人出面替我说话时，工会做不到。后来，他们再找我缴会费，我干脆直接告诉他们，我不参加工会了。他们唯一做的就是逢年过节，给我们发点毛巾、肥皂、降暑品等，也都是很差的东西。什么时候如果允许我们自己成立一个维护利益的组织，可能还会真的起点作用。但我看也难，现在身边很多工友整天自己内部都闹矛盾，指望他们组织起来，可能性有，但估计还没组织起来，老板就先把他们收买、分化瓦解了。[①]

正如这位农民工所说，工会不能较好承担起劳动者代言人和劳资关系的调停者的双重角色，导致农民工对其不信任。而农民工囿于自身群体意识和共通的利益基础还未完全形成，因此无法组织起来维护自身权益。由此我们能够看到农民工参与网络社区、利用网络社区也只是个体按照地缘的原则，通过网络社区搭建一个异乡交往和互动平台。然而，这种异乡交往和互动平台，因为交往原则依然具有特殊性，在这种特殊性原则基础上无法形成真正的群体意识，农民工网络社区的活动依然呈现一种个体意识和个体利益倾向，从这个角度来看，农民工群体通过网络社区活动并形成群体共通利益，并在此基础上形成群体意识至少现阶段还无法实现，这一结论也能够通过近些年中国社会出现的网络抗争运动间接得出。

---

① 2015 年 8 月 8 日对 W 市农民工的访谈。

在《中国卡车司机调查报告 No.1》中，课题组注意到中国的近 3000 万名卡车司机也在利用微信群进行信息沟通和互动，并形成某种程度的"虚拟团结"。这种"虚拟团结"与卡车司机具有的流动性特征有很大关联。然而课题组对于卡车司机的线上线下互动并未着墨太多，仅表示这是下一阶段研究目标。现阶段，卡车司机群体在网络社区的活动仅是发发牢骚、找货、导航、寻求互助等，同时也利用网络社区的游戏等联系亲人和消磨时间。[①] 从课题组的研究考察，近 3000 万名卡车司机在网络社区的群体意识也远未形成，其在网络社区中的"虚拟团结"还无法转化成现实中的群体意识和群体团结，更无法转化成群体的集体行动。

第五节　网络社区认同的数据及分析

一、网络意识与认同形成的相关假设

在调查过程中，课题组认为农民工的性别、受教育状况、父母的教育水平、打工前从事职业、在当地生活水平等因素是影响农民工网络意识与认同的主要原因。因此，课题组在问卷设计时做出如下的假设。

假设 1：男性农民工参与网络活动的概率大于女性农民工。

近年来，尽管网络在中国社会的普及率迅速提升，但从常识出发，农民工群体长时间上网无论从时间成本还是金钱成本考虑，依然是一件奢侈的事情。在这一群体当中，从常识角度出发，男性农民工网络参与程度又会比女性高，从而男性农民工网络意识与认同的程度也高于女性。

假设 2：农民工自身受教育水平影响其网络参与水平。

网络参与本身就需要一定的文化水平，受教育程度越高，对于网络的认知和参与程度也越高，农民工群体也不例外。从这个角度而言，作为现代性表征的网络社区及其相应的第三方应用的日益增多，既对网络参与者

---

① 传化公益慈善研究院"中国卡车司机调研课题组"：《中国卡车司机调查报告 No.1》，社会科学文献出版社，2018，第 149~157 页。

的教育水平提出了很高要求，同时也促进了其网络意识的滋生。就这一角度而言，学界讨论的数字鸿沟在当代中国社会已经明显出现。

假设3：农民工外出务工之前的职业影响其网络参与水平。

这一假设是想测量农民工外出务工之前的经历对其网络参与的影响。问卷设计了农民工外出务工之前的职业，包括读书、务农、经商、打零工、其他等，这些选项对于农民工网络参与都有可能产生显著影响。笔者通过与农民工的接触发现，外出务工之前的职业对其网络参与或多或少存在影响，但影响的程度却有不同。

假设4：农民工到流入地打工的原因影响其网络参与水平。

很显然，作为随迁家属的农民工和投靠亲友的农民工，其网络参与的情况是大为不同的。因此，这一假设试图量度农民工外出务工原因与网络参与的关系。

假设5：在流入地的生活水平影响农民工的网络参与。

这是一种主观量度方式，对于农民工而言，使用网络毕竟需要付费，而农民工在流入地的生活水平无疑会影响其网络参与程度。

二、数据、测量和方法

1. 数据

为了深入了解农民工群体网络社区参与及网络社区认同和群体意识形成的相关情况，笔者在人口流出地和流入地进行了小规模的问卷调查，以期通过问卷的数据分析农民工群体网络社区的认同和意识形成。国内现有的大型数据库比如中国人民大学中国综合社会调查（CGSS）数据库、北京大学中国社会科学调查中心的中国家庭动态跟踪调查（CFPS）等并不专门调查农民工群体的网络认同和意识，对于他们已有的调查数据，课题无法直接利用。因此，笔者只能利用有限的资金，在全国范围内选取河南、云南、湖南、广西4个农民工外出比、流动比较高的省份和广东东莞、浙江温州两个农民工流入比较密集的城市进行小规模的农民工网络社区认同和意识形成的问卷调查。流出省份的调查是委托当地政府和朋友在村庄中寻找短暂回乡的外出农民工对象进行的，流入地城市的调查对象包括各个行业、各个年龄段的务工人员。按照课题申请书的设计，问卷一共发出600份，问卷回收之后经过核验，废卷42份，有效问卷558份。经过对这 558 份问卷的分析，得到农民工群体网络社区认同和意识形成的相关数据。这些数据及其分析结论并不能像前述几个全国大型数据库那样具有权威性和代表性，只是笔者根据自己的研究问题设计和调查所得到的一些基本判断。

2. 测量

因变量分别为您使用的网络功能哪一项位列第一；如果经常浏览新闻，关注哪类信息；QQ/微信中，哪类人是首选的聊天对象；您的 QQ/微信好友中，有无本地人；QQ/微信聊天中，与老乡喜欢聊哪方面内容；QQ/微信群里的热点内容，会与其他人聊起来吗；如果让您选择，您首选信任 QQ/微信里哪些人；如果换了工作，还会与 QQ/微信群里的前同事联系吗；自变量包括性别、婚姻状况、受教育状况、进厂前从事工作、在当地的生活水平、来当地打工的原因等。

要加以说明的是，因为笔者问卷设计中自变量和因变量都是定类变量，没有涉及定序或定比的变量，因此分析过程中，回归模型无法精准测量，只能通过相关系数揭示自变量与因变量之间的发展趋势。

3. 方法

笔者使用 SPSS 数据分析软件，对自变量与因变量之间的相关性用皮尔逊相关系数做了测量，以验证前述假设。

三、相关分析结果

1. 农民工使用网络功能的影响因素

表 4 - 1　农民工使用网络功能的相关分析

相关性[a]								
		使用网络功能	性别	婚姻状况	受教育状况	进厂前从事职业	在当地生活水平	来当地的主要原因
皮尔逊相关系数		1.000	0.226	-0.071	-0.064	0.046[**]	0.032[**]	0.028[**]
	性别	0.226	1.000	0.108	0.045[*]	-0.047	-0.038	0.104
	婚姻状况	-0.071	0.108	1.000	-0.139	0.001[***]	-0.151	-0.193

续表

		使用网络功能	性别	婚姻状况	受教育状况	进厂前从事职业	在当地生活水平	来当地的主要原因
							相关性ª	
皮尔逊相关系数	受教育程度	0.064	0.144	0.000	0	-0.285	-0.181	-0.036
	进厂前从事职业	0.046**	-0.047	0.001***	-0.285	1.000	0.167	0.103
	在当地生活水平	0.224	0.188	0.000	0.000	0.167	1.000	0.134
	来当地的主要原因	0.000	0.007*	0.000	0.198	0.103	0.134	1.000

* $p < 0.01$，** $p < 0.05$，*** $p < 0.001$。

　　皮尔逊相关系数显示，性别影响到网络功能的使用，男性农民工和女性农民工网络功能的使用并不尽相同，关注的内容也不一样。婚姻与网络功能使用呈负相关，也就是说，婚姻对于男性和女性农民工网络参与的影响也是存在的，结婚之前网络参与得多，结婚之后网络参与得少。农民工群体的受教育状况也影响到其网络参与，受教育程度越高，网络参与得越少。进厂前的职业与网络使用也呈正相关关系，来当地的主要原因与网络功能使用也呈正相关关系。

　　2. 农民工关注新闻信息的影响因素

表 4 – 2　农民工关注新闻信息的相关分析

		关注哪类新闻信息	性别	婚姻状况	受教育状况	进厂前从事职业	在当地生活水平	来当地的主要原因
							相关性ª	
皮尔逊相关系数			-0.005	-0.063	0.204	-0.094	0.021**	-0.048
	性别	-0.005	1.000	0.108	0.045**	-0.047	-0.038	0.104
	婚姻状况	-0.063	0.108	1.000	-0.139	0.001***	-0.151	-0.193
	受教育状况	0.204	0.045**	-0.139	1.000	-0.285	-0.181	-0.036

		关注哪类新闻信息	性别	婚姻状况	受教育状况	进厂前从事职业	在当地生活水平	来当地的主要原因
皮尔逊相关系数	进厂前从事职业	− 0.094	− 0.047	0.001***	− 0.285	1.000	0.167	0.103
	在当地生活水平	0.021**	− 0.038	− 0.151	− 0.181	0.167	1.000	0.134
	来当地的主要原因	− 0.048	0.104	− 0.193	− 0.036	0.103	0.134	1.000

相关性ᵃ

* p < 0.01, ** p < 0.05, *** p < 0.001。

皮尔逊相关系数显示，农民工群体关注新闻内容与性别、婚姻状况、进厂前从事职业、来当地原因分别呈负相关关系，而与受教育状况、在当地的生活水平呈正相关关系。

3. 农民工 QQ/微信首选聊天对象的影响因素

表 4-3　农民工 QQ/微信首选聊天对象的相关分析

		QQ/微信中首选聊天对象	性别	婚姻状况	受教育状况	进厂前从事职业	在当地生活水平	来当地的主要原因
皮尔逊相关系数			0.054	− 0.262	0.120	− 0.029	0.046**	0.186
	性别	0.054	1.000	0.108	0.045**	− 0.047	− 0.038	0.104
	婚姻状况	− 0.262	0.108	1.000	− 0.139	0.001***	− 0.151	− 0.193
	受教育状况	0.120	0.045**	− 0.139	1.000	− 0.285	− 0.181	− 0.036
	进厂前从事职业	− 0.029	− 0.047	0.001***	− 0.285	1.000	0.167	0.103
	在当地生活水平	0.046***	− 0.038	− 0.151	− 0.181	0.167	1.000	0.134
	来当地的主要原因	0.186	0.104	− 0.193	− 0.036	0.103	0.134	1.000

相关性ᵃ

* p < 0.01, ** p < 0.05, *** p < 0.001。

皮尔逊相关系数显示，农民工群体的性别、受教育水平、在当地的生活水平、来当地的主要原因对于 QQ/微信首选聊天对象呈正相关关系，性别、受教育水平、在当地的生活水平、来当地的主要原因都会影响农民工群体在 QQ/微信中的首选聊天对象。

4. 农民工 QQ/微信群本地人参与状况的影响因素

表 4 - 4　农民工 QQ/微信群本地人参与状况的相关分析

		相关性[a]						
		QQ/微信中本地人参与	性别	婚姻状况	受教育状况	进厂前从事职业	在当地生活水平	来当地的主要原因
皮尔逊相关系数			- 0. 010	- 0. 027	0. 125	- 0. 031	0. 036 **	- 0. 007
	性别	- 0. 010	1. 000	0. 108	0. 045	- 0. 047	- 0. 038	0. 104
	婚姻状况	- 0. 027	0. 108	1. 000	- 0. 139	0. 001 ***	- 0. 151	- 0. 193
	受教育状况	0. 125	0. 045 **	- 0. 139	1. 000	- 0. 285	- 0. 181	- 0. 036
	进厂前从事职业	- 0. 031	- 0. 047	0. 001 ***	- 0. 285	1. 000	0. 167	0. 103
	在当地生活水平	0. 036 **	- 0. 038	- 0. 151	- 0. 181	0. 167	1. 000	0. 134
	来当地的主要原因	- 0. 007	0. 104	- 0. 193	- 0. 036	0. 103	0. 134	1. 000

* $p < 0.01$，** $p < 0.05$，*** $p < 0.001$。

皮尔逊相关系数显示，农民工群体的性别、婚姻状况、进厂前从事职业、来当地的主要原因与 QQ/微信群中本地人参与情况呈负相关关系，受教育状况、在当地生活水平与当地人参与情况呈正相关关系。

5. 农民工与老乡 QQ/微信聊天内容的影响因素

表 4 – 5　农民工与老乡 QQ/微信聊天内容的相关分析

		相关性[a]						
		与老乡 QQ/微信聊天内容	性别	婚姻状况	受教育状况	进厂前从事职业	在当地生活水平	来当地的主要原因
皮尔逊相关系数			0.039 **	– 0.016	– 0.025	0.027 **	0.024 **	0.021 **
	性别	0.039 **	1.000	0.108	0.045 **	– 0.047	– 0.038	0.104
	婚姻状况	– 0.016	0.108	1.000	– 0.139	0.001 ***	– 0.151	– 0.193
	受教育状况	– 0.025	0.045 **	– 0.139	1.000	– 0.285	– 0.181	– 0.036
	进厂前从事职业	0.027 **	– 0.047	0.001	– 0.285	1.000	0.167	0.103
	在当地生活水平	0.024 **	– 0.038	– 0.151	– 0.181	0.167	1.000	0.134
	来当地的主要原因	0.021 **	0.104	– 0.193	– 0.036	0.103	0.134	1.000

$^*p < 0.01$, $^{**}p < 0.05$, $^{***}p < 0.001$。

　　皮尔逊相关系数显示，农民工群体的性别、进厂前从事职业、在当地的生活水平与老乡 QQ/微信聊天内容呈正相关关系，婚姻状况、受教育水平与老乡 QQ/微信聊天内容呈负相关，也就是说农民工群体的性别、进厂前从事职业、在当地的生活水平影响到他在 QQ/微信群中的活动。

　　6. 农民工 QQ/微信中的热点话题能否传播的影响因素

表 4 – 6　农民工 QQ/微信中的热点话题能否传播的相关分析

		相关性[a]						
		QQ/微信热点话题是否与他人聊起	性别	婚姻状况	受教育状况	进厂前从事职业	在当地生活水平	来当地的主要原因
皮尔逊相关系数			0.024 **	– 0.064	– 0.073	0.095	0.009 *	– 0.031
	性别	0.024	1.000	0.108	0.045 **	– 0.047	– 0.038	0.104
	婚姻状况	– 0.064	0.108	1.000	– 0.139	0.001 ***	– 0.151	– 0.193

续表

		QQ/微信热点话题是否与他人聊起	性别	婚姻状况	受教育状况	进厂前从事职业	在当地生活水平	来当地的主要原因
		相关性[a]						
皮尔逊相关系数	受教育状况	− 0.073	0.045 **	− 0.139	1.000	− 0.285	− 0.181	− 0.036
	进厂前从事职业	0.095	− 0.047	0.001 ***	− 0.285	1.000	0.167	0.103
	在当地生活水平	0.009 *	− 0.038	− 0.151	− 0.181	0.167	1.000	0.134
	来当地的主要原因	− 0.031	0.104	− 0.193	− 0.036	0.103	0.134	1.000

* $p < 0.01$，** $p < 0.05$，*** $p < 0.001$。

皮尔逊相关系数显示，农民工群体的性别、进厂前从事职业、在当地的生活水平与QQ/微信群中的聊天内容与别人谈起的机会呈正相关关系。而婚姻状况、受教育状况和来当地打工原因与QQ/微信群中的内容与别人谈起的可能性呈负相关关系。

7. 农民工QQ/微信群中首选信任者的影响因素

表4 − 7　农民工QQ/微信群中首选信任者的相关分析

		QQ/微信首选信任哪些人	性别	婚姻状况	受教育状况	进厂前从事职业	在当地生活水平	来当地的主要原因
		相关性[a]						
皮尔逊相关系数			0.052	− 0.080	− 0.108	0.089	0.023 **	0.049 **
	性别	0.052	1.000	0.108	0.045 **	− 0.047	− 0.038	0.104
	婚姻状况	− 0.080	0.108	1.000	− 0.139	0.001 ***	− 0.151	− 0.193
	受教育状况	− 0.108	0.045 **	− 0.139	1.000	− 0.285	− 0.181	− 0.036
	进厂前从事职业	0.089	− 0.047	0.001 ***	− 0.285	1.000	0.167	0.103

续表

	相关性[a]						
	QQ/微信首选信任哪些人	性别	婚姻状况	受教育状况	进厂前从事职业	在当地生活水平	来当地的主要原因
皮尔逊相关系数	在当地生活水平 0.023**	-0.038	-0.151	-0.181	0.167	1.000	0.134
	来当地的主要原因 0.049**	0.104	-0.193	-0.036	0.103	0.134	1.000

* $p < 0.01$, ** $p < 0.05$, *** $p < 0.001$。

皮尔逊相关系数显示，性别、进厂前从事职业、在当地的生活水平、来当地打工的原因与在 QQ/微信群中信任哪些人呈正相关关系，也就是说农民工群体的性别、进厂前从事职业、在当地的生活水平、来当地打工的原因影响到他们在 QQ/微信群中的交往。而婚姻状况、受教育状况与农民工群体在 QQ/微信群中首选信任哪些人则呈负相关关系。

8. 农民工职业替换后与原同事是否联系的影响因素

表4-8　农民工换工作后与原同事是否联系的相关分析

		相关性[a]						
		换工作后与QQ/微信群以前的同事联系	性别	婚姻状况	受教育状况	进厂前从事职业	在当地生活水平	来当地的主要原因
皮尔逊相关系数			-0.034	0.027**	-0.168	0.137	-0.037	0.077
	性别	-0.034	1.000	0.108	0.045**	-0.047	-0.038	0.104
	婚姻状况	0.027**	0.108	1.000	-0.139	0.001***	-0.151	-0.193
	受教育状况	-0.168	0.045**	-0.139	1.000	-0.285	-0.181	-0.036
	进厂前从事职业	0.137	-0.047	0.001***	-0.285	1.000	0.167	0.103
	在当地生活水平	-0.037	-0.038	-0.151	-0.181	0.167	1.000	0.134
	来当地的主要原因	0.077	0.104	-0.193	-0.036	0.103	0.134	1.000

* $p < 0.01$, ** $p < 0.05$, *** $p < 0.001$。

皮尔逊相关系数显示，农民工群体的婚姻状况、进厂前从事职业、来当地的主要原因与换工作后与 QQ/微信群中以前同事是否联系呈正相关关系，而性别、受教育状况、在当地生活水平与换工作后与 QQ/微信群中以前同事是否联系呈负相关关系。

四、对结果的考察

　　通过农民工网络社区文化认同的定量分析，我们能够在一定程度上知晓影响农民工网络认同形成的一些变量，限于课题组本身水平，可能对于农民工网络社区认同形成的变量间关系考察还不太准确，比如只从类别变量方面进行了相关性的考察，而没有进行回归分析。这有待课题组在接下来的研究中继续努力，补齐这块短板。

第五章　网络认同的
个体化及其影响

从对农民工外出流动原因、流动方式、网络社区的性质、农民工网络社区参与的性质、网络社区文化认同的机制等内容的考察，我们发现，农民工网络社区的认同形成既与网络社区自身的特点相关，也与农民工群体当前城市融入的地域政治有关。笔者经过研究认为，当前阶段，农民工群体在网络社区中的活动并未形成完整的群体意识和群体认同，这一群体现阶段的集体行动也只能是小规模的地域性的集体行动，大规模的、整个群体的集体行动很难达成。原因在于这个群体中的大部分个体并未对他们的整体利益形成明确认识，基于对整体利益明确认识基础之上的群体意识也未完成。现阶段，这一群体中小规模的集体行动完全是基于地缘政治基础之上进行的，按照地缘标准产生的，这也符合学界对于集体行动达成的研究和讨论。① 学界部分观点认为农民工群体与网络的结合必将推动其形成某种共通利益，并在这个共通利益基础上形成整体的群体意识和群体认同并导致其集体行动的产生，笔者不否认这一结论的可能性。但笔者的研究发现，这一可能性的出现需要一些前提条件，比如农民工群体首先形成整体的群体利益，而非当前依然延续地域政治的逻辑行动。在整体的群体利益形成之后，从自发到自为依然需要有人对这一群体进行相应的教育、引导，使其意识到共通利益的存在，如此群体意识才能形成，这一群体的行动也才能真正从自发走向自为。

当前农民工在网络社区的活动，更多呈现一种个体化的网络参与特性。在这种个体化的网络参与的基础上，农民工网络社区的认同和意识也

---

① 奥尔森对集体行动形成的条件有着细致的讨论。参见曼瑟尔·奥尔森《集体行动的逻辑》，陈郁、郭宇峰等译，上海人民出版社，2007，导论。

呈现为一种个体化的认同和个体化的意识。这种个体化的认同与意识导致农民工群体在强势资本的背景下很难保护自身权益。但对于当代中国的现代化、城市化进程而言，却又有一定的必然性。这种必然性在于最初农民工的流动并非以落脚城市为归宿，政府的政策也没有做如此的设计。在当时城乡二元结构背景下，城乡之间的信息完全不对称，农民工从先遣式进入城市再到链式进入城市，再到大规模进入城市，其获取城市各种信息的途径只能依靠地缘关系网络，甚至进入信息时代，农民工获取城市信息的渠道多了很多，但其主要渠道依然是地缘关系网络。除了信息渠道之外，市场经济中的资本、城乡一体化进程中的政府等都是影响农民工网络社区认同形成的因素，前文也分别讨论过。在这些因素的共同影响下，农民工网络参与只能是一种个体化式的，这种个体化式网络参与影响了这一群体网络社区认同形成。

第一节　农民工网络社区的个体化互动①

前文讨论过农民工网络社区的人际交往特点、农民工网络社区的信任机制、影响农民工网络社区认同形成的因素、农民工网络社区认同的形成机制等，我们可以看到，因为农民工的流动性特征和网络社区本身的去中心化，带给农民工的影响是这一群体的网络社区参与呈现为一种个体化的参与，这种个体化的参与模式不可避免地会影响到农民工网络社区的认同。

在中国城市化、现代化和市场化的结构转型中，面对着政治、经济和社会文化资源的不平等分配，双重脱嵌的农民工群体尤其是第二代、第三代农民工通过对网络社区的使用，表达和建构了自身的主体意识和权利，为促进集体赋权和社会平等提供了可能性，也为改变行政二元结构提供了某种可能性。然而，现代科技所带来的虚拟化的社会结群和社会流动并不等同于社会化流动，现代科技带给第二代、第三代农民工的只是一种虚幻的现代性，即依然延续传统的差序格局式的特殊主义结群原则，这种网络

---

① 这一节部分内容曾以《网络社区与流动人口个体化》为题发表于《长白学刊》2016 年第 3 期。

社区中的"虚拟村落"依然延续的特殊主义结群原则在风险社会背景下未能给农民工提供任何实质性的权益维护、公民权利保障等。在这种特殊主义原则基础上形成的网络社区的个体化参与，不仅没有让农民工以群体化、组织化方式应对资本的压榨和城市通过各种边界制造的社会排斥乃至群体污名等，反而让这一群体通过体验"虚幻的现代性"消解他们的整体利益，通过体验他们认为的自由而实质是变相的、更加个体化的生活方式和社会组织方式来消解他们的群体认同和群体意识。这种"虚幻的现代性"带来的"自由"逐步瓦解了马克思所讨论的由自发向自为转变的过程。同时，农民工网络社区的个体化参与并未给在城市长大的第二代、第三代农民工提供有效的社会支持网络和社会资本，使他们与资本、政府能够在同一平台对话，反而因为他们的网络社区参与，消解了群体的组织性，强化了其个体化进程。①

在网络社区中，农民工尽管没有发生面对面互动，但可以在虚拟空间交换各种信息，并能够进行互动和沟通，在这个过程中，农民工网络社区参与通过与其他老乡的倾诉、交流、互动而获得了某种程度上的心理安慰，甚至能够获得老乡提供的一些社会关系网络和社会支持。"只有进入网络化时代，网络交流首先在人们的精神生活或心理结构中产生了无限丰富的共同经验和相似记忆，作为思想观念中的传递经验不可阻挡地要支配人们的实践行为，导致在场经验的传递。"② 然而，由于农民工群体的网络社区关系建立既是片面的，又是虚拟的，农民工工友在网络社区中的互动能够隐藏真实的身份信息和其他涉及个人信息的方方面面，没有面对面的互动，其信息的交换、沟通互动的开展和社会支持的获取与实体社区中面对面的信息交换、沟通互动与社会支持获取完全不同，甚至网络社区中的互动经常呈现为无效的互动，网络社区的参与并不能像实体社区的互动那样让双方产生足够的信任。③ 而这种信任是农民工城市生活、集体行动、维护权益过程中构成其社会资本最重要的因素。笔者曾经以匿名的方式，参加了 4 个外来务工人员 QQ 群，这些外来务工人员在 QQ 群的交流，

---

① 董敬畏：《个体化：新生代流动人口新趋势》，《浙江学刊》2014 年第 4 期。
② 刘少杰：《网络社会的结构变迁与演化趋势》，中国人民大学出版社，2019，第 119 页。
③ 最初，农民工参与网络社区基本上是以虚假个人信息为主，但随着当前网络应用的不断扩大，虚假信息会影响这些网络应用，因此《中华人民共和国网络安全法》规定，网络注册必须实名。这一法律从 2017 年 6 月 1 日起实施，此后网友依然有很多方式在网络社区中隐藏自身的相关信息。

信息类型大致分为娱乐信息、工作信息、租房信息、子女教育、法律援助等方面。在这些信息交流中，娱乐、聊天信息占据信息交流80%以上，笔者的调查对象称之为"吹牛"，因为这些信息交流任何人都可以，不涉及信任程度的问题。而涉及相互信任的重要信息，真正在QQ群里交流的只占20%左右。"一些重要的信息我一般会单独加对方为好友，单独和他聊，不会公开在QQ群里说，群里人多嘴杂，说了有时会有不好的结果。尽管是老乡群，但是有许多人你不认识，是老乡拉老乡进来的，你没打过交道，不知他是什么样的人。所以轻易还是不能相信。"① 笔者在调查的过程中，试图通过网络社区中的"圈子"来找寻农民工的群体意识和组织化方式，结果让笔者失望的是，网络社区中的互动基本是个体之间的互动，也即依然保留了点对点的互动模式，这种互动在平面媒体传播中被称为人际互动。甚至平面媒体所具有的面对面互动、点对面互动方式都比较少。"网络社会表象最明显的特点是动态性。……但因为它是在无数个体参与的无边界的动态交往中形成的，所以网络社会的表象既可能呈现为不断的扩展延伸过程，也可能呈现为渐进趋稳并最终沉寂湮没的过程。"② 刘少杰所称的动态性也影响到农民工网络社区认同的形成。

表5-1　网络社区互动及信任度

信息交流信任程度	信息互动方式
熟悉并信任	网络社区中个体对个体互动
不熟悉不信任	网络社区中个体对群体、群体对群体

　　H市是长三角某省的省会城市，外来农民工众多，并且农民工就业的企业多为民营企业。针对H市的民营企业，笔者有过大量调查。根据H市外来农民工主要所在行业，笔者将农民工分为四大类，分别是出租车司机、环卫工人、工厂工人、建筑工人等。对于分类别的外来农民工参加网络社区中QQ或者微信圈的活动，笔者对访谈资料进行了初步整理。

---

① 2016年6月12日对H市农民工的访谈。
② 刘少杰：《网络社会的结构变迁与演化趋势》，中国人民大学出版社，2019，第167页。

表5-2 H市农民工网络社区的活动

	平常上网吗?通过何种途径上网?	有QQ或者微信圈吗?	经常参与群的活动吗?	你和圈里的朋友相互了解吗?	QQ或者微信圈的角色能否影响现实中的行为?
出租车司机	100%上网,30%手机和电脑同时上网;70%通过手机上网	100%有QQ或者微信圈。	20%经常参加;40%偶尔参加;40%不参加	30%很熟悉,20%一般熟悉,50%不了解。	15%会产生影响;30%要视情况而定;55%不会
环卫工人	100%不上网	无	无	无	无
工厂工人	100%上网,90%通过手机上网	100%有QQ或者微信圈	30%经常参加;40%偶尔参加;30%不参加	20%很熟悉;40%一般熟悉;40%不了解	40%视情况而定;25%会产生一定影响;35%不会
建筑工人	30%不懂,不上网;70%通过手机上网	上网工人中100%有QQ或者微信圈	20%经常参加;30%偶尔参加;50%不参加	20%熟悉;50%一般熟悉;30%不了解	60%视情况而定;30%不会

从分类别的访谈数据中,我们能够解读出很多有意思的现象与问题:第一个问题,在网络打车软件如此兴盛的今天,出租车司机不通过手机上网,那么势必会被激烈的市场竞争淘汰,既然这一群体通过手机上网的比例很高,但为什么参与网络社区活动的人不多呢?第二个问题,环卫工人为什么网络参与度是零?第三个问题,民营企业工厂工人通过手机上网的比例很高,他们和出租车司机的上网相比,有何特征?第四个问题,建筑工人也有部分人能够上网,建筑工人上网的情况与其他几类相比,有何特征?这些现象与问题背后到底包含了中国城乡之间、城市内部社会群体之间什么问题?

根据笔者的调查,H市的出租车司机群体分为两部分,一部分为H市所属省份其他区县尤其是欠发达区县的居民,另一部分为外省尤其是N省农民工。无论是本省还是外省开出租车和网约车的司机,在打车软件如此便利的今天,如果他们的手机没有联网、没有装打车软件,那么他们在激烈的竞争中就会处于劣势。因此笔者对他们进行访谈时,所有人都认为通过智能手机上网是必需的。智能手机能安装打车软件,也就能安装QQ

和微信，尤其是微信对讲功能，他们用得更多。开车期间，微信对讲特别方便出租车、网约车司机之间沟通和联系。H市出租车、网约车司机最早基本集中居住在汽车北站附近的农居点里，笔者开始和出租车、网约车司机的接触就在农居点里，一户属于本省但来自K县的出租车司机租住的房子里，全家人包括父母、妻子、小孩都挤在8平方米的小房间里。

问：平常你们上网吗？通过何种方式上网呢？QQ、微信玩吗？

上网我们基本很少上的，很少上网，手机可以玩一下的，看看新闻，QQ、微信也没像以前那么聊了，有一个群从早上7点钟聊到晚上睡觉，那段时间是聊得蛮长的，聊了好几个月，后来就断掉了，有微信后聊天就很少，基本不聊天，就看看新闻。

问：那就只是开始聊得多？为什么现在不玩了呢？

QQ、微信刚出来时，大家图个新鲜，而且确实为我们开出租车的提供了很大方便，大家相互通个信息之类的，哪里堵车、哪里出事故、哪里客源多等，都能了解。既能互通信息，又能联络感情，大家就都愿意用了，当时确实感到方便了很多，因此就聊得多一些。时间久了，觉得这样整天聊天也没啥意思，而且还费钱，流量经常不够用。聊天还耽误生意，因此后来大家就聊得越来越少了。

问：那你们QQ、微信朋友圈的人多吗？浙江的多吗？想加入有没有限制的？

那多了，有老乡，有战友，有同学，有以前的同事。有很多很杂了。我们的朋友圈，基本以开出租车的人为主，我是浙江K县人，因此朋友圈里浙江K县人多。要加入肯定有限制的，一般是某个朋友邀请，然后群主通过一下。

问：那你聊QQ和微信的时候，是你开出租车的时候，还是不开出租车的时候，是白天还是晚上？

开车的时候，一般不大会上QQ，很少聊天，聊天耽误时间和生意。现在微信也不太玩了，除了微信对讲功能外，其他的我们都不玩了。（在座其他几位出租车司机插话：QQ我们现在几乎都不用了。）

问：那你在微信圈里，经常都和朋友们聊什么？

微信和朋友们主要是吹牛啊，哈哈！微信里朋友也复杂的，各行各业的，有做生意的，时间空一些；有上班的，也有像我们这样的。

我们开出租车的，又不可能微信上跟他们那样很有空闲的……各个行业，各种职业，你不可能和他们讲工作上的事情，没法讲的，讲了他们也不理解的，大家行业都不一样的。因此微信和朋友主要是聊聊天，吹吹牛啦。吹牛也主要是回忆以前战友、老乡、同学时的一些生活，现在的社会变化太快了。另外，微信让我们也能经常相约一起空下来吃个饭，喝点酒。这种见面因为有了QQ、微信比以前多了很多，毕竟联系起来方便多了。

另外一司机答：关键是我们圈子太小了，要么就是开出租车的朋友，要么就是老乡，其他然后外面就懒得走，一天开车很累，走到很远的地方去。远的，偶尔就是微信对讲下或直接电话联系一下，问一下怎么样。这个圈子里面太小了，交往的范围小，时间也少，大家都忙于工作了。

问：网约车对你们的生意有影响吗？遇到这种情况你们怎么办的？

刚开始，网约车对我们生意影响很大的。私家车没有营运证，不用缴纳各种费用，他们的价格肯定会比我们专门跑营运的要低，竞争优势主要在这里。刚开始，我们也向领导反映，但不顶用。后来我们只要逮住私家车营运，我们一些出租车司机就上去把他围住，不让他走，让警察过来处理。但后来警察也没有什么法律依据对他们进行处理，我们也没有什么办法了。

另一司机插话：网约车在国外都是严禁的，在我们这里就属于合法，真是奇怪。

问：不是新闻说你们的份子钱少了一些吗？

份子钱少了，但杯水车薪，没生意对我们是影响最大的。我们主要靠多拉快跑才能有钱赚。①

笔者调查的 H 市出租车司机属于省内其他县市在 H 市流动的农民工。对于这一群体而言，他们所属的行业和职业使得他们依然处于 H 市的社会边缘。即使他们能够通过手机参与网络社区，但从访谈考察，H 市出租车司机这一群体结群方式依然是延续传统的战友、老乡、同学等血缘和地

---

① 2015 年 7 月 8 日对 K 县农民工的访谈。

缘标准，而在网络社区活动产生的意识依然是一种个体化的意识。访谈的出租车司机因为行业和职业的关系，网络社区中大家的交流只限于聊天，工作方面的事情无法涉及太多。因此，对于出租车司机这一群体而言，群体身份已经被所属行业和职业划定，这种群体身份赋予他们的群体意识也会时不时在受到强烈的外来压力时突然爆发出来，就像出租车司机说的他们只能围住网约车，等待警察过来处理。警察无法处理了，他们也没有什么更好的办法应对这种竞争。

在环卫工人中，网络社区的参与基本不可能。原因在于笔者调查的环卫工人，基本属于60岁左右的年纪，他们对于现代科技的敏感度并不高，笔者在访谈时看到，约有一半的访谈对象用的是老人机。网络或者智能手机对他们来说，并不是生活的必需品。

对于工厂工人来讲，情况又会有差异。一位工厂工人如此回答：

> 我现在基本是离不开网络吧，上班下班，基本离不开网络，我业余时间真的都是靠网络打发的。
>
> 问：那你上网平时是在哪里上呢？
>
> 我自己有电脑。在办公室就是工作电脑，回家就自己的电脑。我上网基本上就是逛逛淘宝，或是文学的散文类的。我的微信基本是同事、同学比较多，同事离得比较近，同学离得比较远，基本上是半年同学聚会时才能聚到一起。我在微信群里很少发言，但我自己老是发微信，心情、动态都是通过微信的形式发的。
>
> 问：那你发的这些是点赞的人多，还是评论的多呢？
>
> 评论的挺多的，一般是同学，都是些熟悉的人，不熟悉的人也不会评你的。我的QQ、微信一般讨论的话题就是对以后有什么打算，然后不可能永远打工。我觉得现在我们经常讨论的热点话题，对我的思想和行为还是有影响的，就是会跟着外面的形势吧。我比较喜欢追流行，今年流行什么，明年流行什么，我比较喜欢跟着潮流走。我在QQ、微信中经常扮演的角色是别人有什么心事经常会跟我讲的。[①]

对于在工厂工作的农民工来讲，他们的空闲时间比较多，再加上工作

———————

① 2015年9月对H市外来农民工的访谈。

性质的关系，他们使用网络社区的频率和时间也比较长。尽管如此，我们通过访谈看到的情况依然是网络社区中的互动依然非常个人化，很少有群体性的互动，也很难形成所谓的社区意识或者群体意识。

从数据和访谈资料考察，我们发现在网络社区中的互动和参与非常个体化，原因主要有两个，一是网络社区的性质，二是网络社区中网友之间的信任很难建立。首先，网络社区的性质是匿名性，匿名性使得虚拟社区中活动的网友互动时面临某种不确定性，这种不确定性将会阻止网友的深入了解和互动。其次，作为自组织的网络社区边界的开放性使得任何人都可以随时加入，也可以随时退出。这种随时可以加入或退出的机制使得加入社区的成员因为没有相应的奖惩和门槛机制，因此也不会产生珍惜心理。再加上现实中工作的流动性和网络的动态性，导致网络社区的流动性也特别强。网络社区的这种流动性使得网络社区的成员的互动和参与呈现一种"个体化、碎片化"的互动参与类型。网络社区的这种"个体化、碎片化"的互动和参与，其结果就是网络社区的成员之间无法建立基本信任。在吉登斯看来，"在个人的早期发展过程中，对自我认同的稳定环境和周围环境的基本信任……是从对个人的信任中派生出来的"。① 也就是说，网络社区中的个体化互动，既无法产生前现代社会中的私人信任，也无法产生现代社会中的制度信任。这种个体互动在某种程度上导致了吉登斯所说的"亲密关系的变革"②。这种变革对于未来社会的影响正在逐渐显现，毕竟亲密关系的获得是以信任关系为基础的。一个无法产生信任关系的社区，亲密关系也无法产生，那么群体意识和群体认同将更难以形成。

正如阎云翔观察到的："农村青年正努力紧跟城市主流文化，模仿他们认为是现代时尚的城市生活方式。他们喜欢时尚和娱乐，追求个人独立和幸福，沉迷于物质收益……尤其是他们对更为物质主义、个人主义及现代的生活方式的追求。"③ 当代中国的第二代、第三代农民工进入城市，受到城市的思想和行为模式的影响，接受了现代科技的洗礼，在生活方式和思想观念方面融入了城市，在这些方面与城市青年已经没有鸿沟和差

---

① 安东尼·吉登斯：《现代性的后果》，田禾译，译林出版社，2000，第99～100页。

② 安东尼·吉登斯：《现代性与自我认同》，越旭东、方文译，生活·读书·新知三联书店，1998，第101～109页。

③ 阎云翔：《中国社会的个体化》，陆洋等译，上海译文出版社，2012，第159页。

距。笔者在调查和访谈时，工厂工人身边的手机 QQ 独有的声音不时响起，微信也不断刷屏，间或他们还在回复。足以说明第二代、第三代农民工在这些方面与城市青年没有任何代差。

然而，第二代、第三代农民工从这些方面缩小城乡差距，积极融入城市的同时，现实却是残酷的。笔者在调查中发现，每一个第二代、第三代农民工身上都流露出强烈的向上流动的愿望，都希望通过自身努力改变命运。然而，他们只能从一个城市到另一个城市，从一个工作换到另一个工作，学者用"漂泊化和失根"① 群体、"短工化"② 群体描述他们的现状和困境。第二代、第三代农民工从原有乡村社会结构被抽离出来之后，无法重新嵌入城市新的社会结构当中，出现一种被动个体化的过程。③ 在这种背景下，第二代、第三代农民工会认为网络社区是实现自我认同和突破体制限制的一种方便、快捷途径。

然而，网络社区的匿名性、流动性、虚拟性特征却并不能支持第二代、第三代农民工通过网络社区实现改变自身命运、突破现有约束的愿望，反而以个性化、多样化的内容让第二代、第三代农民工沉迷于其中，徜徉在虚拟世界的认同和对虚拟世界的突破中，暂时忘却现实的困顿，在这里实现了主动的个体化过程。一个调查对象告诉笔者，"平常没事时我喜欢看网络社区中的玄幻小说，那里面的主人公不断通过打斗升级，不断强行突破，不断在自身还是低阶水平时打败比自己强的高阶水平的人，最后用自己的力量征服整个宇宙，我也想做他们那样的人"④。这个调查对象不断被这种虚拟的网络小说感染，然后沉浸于其中不能自拔。通过在虚拟世界中的打斗升级，他实现了改变命运的愿望。然而一旦回到现实世界，沉浸的网络就成为一种幻象。同时，网络社区的参与能够让参与的个体产生分化，无论是网络社区的虚拟身份，还是网络社区中的交往方式、交往对象，还是网络社区中的自我表达，网络社区既非能够推动社区成员形成整体的群体意识和群体认同，也非能够推动社区成员形成统一的群体行为和集体行动，进而通过网络社区的意识和社区行为影响现实中的意识

① 陈映芳：《"农民工"：制度安排与身份认同》，《社会学研究》2005 年第 3 期。
② 沈原：《社会转型与新生代农民工》，载沈原主编《清华社会学评论》（第六辑），社会科学文献出版社，2013，第 2 页。
③ 董敬畏：《个体化：新生代流动人口新趋势》，《浙江学刊》2014 年第 4 期。
④ 2016 年 4 月 11 日对 W 市外来农民工的访谈。

和行为。在第二代、第三代农民工城市生活的过程中，笔者认为他们处于一种"个体化过程"，这种"个体化过程"包括被动的个体化和主动的个体化两个层面。网络社区在某种程度上成为第二代、第三代农民工主动个体化的加速器。①

第二节　网络社区认同的个体化②

网络社区的出现极大地方便了人们跨越地理距离来维持既有社会关系，同时也提供了超越传统的血缘、地缘和业缘关系来构建个人化社会网络的手段。网络社区出现之前，如果没有血缘、地缘和业缘关系，个体间的交往几乎是不可能的。网络社区出现之后，个体间的交往超越了传统方式，呈现个体化样态。这种个体化样态一方面是个体从传统的束缚中的解放，另一方面也让个体在面临风险时无所特依。农民工群体对于网络社区的参与、利用和网络社区的认同也呈现个体化的特点。

传统的血缘、地缘和业缘关系的交往，无论是亲属、同学还是同事，交往的准则是受现实社会中的道德和法律约束的，个体须在约定俗成的规则下交往，否则社会交往就会失败。然而，网络社区交往的下述特点改变了人与人交往的方式与途径，从而使得个体能够游离于现实社会中既定的道德、法律约束和网络社区中的无任何既定约束之间，从而个体的自主选择性增强，个体能够拒绝任何由个体外界因素规定的永久社会关系及这种关系带来的道德、法律约束。

第一，网络社区互动的间接性是农民工个体化互动的前提条件。网络社区的交往主体首先要凭借电脑和网络技术，以一人一机的方式，通过电

---

① 渠敬东认为当代中国个体化的出现主要缘于个体没能力将片断化的、多元的价值体系重新构成一个整体并具体到个体身上，超国家的、国家的、社会的、家庭的和个人的等各个层面也相互纠缠纷扰，个体身上的纵向秩序很难确立。笔者以为，这是当代中国社会转型带来的个体化的大背景，笔者讨论的网络社区认同的个体化也是其中一种表现。参见渠敬东《今日中国知识界之怪现状——立场先行、遮蔽经验、编造现实》，https://mp.weixin.qq.com/s/KWG7p4NOxXI81wdQy0ceeA，最后访问日期：2021 年 10 月 7 日。

② 这一节部分内容以《流动人口网络社区的个体化认同》为题发表在《井冈山大学学报》2016 年第 5 期，有改动。

脑和网络作为中介进行互动。这种互动模式改变了传统血缘、地缘或业缘关系带来的面对面的互动交流，成为一种缺席互动。这种缺席互动为互动主体实现个体化互动提供了前提条件，群体化的互动由于电脑和网络技术的限制，无法顺畅实现。

第二，网络社区互动的匿名性使农民工群体摆脱了现实道德、社会地位等方面的束缚，进而农民工个体之间能够实现以平等人格交往。传统的血缘、地缘和业缘关系中的互动主体经常受年龄、性别、地位、身份背景等种种现实因素的限制，个体无法实现平等互动。网络社区的出现改变了这一点，网络社区不存在现实社会中的等级社会结构，也没有道德、法律等约束，网络社区中的农民工个体能够通过匿名方式，在个体之间以平等人格交往。

第三，网络社区互动的动态性迫使农民工以个体化方式进行交往。网络社区交往的优点是突破时空局限，缺点也在于此。农民工群体在网络社区中的交往对象自由，方式多样，场所灵活。互动场所的多样性、互动对象的不稳定性、互动过程的短暂性，个体角色的多变和随意性，交往关系的流动性等共同导致了网络社区交往的动态性。网络社区交往动态性迫使农民工必须以个体化方式进行交往，否则互动难以持续，群体化的互动方式在网络社区中很难维持。

第四，网络社区互动的自主选择性使得农民工具备个体化交往的条件。网络互动中的农民工群体能够选择符合自己兴趣特点的对象和内容进行互动交往。现实生活中，农民工出于种种考虑而不得不与各种各样的人交往，因而交往的过程出现诸多问题。网络交往的自主性使农民工个体能够按自己喜好自由选择交往对象、内容，不必受现实的约束。

第五，网络社区互动的去中心化使得农民工之间的交往能够方便地以个体化方式进行。农民工无论是从网络社区互动中获取感兴趣的信息还是发布相关信息，其传播方式从旧有单一中心向外按层级传递开始转向多中心的、无层级的、同步快速的信息传递方式，农民工获取和发布信息的成本降低，相应的他们获取和发布信息都以个体化方式进行，建立在传统血缘、地缘和业缘基础上的互动中心也会消失。这种去中心化的互动模式给农民工日常互动带来巨大冲击，进而深刻地改变社会深层结构。

第六，农民工群体在网络社区的互动中产生的关系属于美国学者帕特南所说的连接性社会资本（bridging social capital）。① 网络社区的边界是开放的，是一种兼容性的，农民工群体可以根据自身兴趣、爱好选择不同的社区加入或退出。然而，正是因为网络社区的边界是开放的，参与者可以随意加入或退出，这种非排他性的社区参与方式很难让参与者产生类似根据血缘、地缘等标准筛选后产生的内群体或黏合性社会资本及在黏合性社会资本下的紧密关系，也即对社区的忠诚度。这也是网络社区参与者个体化的一种表现。

可以说，网络社区既提供了形塑农民工个体化的实践场景，同时也推动了农民工个体对于自我的建构。正是在网络社区中，农民工个体凭借网络社区的固有特征，突破了既有规范的约束，使得他们能够深度沉浸在一种虚拟空间中，以随心所欲的状态互动交往，此其一。其二，网络社区中的互动，农民工个体可以凭借喜好拒绝或接受外界因素规定的关系或联系。网络社区中的农民工个体可以随意放弃互动对象，也可以"潜水"的方式不参与任何互动，甚至退出网络社区。这种对于关系的拒绝或接受，完全是个体化的，不像现实社会中的互动要受到既有关系网络和既有社会规范的约束和限制。这种个体化的互动有利于农民工主体的自我建构。网络社区的特征与农民工群体从流出地关系场景中脱域，再嵌入流入地关系场景中面临的结构规定性具有天然亲和性，因此农民工群体与网络社区的结合及其对网络社区的利用，在当前发展阶段就具有必然性，农民工网络社区的认同在此基础之上呈现个体化认同而非群体化认同，也就顺理成章了。

有学者注意到了农民工群体维护权益和抗争时开始有意识地利用网络社区发出呼吁，进行动员。然而实践当中，无论是外向型企业为主的珠江三角洲地区还是民营企业为主的长江三角洲地区，西方劳工运动的经验在中国并未得到证实，即工人权益一旦受到损害，工人将采取抱团取暖的方式形成群体认同，维护自身权益。在当代中国，农民工的结构规定性及其于网络社区的遭遇，共同制约了农民工群体意识和认同的形成。总体而言，农民工网络社区的个体化认同而非群体化认同显示了当前在农民工群体认同形成过程中，有国家权力的形塑，有市场资本的压制，有工厂政体的割断，唯独缺乏社会的保护。可以说，农民工网络社区的个体化认同反

---

① 罗伯特·帕特南：《独自打保龄》，刘波、祝乃娟等译，北京大学出版社，2011，第11～13页。

映的依然是一种有生产、无生活，有关系、无团结的现状。

然而，农民工群体网络社区的个体化认同并非一成不变。改变来自农民工群体的代际变迁，也来自城市生活对于其视野的再造，更来自全球劳工运动通过网络的传播。波兰尼早就提出市场社会包含了两种对立的力量，即自由放任的动向以扩张市场，及反向而生的保护主义以防止经济脱嵌，将经济从社会中脱嵌的努力必然遭遇抗拒。① 随着中国市场经济的完善及农民工群体的代际更替，农民工网络社区的个体化认同有可能也会发生变化，这种变化只会朝着保护其权益的方向发展，然而要达成这个目标，依然需要政府、市场、社会和农民工群体的共同努力。

第三节　农民工网络认同个体化的影响

众所周知，中国当前的人口流动是传统农业社会向工业社会和信息社会转型的产物，因此中国的农民工群体具有世界其他工业化国家在实现工业进程中人口流动的一些普遍性特征。同时，中国的人口流动又具有相当的特殊性，它是在独特的城乡二元结构背景下出现的、由实践不断推动理论和政策发展的一种特殊性过程。中国的人口众多，人均资源稀缺，工业化和城市化的任务艰巨而繁重，从这个角度而言，农民工群体先非农化然后城市化是必需的程序和步骤。只有如此，才能顺利解决社会稳定与避免"中等收入陷阱"问题。然而，中国的发展并非是在真空当中，国内方面，我们处于一个前现代、现代、后现代同时并存的发展阶段，重工轻农、重城市轻乡村使得工农、城乡、区域差距一时难以消除；国际方面，我们处于一个全球化与赶超发展的阶段，各种社会思潮、技术、信息的影响多元并存。这个进程中的农民工群体从流出地到流入地的迁移，不仅是简单的人口流动，更是信息、技术、资源的扩散与农民工群体职业非农化、生活方式城市化和身份市民化的过程。在这个过程中，农民工群体在实现职业变迁的同时，身份却依然囿于行政二元下的户籍及一系列其他制度，未能随着职业变迁而变迁，由此造成这个群体在流入地城市的暂居性

---

① 卡尔·波兰尼：《巨变》，黄树民译，商务印书馆，2013，第31～33页。

质和钟摆式流动。笔者研究的农民工群体网络社会的文化认同问题正是在这一阶段伴生的独特问题，"独特"表现在计划经济体制下的农民工群体面临的各种制度障碍和其他方面的问题还没有完全得到解决，由市场带来的分化和由网络带来的群体割裂又开始出现。这就引出了本研究的最终结论，农民工群体网络认同的个体化。农民工网络认同的个体化既有社会结构规定性的原因，又有网络技术的原因，还有农民工群体本身的代际和职业分化的原因。同时，农民工网络认同的个体化对农民工群体的分化、城市化进程中的城乡关系、农民工群体本身的群体意识和未来中国社会结构也会产生影响。

一、科技进步、网络发展与个体化认同

兴起于 20 世纪 90 年代初期的互联网发展到今天，给中国社会带来了天翻地覆的变化，谁都不会否认互联网络在各个方面发挥的巨大影响。政府通过推动"互联网＋"的方式不仅在发展经济方面而且在政务服务方面取得了巨大的经济和社会效益。全国的省级地方政府利用网络和大数据推进自身的"放管服"改革。民众通过各种网络应用，不仅能够产生以前从来没有体验过的"时空压缩"感，而且能够更加方便地用科技改变生活。开车出行用手机导航，不用再记地名和路名；去医院看病直接手机挂号，不再排队；只要将银行卡和手机绑定，不用再到营业厅排队缴费；消费可以不用再带现金，直接手机移动支付。对于普通民众而言，每天睁眼就找手机；外出坐车，上车就低头刷屏；极度依赖 Wi－Fi，生活已经完全被网络支配。这些都是科技进步、网络发展在改变人们的生活方式，在不断形塑人们的生活，乃至形塑社会。

在通过电脑接入互联网的时代，信息也可以共享，但这种信息共享和人际交流是一种线上、线下的边界分明区隔分离的时代。此时虚拟空间、网络空间对人们生活的影响还不大。移动互联网的出现，改变了这一点。持有手机的人实现"永远在线"的新的生活方式，此时人们才意识到自己已经无法将"线上"和"线下"实现有效区隔，此时的现实社会与虚拟社会的交互才真正显现出来。人们利用手机建立虚拟连接，网络将原本分散在不同区域却具有相同兴趣、观点和情感的个体联系起来，从而形成网络社区。网络社区的出现带来了人们交往方式、经验过程和社会权力结

构的变化。人们的"缺场"交往打破了以往的时间和空间对工作和生活的限制，使得人们的工作和生活呈现出新的样态。可以说，网络社区是一种新的结群方式和社会组织方式。

然而，网络社区的这种结群方式和社会组织方式并不能完全替代人们的血缘、地缘和业缘等传统的结群方式。反而网络社区这种结群方式和社会组织方式在中国更多是先依靠血缘、地缘和业缘将人们接入一个圈子，然后人们陷入一种个体化生存时代。这种个体化生存既与网络的特性有关，也与中国社会的结构规定性有关。正如尼葛洛庞帝在《数字化生存》一书中描述的："后信息时代，大众传播的受众往往只是单独一人。所有商品都可以订购，信息变得极端个人化。人们普遍认为，个人化是窄播的延伸，其受众从大众到较小和更小的群体，最后终于只针对个人。"① 按照尼葛洛庞帝的说法，真正的个人化时代到来了。在这种大的背景和趋势中的农民工群体，在利用网络社区时，不可避免地也受到网络的个体化的影响——网络不仅没有成为农民工群体意识形成的助推器，反而在某种程度上使得农民工群体变得更加分散和个体化。

二、网络认同个体化与社会结构变化

当前，中国已经进入新发展阶段，即以城市群引领和带动经济发展的阶段，这个阶段是通过大规模的城市化、工业化带动经济、社会、文化等各方面的发展。在城市化、工业化过程中，原有的产业结构、人口结构都会不可避免地发生变化。统计数字表明，城镇化率每提高 1 个百分点，就意味着 1400 万人进入城市。2016 年，中国的城镇化率已经达到了 57.4%，已经有 7 亿多人居住在城镇。离土又离乡的农民工进入城镇，不仅带来了这一群体本身的变化，同时也带给城乡之间很多变化，带给中国社会结构很多变化，变化表现在农民工成为游离于乡村和城市之间的一个群体，一个现有社会结构中没有合理位置的群体。在现有制度框架下，农民工群体进入城市，实质是一种学者们提出的"半城市化""半融入"的状态，这种状态解决不好，未来中国就不能平衡发展。因此，中央才提出

---

① 尼葛洛庞蒂：《数字化生存》，湖泳、范海燕译，海南出版社，1997。

"三个一亿人"的目标。然而,现行的城市体制和福利分配依然是沿用原有的计划经济体制下的分配机制,直辖市、省会城市、地级市、县城、小城镇,资源分配全部按照行政等级方式进行配置,这种资源配置方式带来的问题就是在特大城市和大城市就业机会多、生活方便,然而不利因素也有,许多在特大城市和大城市打工的农民工并不能在流入地城市安稳生活,定居下来。城市高昂的房价首先就是他们的工资无法负担得起的,并且这一群体大多数没有城镇居民所拥有的住房公积金,这就形成了李强①提出的"三元社会结构"。这种三元社会结构的形成既是城市化滞后于非农化和工业化的表现,也是化地不化人的城镇化,即人口的城市化滞后于土地的城市化的表现。三元社会结构不是一种稳定的社会结构,因为其中一元是由进入城市的农民工群体形成的。这些农民工通过各种途径包括网络社区接受了现代文明的观念,比如平等、尊重等,然而现实生活中他们却生活在被污名、权利被忽视的状态中。这种背景下,他们利用网络社区,形成认同。然而,这种通过网络社区认同改变城市生态的方式并非一种好的解决问题的方式,因为这无论对于政府还是农民工群体而言,都只是一种暂时的、回避问题的方式,而非解决问题的最终办法。未来,我们依然需要正视农民工群体对中国社会结构产生的影响,正视这一群体在网络社区的认同对社会产生的影响。农民工群体面临的问题解决得好,我们会顺利地跨过"中等收入陷阱",形成均衡的、良性的社会结构;如果这一群体面临的问题解决不好,我们发展的进程就会迟滞。

三、网络认同个体化与城乡关系变化

当前,中国的工业化、城市化和市场化已经成为推动中国社会变迁的最主要的三大动力。纵向考察,中国从几千年的农业社会到工业社会,再到信息社会的转型意味着人们的生产方式、生活方式、职业结构、价值观念都发生了深刻的变化。然而,现行的基于行政二元背景下的各项制度尽管在改革,但改革的进展与市场经济的快速推进无法合拍,进而使得农民

---

① 李强:《农民工与中国社会分层》,社会科学文献出版社,2012。

工群体进入城市之后又出现新的市场二元的问题。① 双重二元结构的存在本质是农民工群体进入城市之后面临的社会结构规定性的问题，正是双重二元结构的存在，使得农民工群体流动到城市之后出现了"双重脱嵌"的问题。在双重脱嵌背景下，网络社区成为农民工在城市重新嵌入的一种途径与方式。农民工群体在网络社区的嵌入不仅加剧了这一群体双重脱嵌的趋势，而且对于中国未来城乡关系也产生极大的影响。也正是基于这种影响，有学者提出乡土中国正在转向城乡中国。② 从某种角度而言，笔者认为城乡中国也只是一种过渡社会类型，也正是在这种过渡社会类型中才会出现"融不进城，回不去乡"的流动人口群体。

　　中华传统文化奠基于农业文明，是一种基于血缘、地缘形成的地域文化。在这种地域文化的背景下，人们的社会组织方式是依靠血缘、地缘等标准的。然而，工业化和信息化的发展逐步改变了中国农业文明的性质，我们需要走向工业文明和信息社会，此时传统文化如何变迁、如何适应就成为当前中国城乡关系处理中比较重要的一环。笔者访谈过的新生代农民工群体，大部分认为回到故乡之后觉得无聊："我也就过年回去一趟，回去之后就是走走亲戚，吃吃喝喝，完了就不知要做什么了。现在村里年轻人少了，我以前的那些朋友都出去打工了，天南海北的，一年到头只有回家时能见到。村里的人情也淡了，不像以前那么浓了，干什么都是要钱的，即使亲戚也要算钱的，以前村里相互帮工不要钱，现在不行了，谁有那么多空帮你。家里也没有什么好玩的，没什么娱乐活动，就一个电视，总不能一天到晚看电视。城里至少能上网、看电影、K歌。村里逢年过节大家聚在一起，无非就是吹牛，吹自己在外面做了什么，赚了多少钱。然后就是打麻将，玩纸牌。普通玩没意思的，一定要带钱玩，也就是赌了。年过完了，钱也花完了，赌完了。再出来打工吧。年年都这样。"③ 从受访者角度观察，农村的人情淡了，原有的社区意识和社区认同也随着人口

---

① 双重二元结构最早由孙立平教授提出，一是行政二元结构，即由一系列的行政制度安排而形成一种结构；二是市场主导型的二元结构，即城市和农村之间的联系越来越少，城市对于农村的依赖性越来越小，城市越来越和国际市场联系在一起并成为一个体系，而农村越来越成为这个体系中一个多余的甚至多少有些负担的部分。参见孙立平《行政主导型与市场主导型二元结构》，http://www.oeeee.com/Channel/content/2006/200611/20061127/448101.html。

② 刘守英：《从乡土中国到城乡中国》，《财经》，2016年7月25日。

③ 2015年12月底对H市外来农民工的访谈。

的流动消散了，年轻人由于外出务工等原因已经逐渐丧失了乡村文化传承者的角色，并投向以城市为代表的工业文明的怀抱。正如前文讨论的，当前中国乡村中的年轻人根本不谈种地，未来中国乡村以儒家文化传统为代表的乡村文明因为失去了经济基础而有可能消失。作为农民工进入城市的后果，农民工网络社区认同个体化，本质是工业文明与信息社会带给城乡文化传承方面的影响。

随着农民工群体的流出，乡村的"空心化"成为普遍现象，乡愁现象其实是对当前城镇化进程实践的反思。西方资本的企业进入中国之后，破坏了传统中国的城乡关系，乡村手工业大量破产，资本主义式的企业以营利为目的，聚集在城市，乡村的优质劳动力、资金、土地都向城市聚集，让乡村的劳动力、资金、土地纷纷离开乡村进入城市。在进入城市之后，农民工群体既是文化认同的边缘群体，也是抵御风险方面的弱势群体。在面对资本、权力甚至城市强势群体时，农民工个体根本无法有效维护自身权益，即使农民工群体也很难做到。网络社区的出现使农民工群体的信息弱势地位更甚，网络社区中"沉默的大多数"及认同的个体化对于解决农民工群体的双重脱嵌与城市生存窘境并无任何实质性帮助。

四、网络认同个体化与政治、社会权利的实现

作为信息传播途径的网络，既是现代文明的产物，也是现代文明的扩散渠道。网络社区信息传播的特征已经有很多人讨论过，前文也有所讨论，不再赘述。我们内心要清楚的是，全球化时代的现代性是起源于西方而向全世界扩散的。因此，网络社区中的很多信息，是既有观点又有内容的，裹挟着很多西方的理念。这些理念在中国的舆论环境中，被中国社会中的网络使用者尤其是农民工群体不加辨别地接受。笔者接触到的很多农民工尤其是新生代农民工群体，他们对于自身所处环境的不满是能够从他们的话语中感受到的。在和新生代农民工中年轻人的交流中，他们问了很多有关政治、社会权利实现的问题。这些年轻人不仅关注自身的遭遇，甚至开始关注政治、社会权利的实现。可以说，随着新生代农民工群体受教育程度的提高，随着网络上的一些观点与内容的扩散，这些新生代农民工群体所具有的独立思考能力，最终会引导他们由反思自身命运出发，开始反思导致自身命运的社会结构原因，反思这一群体的命运，反思导致群体

命运的社会结构原因，进而会对当前的社会体制机制产生各种焦虑、失望等情绪与心态。目前，农民工群体可能还处于反思导致自身命运的社会结构原因的阶段，并未开始反思群体命运。可以说，这一群体现阶段还处在通过不断努力改善自身命运、改善自身所处环境的阶段，一时还很难达到由己及人、及群体、及社会的高度。当前，农民工群体在城市中的境况，完全依靠媒体的关注、学者的聚焦，这是治标的办法，不是治本之策。

笔者认为，相较于农民工群体尤其是新生代农民工群体从网络社区中获取有关政治权利、社会权利等的信息，然后以各种方式争取自身应有的权利，政府应该掌握主动权，积极主动地推进整个农民工群体在城市中的境况改善。也许有人会认为，他们因为自身素质的差异，很难保护自身权益。从某种角度而言，农民工网络社区个体化认同的出现，就是这一群体在城市中处于弱势地位的表现。如果他们的合法权益得到保障，就会有和城市居民一样的权利和待遇，前述讨论的很多在城市的遭遇，比如污名化等就很难有滋生的土壤。而且，国家层面颁布的有关农民工群体的法律和政策，地方层面并没有不折不扣地按照标准施行，而是参照国家标准，制定一些地方实施细则，从而不同的地方对于农民工群体的权益保护呈现地方化的特点。笔者曾经和基层的街道办负责人接触过，他们招商引资的压力非常大，对于农民工群体的权益保护持消极态度。甚至有些与笔者接触的基层工作人员总是给笔者举一些个别农民工群体为了自身利益，利用各种方式欺骗、欺诈资方的案例。在国家层面对于农民工群体的权益保护采取正面宣传之时，现实中基层实践采取个别物质安抚、息事宁人的做法。地方工会在这方面也无法实现对农民工群体权益的维护。这些做法无形中也加剧了农民工群体的个体化，使其在面对资本和权力时始终处于弱势地位，可以说农民工网络社区的个体化认同是一种权利贫困的结果。正如阿马蒂亚·森所言："人们所公认的典型的权利关系包括以贸易为基础的权利，以生产为基础的权利，自己劳动的权利，继承与转移的权利。所有这些，多少都具有直接性的权利关系，而在实际生活中还存在其他更为复杂的权利关系。"[①] 森认为权利是一种工具，它对每个人具有不可或缺性，权利工具的缺失才是人类遭遇困境的真正原因。如果没有权利，人们就无法选择行为，也就无法寻找利益，更谈不上对未来的期望。

---

① 阿马蒂亚·森：《贫困与饥荒》，王宇、王文玉译，商务印书馆，2001，第7页。

农民工群体离土又离乡，进入陌生的城市，适应陌生的环境，努力实现自身在城市的融入，这本是一件好事，因为我们的现代化和城镇化，目标就是实现人的城镇化。在现代社会，传统农业文明的逻辑消解，工业文明的逻辑占据主导。然而，调查中课题组发现，进入城市的农民工群体依然是以血缘、地缘为纽带，扎堆聚居在城市郊区的城中村中。面对着城市的工业文明逻辑，他们也试图融入，却因为结构性原因无法从制度层面实现融入和融合，这迫使这一群体中的很多人通过网络实现心理的融入。学界有很多人反思以农民工为主的劳资关系，反思工厂政体，然而笔者认为，如果我们保障了农民工群体的政治权利、社会权利等，这些问题就会迎刃而解。现实中，我们将这一群体的政治权利、社会权利等操作化为市民化，然后农民工群体在不同的流入地城市就具有了不同层次不同程度的市民权利，并且这种市民权利是有限开放的，因为它附加了各种各样的条件，只有满足这些条件，农民工群体才能享有流入地城市的部分市民权利。无论政府还是学界所提的市民化也好，社会融入也好，如果没有真正保证这个群体完整的政治权利、社会权利等，笔者认为这个群体要实现社会融入，难度是很大的。未来，农民工群体网络社区的个体化认同可能还需要继续维持一段时间。

五、网络认同个体化与群体分化和阶级形成

农民工群体的流动的最初动因是城乡二元隔离导致的城乡差距，农民工涌入城市寻找发展机会，这种流动是利益驱动的、自发的、个体的行为。在这个过程中，农民工群体以主体性、主动性的姿态既为缩小城乡差距提供了途径，也为改变这一群体的命运提供了相应途径，同时更为推动中国社会结构的变迁提供了动力。然而，在农民工流动的过程中，随着经济社会的不断发展，农民工群体自身也出现了各种分化和异质化的情况。

国内学界对于农民工群体的分化很早就开始研究。李培林在 1996 年就从流动农民的职业分层结构、就业的所有制分层结构、收入分层结构研究了农民工群体的分化问题。[①] 李强系统研究了农民工在城市中的就业、职业流动、社会声望、社会保障、与城市居民的关系、被剥夺感的产生等

---

① 李培林：《流动民工的社会网络和社会地位》，《社会学研究》1996 年第 4 期。

问题，并提出了三元社会结构的概念来描述与传统二元结构不同的、当前的中国社会结构。[①] 学界对于农民工群体的内部分化已经取得了相当程度的共识，即无论从职业位置还是从等级方面，其群体的同质性已经不复存在，反而因为职业流动，使这一群体在各种资本占有、收入、声望、价值取向等方面已经产生很大差异。然而，学界对于农民工群体分化的研究，多关注农民工群体的职业、占有的各种资本、收入等。无论将农村进城人员划分为有正当职业的业主、个体劳动者、打工者还是乞丐，上述研究基本是一种静态的研究，很少关注农民工群体因为社会变迁或各种技术原因而产生的各种分化，尤其是代际的分化。这种因社会变迁或技术原因而产生的代际分化对农民工群体的文化认同产生了极大的影响，在整个农民工群体当中不仅出现了人类学家讨论过的"前喻文化、并喻文化、后喻文化"的代际问题，而且因为网络社区的出现，农民工群体的代际分化更加严重，他们的群体认同和群体意识更难形成。

　　前文讨论过不同代际农民工群体的流动方式，总体而言，第一代的农民工进入城市，是一种先遣的进入。当时他们对于城市的生活及就业等各方面的信息都不是很清楚，因此第一批进入城市的人在城市的生活经验及他们带回的各种有关城市的信息就成为后继者的重要参考。第一代农民工群体进入城市之时，传统产业也不发达，通信技术还很落后，这些人进入城市的风险也确实很大，他们的就业受到国家的管制，同时他们也并未准备居留在城市，城市仅是他们赚钱的地方。我的访谈对象如此描述这种心态："那个时候，城里面国家管得很严，除了做生意外，就看看有没有国营或集体单位招临时工，这是碰运气呢。那个时候在城市找活干，哪有现在这么容易，到处能看到招工广告。那个时候啥都没有，你出来了，找到活干了，你就有运气了，就留下来了。找不到活干，就回农村待一段时间。过段时间再换一个地方，再去找。"[②] 一旦这些人在城市找到活儿干了，他们有可能就长久地在城市居留下来，随着对城市的逐步熟悉，生活开始适应，也开始掌握了城市中的一些其他方面的信息，这一群体就开始在城市生存下来，生长起来。这种生存和生长不仅是通过自己掌握的信

---

① 李强：《农民工与中国社会分层》，社会科学文献出版社，2012。
② 2014 年 6 月 10 日对 Z 市外来农民工的访谈。

息，以血缘和亲缘、地缘关系为纽带，将自己的熟人带入城市。更为重要的是，他们开始以个体化方式逐步适应城市，在城市站稳脚跟。因为第一代农民工是以个体先遣方式进入城市，并且未将城市作为自己未来的居留地，尽管他们可能因为城市的陌生人环境，会产生各种文化震惊现象，但他们的文化认同总体而言并未发生太大变化。

新生代农民工与第一代农民工的文化认同完全不同。最大的不同在于随着受教育程度的提高，他们对于城市的文化认同度在不断提升，对于乡村的文化认同度在不断下降。然而，新生代农民工即使认同城市，却很难融入城市，从而就形成了当前中国城镇化进程中独特的"都市村庄"与"都市乡民"的社会现象。新生代农民工在既有社会规定性背景下产生了对城市的一种情绪上的对立和分离。可以说，他们既与流入地城市居民有区隔，也与流出地乡村有距离，他们处于两种文化认同的边缘，这种情况下出现学者所谓的"双重脱嵌"就不足为怪了，因为他们身处一种"进不去城，回不去乡"的尴尬境地。这种认同边缘的背景下，新生代农民工群体与第一代农民工最大的差异出现了，这一差异就是新生代农民工群体对于网络的熟悉掌握与应用，尤其是以智能手机为代表的移动互联网出现之后，新生代农民工群体对于网络社区的依赖更加严重。因为在网络社区中没有边缘感，反而因为网络社区的特征，使得参与者主体感、参与感强一些。这种主体感、参与感恰恰是新生代农民工群体在城市文化认同的经验中缺少的，这种主体感、参与感反过来会推动这一群体更加积极地参与网络社区的活动。在参与网络社区的过程中，这一群体沉浸在其中，按照自己的兴趣和特长利用网络，从而不断将自己与这一群体中的其他人的差距拉大，也将自己与第一代农民工的差距拉大，更将自己与城市的距离拉大。这种个体化的网络社区认同方式对于农民工个体而言，是有好处的。因为个体可以通过参与某个网络社区，从而利用网络社区中的所有资源。然而，对于农民工群体而言，网络社区不仅不是一个能够让他们完全捍卫群体利益并推动他们形成群体意识的社区，反而会成为加速这一群体分化的工具。从维护农民工群体利益的角度而言，这并非好事。因为，网络社区并没有促进这一群体整个集体利益的形成，也无法帮助推动这一群体集体行动的达成。

农民工群体作为中国社会发展的过渡性群体，最终将在城市化完成后消失。然而，考察这一群体出现的原因，我们发现还是源于原来的制度体系，这种制度体系配套使用，将农民固定在土地上，并配之以土地集体所有。改革开放最初从农村开始，释放了农村的活力，被固定在土地上的农民开始向城市流动，然而最初流动的这些人并未想到在城市定居，当时的城市政策也限制他们在城市定居。因此，这些外出打工的农民就被称为农民工。而第一批外出流动的农民工群体成为从当时具有身份特征的农民内部分化出的第一批人，当时这批人的认同依然是农村和自身的农民身份。因此，最先分化出来的这批人的身份认同依然是农民。然而，随着农民工群体的代际更替、中国的产业结构不断变迁、农民工自身的职业分化，农民工群体内部开始不断分化。主观认同农民身份的农民工越来越少，认同城市身份的农民工越来越多，中央提出的新生代农民工的称呼即是顺应了农民工群体内部分化的结果，同时中央从政治的高度将农民工这一群体纳入产业工人范畴。但这一归类并未带给这一群体切实的认同改变，囿于现实制度和政策，这一群体依然处于"既不是农民，也不是工人"的认同尴尬境地。在网络社区中的认同更是一种个体化的认同。这种个体化认同既影响了网络社区中农民工群体的群体意识形成，也影响到现实中农民工群体集体行动的达成。原因在于，首先，中国经济的发展、产业结构的变动带来了农民工的变动不居的自我认同和归属意识；其次，这一群体本身就是计划经济制度体系和市场经济的制度体系冲突的结果，一旦新的制度体系完全成型，这一群体本身的过渡性质肯定会消失，到那时，这一群体也会消失。可以说，农民工群体内部有分化，但农民工群体作为一个整体，其群体意识还远未形成，其实际生活中的认同还处于一个比较尴尬的境地。要消除这一群体的认同尴尬，阻止群体意识形成，只有不断推进城乡统筹，努力实现城乡关系和农民农业体系制度的顶层设计，在这同时实现农民工群体的身份转变、心理转变而不只是从业方式转变，从而消除农民工这一群体的"进不去城，回不去乡"和"双重脱嵌"的现实。

六、网络认同个体化与农民工的城市融合

学界一度对于农民工群体社会融入的话题讨论很热烈，然而此后就了无声息，农民工群体的状态依然没有太大改变，可以说这种讨论对于解决农民工群体融入城市没有提供任何实质的帮助，原因在于市场二元

的问题未解决。从中国社会发展的方向来看，农民工群体在城市实现经济的融入，甚至实现社会的融入、心理的融入和融合只会给这个社会带来更多利好，比如缓和城乡社会矛盾、优化城乡社会结构、拉动城市消费等。然而，现实中无论是融入还是融合，面对农民工群体问题时，已有的各种政策和融入路线，基本是从农民工个体的角度设计的。然而现实是，对农民工群体而言，他们已经超越了那种先遣式的流动到城市的阶段，进入单纯依靠个体的力量实现城市融入或融合的阶段。当前农民工群体的流动已经呈现为一种链式迁移和关系式融入的状态，甚至在北上广等地区还出现了网络式融入的状态，因此我们需要重新思考农民工群体的城市融入问题。

农民工群体能够在网络社区中聚集，并利用网络社区分享各种信息，进行沟通和交流并呈现出网络认同个体化的原因，还在于现实中的融入和融合遇到了困境。全国各地对农民工的态度在经济发展中呈现一种"经济吸纳"的状态，社会层面呈现"社会排斥"的状态。现实中的政治和社会层面的状态导致农民工群体无法在城市形成有组织的力量，并且对流入地城市普遍没有归属感。学界对于农民工群体市民化列举了这一群体遭遇的很多制度性原因，比如农村的土地承包制度、户籍制度、劳动力市场就业制度、社会保障制度，同时也研究了这一群体中个体的原因，比如人力成本低导致没有竞争力、社会资本匮乏、权利缺失等。这些原因共同导致了农民工群体在城市融入过程中的困境。从现实情况考察，我们要改变农民工网络社区认同的个体化，要改变这一群体的双重脱嵌和双重边缘困境，不仅需要在经济层面让这一群体完全融入，而且要在社会层面实现包容和认可，在政治层面保障这一群体的合法公民权利，引导他们积极参与流入地城市的各项政治活动。改变这一群体在城市中面临的不平等现状，才能改变他们的漠视或冷漠和不参与的心理，最终才能在心理层面完成这一群体的融入。只有在心理层面实现了完全融入和融合，农民工群体的网络社区认同个体化现象才能得到有效缓解。

也有学者认为，农民工群体在城市的社会融入或市民化过程意味着地方政府需要付出很大的成本。比如这一群体收入低，而当前城市的房价较高，农民工群体无法承受。农民工群体在经济层面的融入，首先是要在流入地城市居住方面有所获得，无论是买房也好，租房也罢，至少要解决这一群体在城市的住的问题，安居才能乐业。其次是农民工群体的福利待遇问题。改革开放以来，中国经济持续增长，农民工群体的拆分型劳动力生产体制发挥主要作用，城市并没有承担农民工群体在城市再生产的各种成本，这一群体在城市务工一直以来都是以低福利、低工资、高加班著称。在社会保障方面应推动农民工群体和城镇职工享有同等待遇，解决他们的低福利问题，推动这一群体分享改革的成果，不能单纯将这一群体推向市场，由市场解决他们的社会保障和社会福利。再次是这一群体的就业权利问题，比如学界一直认为的劳动力二元市场、劳动保护缺失等问题，这是一种就业歧视、权利歧视。如果我们用发展的眼光看待农民工群体的市民化，就会发现，即使不论过去40多年农民工在人口红利背景下为中国持续调整增长所做的贡献，在经济转型升级和供给侧结构性改革背景下，让农民工群体能够在流入地城市安居乐业，无论对于中国社会结构调整还是供给侧改革、消除城市既有的库存，都会形成良性循环效应。因此，解决农民工群体市民化的成本问题本质是一个短期利益和长期利益的问题，不仅需要农民工群体自身努力，也需要政府、企业从社会良性运行角度看待，从而最终解决农民工群体的社会融入问题。

第四节　网络社区认同个体化的治理

中国社会的现代化是一个从传统的农业文明到工业文明，再到信息文明的转型过程，在这个过程中，工业化、城市化作为人类社会发展的共同道路不可避免。然而，社会学传统所探究的个体与社会的关系依然是中国现代化进程的核心议题。某种程度上，现代性在中国的推进，正如笔者在前文所讨论的，带给民众的变化是一种所谓的解放，即从传统的束缚中脱嵌，也就是吉登斯所言的去传统化。对于农民工群体而言，城镇化进程中，这一群体快速从原有的血缘、地缘的约束中解放出来，并被迫为自己的选择负责。可以说，正是这一群体的流动成为当代中国社会变革的重要催化剂，不仅改变了个体的命运，也改变了社会发展的轨迹和社会结构，个体化成为社会的主要潮流，阎云翔观察到了当前中国社会发展的这一显著变化。[1] 农民工群体在网络社区中的活动也同样呈现这种现象。农民工群体在网络社区的这种个体化认同的原因既有社会的规定性，也有网络社区本身的原因，还有农民工群体本身的代际分化和职业分化的原因。可以说农民工网络社区文化认同的个体化是多种原因导致的一种现代性的结果，同时也是当前中国社会认同个体化的一部分。然而，我们看到的农民工群体网络社区认同的个体化，是在国家没有完整保障流动人口的各项公民权利的基础上发生的，这种个体化因为与个人主义混淆不清从而在制度层面没有获得正当性，反而在个体层面得到了极大的肯定。中国社会的个体化不是制度化的个体化，而是一种缺乏对公民权利和社会基本权利充分认知的个体化，农民工群体在网络社区中的认同典型体现了这一点。

既然农民工群体在流动过程中遭遇了双重脱嵌与双重边缘的困境，从而形成了这一群体的个体化进程，包括网络社区认同的个体化。由此，针对农民工网络社区认同个体化及农民工个体化的形成原因，课题组认为必须通过网络社区对农民工群体增权赋能，进而推进这一群体在城市化进程中个体自身技能的提升，群体内部认同的提升，群体组织认同的增强，群体与城市认同差异的消解。同时政府也需要通过从"行政赋权"向"劳动赋权"乃至劳动过程中的"网络赋权"[2] 转向，从而真正消弭中国现代化进程中因为城乡差异等结构性因素导致的城市内部的二元隔离，从而不仅在心理层面推进中国现代化进程中公民意识的提高，而且在文化层面实现文化的一体化、认同的一体化。

一、从农民工群体角度而言的网络社区赋权增能

（一）利用网络社区提升农民工自身的能力

从农民工群体流动的原因出发，我们能够看到当前城乡之间的差距依然很明显，无论硬件建设，包括基础设施等，还是软件建设，包括城市居民与乡村居民的素质、受教育水平等。新生代农民工群体与老一代农民工

---

[1] 阎云翔：《中国社会的个体化》，陆洋等译，上海译文出版社，2012，第 326～345 页。

[2] 郑永年教授认为，互联网对国家和社会都进行了赋权，同时互联网的发展产生了分权的效果，也为国家和社会靠近对方创造了一个新的基础结构。参见郑永年《技术赋权：中国的互联网、国家与社会》，东方出版社，2014，第 14～15 页。

群体之间的差异主要由城乡之间的差距导致，这种差距主要体现为当前城乡之间信息共享、信息流通之间的差距，这种差距给当前正在推进的治理现代化带来了相应挑战，同时也蕴藏着巨大机遇。推进网络社区及其背后的信息社会建设，能够消弭农民工群体内部的数字鸿沟，推进农民工群体治理的现代化。

　　首先，农民工群体进入城市，可以借助网络社区寻找就业等各种信息，而在乡村要找工作，就必须通过传统的血缘、地缘或业缘关系。农民工群体初次流动时，基本是依靠血缘、地缘等关系网络。而进入城市之后，在城市社会的信息包围之下，新生代农民工群体二次、三次、四次的就业利用网络社区的机会更多，这意味着农民工群体代际获取网络信息能力的差距很大。同时，也与城市乡村之间信息提供的差异很大有关。加强网络社区及信息社会建设，有助于逐步消弭城乡之间、农民工群体内部已经存在的数字鸿沟，从而实现有序的社会发展，打破固化的社会分层，推动城市与乡村的均衡发展，落实中央提出的新型城镇化目标。

　　其次，网络社区与信息社会建设有助于消弭新生代农民工群体与城市居民的距离感，为新生代农民工群体在城市的心理融入奠定基础。乡土社会的知识体系和工业社会的知识体系是两种完全不同的知识体系，农民工群体进入城市，乡土气息深厚，这并非落后，而是先天接受的知识体系不同，城市居民不应因此对农民工群体产生歧视。信息社会和网络社区的出现，为农民工群体和城市居民群体提供了一个契机，缩小二者之间的知识体系和知识获得的差距，促进两个群体的相互认识和理解，从而为社会和谐、心理接纳，最终实现完全融合奠定扎实基础。通信专家斯蒂芬·汤尼－法里纳认为："在有形社区，我们被迫同城市各样与自己不同的人相处。但虚拟社区使我们有机会建构一些乌托邦式的集体——基于利益、教育、品味、信仰和技术的社会。在网络空间里，我们可以在一块动荡不定的土地上重塑世界。"① 通过信息社会和网络社区的建设和使用的扩大，传统的血缘、地缘的有形社区与利益、兴趣为主的无形虚拟社区相互交融，甚至无形社区开始逐步取代有形社区，这既是现代化的后果，也是现代化的发展之路。抓住信息社会提供给我们弯道超车的这次机会，未来我们很有可能远远超越当今的发展模式，甚至完全重塑中华文明与文化，重

---

① 转引自罗伯特·帕特南《独自打保龄》，刘波、祝乃娟等译，北京大学出版社，2011，第204页。

塑中国社会的结构。

最后，利用网络社区和其他新媒体平台，推进农民工群体治理现代化。据课题组研究发现，农民工群体在网络社区使用方面有代际差异，新生代农民工群体对于网络社区的使用显然更加普遍，更加得心应手。从中国现有的体制与结构考察，城乡差距的消除是一个长期的过程，也意味着农民工群体市民化也会是一个长期的过程，这就要求我们对于农民工群体实现多元化、精细化治理。这种多元化、精细化治理可以通过网络及信息技术手段，精确掌握农民工群体的各种信息，比如居住、消费、娱乐、就业等方面信息，为流出地与流入地城市对农民工群体的就业与服务提供帮助，同时也为政府决策提供相应支持。在网络社区中有效疏导农民工群体在城市融入过程中因各种不公积累的负面情绪，通过网络社区及其信息发布渠道，宣传党和政府对于农民工群体的各种政策，推动农民工群体主动在网络社区开展涉及社会性、公共性议题的讨论，以开放、包容的讨论空间提升农民工群体的参与感、获得感，降低农民工群体在城市融入过程中的负面情绪积累，加强这一群体对中国国情和政府决策的理解和支持。这既是社会治理多元化的题中应有之义，也是社会治理精细化、现代化的表现。

（二）利用网络增强农民工群体内部的认同

朱迪等人提出，伴随着农民工群体的更替，新生代农民工[①]通过社交网络实现与城市生活、工作的融合，满足人际互动，从而实现主观赋能。然而从课题组的研究出发，既然农民工在网络社区的认同呈现个体化的样态，那么首先需要了解清楚农民工网络社区认同个体化的原因，进而才能真正推动农民工群体利用网络实现赋权增能的目标。

龚牟利经过研究提出，青年农民工具有较长的互联网使用历史与经验，大约85%的人具有2年以上的互联网使用历史，使用时间在5年以上的超过1/3（37.04%），大部分青年农民工每天的互联网使用时间为2~6小时。[②] 课题组在调研时也发现，新生代农民工在工厂下班之后，由于经济原因，手机流量可能不足，他们会想方设法去蹭流量。很多农民工

---

① 朱迪等人的研究将新生代农民工称为青年农民工。参见朱迪、何祎金、田丰《生活在此处：中国社交网络与赋能研究》，社会科学文献出版社，2018，第55~58页。

② 龚牟利：《新生代农民工互联网使用与社会资本研究》，硕士学位论文，中国青年政治学院，2014。

和课题组这样说："流量不够可以想办法蹭的。我租住的房东家里，就有免费的 Wi-Fi，我每天回到住的地方，第一件事就是上网，当然是通过手机上网。出去吃饭或者逛，吃饭的饭馆会有免费的 Wi-Fi。逛的综合体、商场里也有免费的 Wi-Fi。这些都可以给我提供一些流量的，让我降低手机自身流量的消耗。"① 甚至课题组在对建筑农民工进行调研时，他们也提出要和课题组成员相互加微信，尽管这些建筑农民工年龄相对而言已经偏大，但他们对微信的使用依然熟练。因此，从这个角度而言，通过网络社区消弭农民工群体内部不同代际、不同群体之间，农民工群体和城市各群体之间的认同差异、文化差异等就成为一种可能的途径。

课题组调研时发现，农民工群体在参与网络社区的活动时，经常是按照血缘、地缘和业缘来加入网络社区的，跨界的网络社区参与不是没有，但这种跨界的网络社区与不跨界的网络社区的活跃度相比较而言，就低了很多。比如笔者曾经参与外来务工人员的地域性 QQ 网络社区，因为各种职业的人都有，所以网络的活跃度就不够。课题组调研时曾问过这一问题，得到这样的回答："那个群人太多了，都不太认识，在里面没什么好说的。而且大家日常没有多少相互帮助、相互需要，因此互动不多也正常的。但参加是要参加的，万一有什么需要这个群能提供呢？要知道，在家靠父母，出门靠朋友嘛！"

课题组提出通过网络社区增强农民工群体内部的认同，依据也在于此。调研时这位农民工认为网络社区人太多太杂，互相不认识，没有多少相互帮助和相互需要，因此没有多少互动，这也是现实情况。但同时他也认为，参加是有必要的，万一有什么需要通过网络社区能够得到帮助得到满足呢？这反映出农民工进入城市后的一种农业社会的关系心理，即"在家靠父母，出门靠朋友"的思维。在当前网络社区个体化认同的背景下，利用农民工群体自身的这种思维，可以有效消除其在"双重脱嵌"中的困境，增强这一群体的内部认同。

首先，利用网络社区的参与，消除农民工不同代际和不同职业之间的认同隔阂，增强这一群体内部团结。农民工的网络社区参与多以血缘、地缘、业缘为表征，同时兼具代际的特征，就像这位农民工说的，规模大一

---

① 2017 年 8 月 9 日对 H 市外来农民工的访谈。

些的网络社区大家都不太互动，一是因为不熟悉，二是因为职业背景不同。因此，如何变不熟悉为熟悉，并消除不同职业背景对农民工群体意识和群体团结的影响，这是增权赋能的前提条件。团结就是力量。课题组同意孙中伟的观点，即个体化的农民工在城市中要维护自身权益，必须由"个体赋权"走向"集体赋权"和"个体赋能"。① 解决"集体赋权"和"个体赋能"的前提就是，农民工群体内部群体意识和群体认同的逐步形成。网络社区可能会促进不同职业、不同地域的农民工误解的消除，增进他们之间的团结，这是我们必须利用的一点。

其次，增加农民工网络社区参与者线上和线下的互动。当前，认同个体化的主要原因除了结构性因素制约之外，还存在着农民工网络社区参与者线上与线下互动不频繁因素的制约。有农民工这样和笔者说："我们经常在线上互动聊天，但工厂和工地的工作本身就特别累，我们整天都在赶工，没有太多的闲暇时间去线下互动、走动的。"这种没有太多闲暇时间线下互动和走动带来的就是尽管在网络上能聊起来，但在现实中却不熟悉，因为不熟悉而无法产生彻底的信任，进而无法形成群体认同。因此，未来要消弭农民工网络社区认同的个体化，需要持续增加农民工网络社区参与者的线上和线下的互动，从而增加这一群体内部的信任。只有他们内部产生持续的相互信任，他们才能形成群体认同并增强团结，这也是赋能的一种体现。

最后，通过合法途径，增强农民工群体的组织认同。当前，全国各地的农民工群体有着各种各样的自组织，比如 H 地区最出名的是农民工自组织"××之家"。这种类似的组织在北京、上海、广州、深圳等地已经非常普遍。这种农民工群体的自组织通过线上和线下的各种活动，增强了自身的群体意识和群体认同。然而，这些农民工群体的自组织囿于各种原因，无法得到政府的承认及资助。数字有限的农民工群体的自组织通过"吸纳"的方式成为政府工会内部的机构，然而这种"吸纳"的方式部分地改变了这些组织的"草根性、自发性"，也引发了这些组织内部的分裂。② 因此，降低这些农民工自组织的登记门槛，让农民工

---

① 孙中伟：《从"个体赋权"迈向"集体赋权"与"个体赋能"：21 世纪以来中国农民工劳动权益瓮中捉鳖路径反思》，《华东理工大学学报》（社会科学版）2013 年第 2 期。

② 课题组在调研时就遇到过这种情况，被吸纳之后的组织包括原来从事公益的人员四分五裂，组织的影响力也大不如前。

的自组织通过合法途径发挥其在农民工群体中的影响，实现农民工群体的组织认同，并通过这些自组织实现对农民工群体的治理，这是一种可资借鉴并有可能对农民工群体赋权增能的途径。

二、通过网络社区增强政府公共政策的引领性

当前中国社会转型过程中，国家在农民工群体社会融合和认同形成过程中扮演着不可或缺的角色，这种角色的扮演主要是通过政策与法律的引领与规制，同时在劳资双方的争议过程中发挥调停作用。

（一）加强网络社区的法律宣传和运用，为农民工增权赋能

农民工从农村进入城市工厂或其他行业打工，对于涉及自身利益的法律并不知晓或清楚。课题组在调研时发现，只有遇到了损害自身权益的相关事件时，农民工个体或群体才有可能找寻相关法律，了解相关政策。这种临时抱佛脚的做法给农民工的自身权益保护和城市融入带来相当大的影响。不仅是建筑行业的农民工，其他行业的农民工也存在类似的问题。因此，如果能够通过网络社区加强对参与其中的农民工个体和群体的法律宣传，将有助于农民工个体和群体依法捍卫自身合法权益，并在捍卫自身合法权益过程中实现群体的团结。

首先，创新涉及农民工权益保护的法律法规的宣传途径和方式，努力让在城市务工的农民工群体了解国家对行业的法定责任和义务，推进农民工群体掌握基本的权益保护的法律法规，维护劳资关系稳定和平衡，进而实现农民工群体的赋权增能。当前，大数据技术一日千里，政府可以通过大数据技术，梳理农民工日常工作中最常用的权益保护的法律和法规，并通过网络推送等途径，以公众号、社区公告等方式，由网络运营商不定期推送到农民工的网络社区，以此方式提升农民工个体和群体与资方博弈的能力，进而消除农民工网络社区认同的个体化及现实中的原子化问题，实现群体意识的增强和群体团结的实现。

其次，加强政府在处理劳动争议过程中的权威地位，通过制度内维权为工人赋权增能，并通过网络社区广而告之。课题组在调研时发现，地方政府在处理涉及农民工的劳动争议时，会有对涉及农民工个体和群体权益保护的法律和法规施行选择性执行的现象。网络社区很多农民工在面对这种情况时，经常怀着一种"小事闹大"的心理。这样的后果是法律权威

得不到维护，政府合法性受到损害、农民工权益得不到合法保护。因此，上级劳动仲裁部门一定要对此进行纠正，努力实现劳资双方的利益均衡，不能因为维护一方利益而打压另一方利益，并通过网络社区对政府的这些做法广为告知。

（二）推进网络社区的应用，消弭城乡数字鸿沟

当前中国的现代化和城市化呈现显著的时空压缩特征，即将农业社会、工业社会、信息社会等不同社会类型从时间上压缩到短短的三五十年间，从空间上压缩到一起，这种压缩引发了城乡之间、工农之间、地区之间、农民工群体代际的矛盾和差异。"互联网＋""智能＋"的概念主要应用在城市，大部分乡村还呈现为农业的生产生活样态，甚至部分社会群体已经处于信息社会边缘，这其中也包括部分进入城市的农民工。因此，利用城市网络社区，推动进城务工的农民工群体接受网络社区，学会利用网络，进而消弭不同社会发展阶段和不同社会类型之间的鸿沟，是当前中国现代化亟待解决的一个结构性问题。

首先，加强乡村互联网建设，推动城乡互联网一体化发展。信息社会的基础是互联网，离开了互联网这个基础性的建设，中国的数字经济就无法得到相应发展，数字政府建设就无法实现，数字社会就无从谈起。作为信息社会基础设施的互联网，在当前中国城乡社会之间发展差距非常大而且非常明显。因此，通过互联网等基础设施在城乡之间的一体化建设，将能够有效消除城乡之间、工农之间、地区之间、农民工群体代际的信息鸿沟和数字鸿沟，最大限度地消除信息不对称，从而让想进城务工的农民工足不出户，就能很方便地了解外出务工的相关信息、权益保护的法律法规信息，从这个角度为农民工群体赋权增能。

其次，政府需要推动农民工群体权益保障从"行政赋权"向"劳动赋权"甚至向"网络赋权"转变。蔡禾提出，中国改革开放以来的农民工权益保障遵循的是"行政赋权"的逻辑，即地方政府根据城市经济和社会发展需要，选择性地赋予农民工某些权利，包括维权的方式、维权的内容、维权的途径等，这使得农民工在城市生活和工作中的权利具有不稳定性、不完整性、权变性的特征。蔡禾提出，未来要将这种"政府赋权"给农民工群体的方式转变为"劳动赋权"方式，即只要农民工参与了城市的劳动过程，就必须按照法律规定，给予农民工完整的、稳定的法律权益保障。① 随着数字经济的不断发展，数字劳工的不断涌现，我们还需要在劳动赋权基础上，通过网络社区维护农民工群体的权益，比如，政府可以定期在网络社区公布资方的一些不合法的问题，引导资方遵照法律规定，给予农民工群体相应的法定权益。农民工群体也可以将资方的一些不合法的行为通过网络社区向政府反映，由政府劳动仲裁部门在网络社区中进行裁定，从而维护劳资双方的关切、利益的均衡。

最后，政府可通过网络社区的农民工参与者，实现对企业行为、对企业履行社会责任的监督与监察。农民工权益保护领域，农民工自身最有发言权。而且，在全球化的背景下，网络社区的信息传播是裂变式的、爆炸式的。政府如果能够善于利用网络社区信息传播的优势，对农民工权益进行保护，并激发农民工的群体意识，推动农民工群体自身的团结，这将有助于提高政府日常监管效率。同时，网络社区农民工参与的监察方式能够避免政府在农民工权益维护方面的缺失和市场失灵。因此，政府通过网络社区的农民工参与者，对企业的用工情况、企业的农民工权益保护情况进行监督和监察，将是全球化背景下从外部对农民工群体赋权增能的一条可行之路。

---

① 蔡禾：《行政赋权与劳动赋权：农民工权利变迁的制度文本分析》，《开放时代》2009 年第 6 期。

主要参考文献

一、著作

[1] 阿马蒂亚·森：《贫困与饥荒》，王宇、王文玉译，商务印书馆，2001。

[2] 阿尔弗雷德·格罗塞：《身份认同的困境》，王鲲译，社会科学文献出版社，2010。

[3] 安东尼·吉登斯：《现代性的后果》，田禾译，译林出版社，2000。

[4] 安东尼·吉登斯：《现代性与自我认同》，越旭东、方文译，生活·读书·新知三联书店，1998。

[5] 安托万·佩库、保罗·德·古赫特奈尔：《无国界移民》，武云译，译林出版社，2011。

[6] 费雷德里克·巴斯：《族群与边界》，李丽琴译，商务印书馆，2014。

[7] 贝弗里·J. 西尔弗：《劳工的力量》，张璐译，社会科学文献出版社，2012。

[8] 布活维：《制造同意》，李荣荣译，商务印书馆，2003。

[9] 保罗·威利斯：《学做工》，秘舒、凌旻华译，译林出版社，2013。

[10] 白振声：《客观文化、主观认同与民族意识》，中央民族大学出版社，2011。

[11] 蔡禾、刘林平、万向东等：《城市化进程中的农民工》，社会科学文献出版社，2009。

[12] 陈周旺、汪仕凯：《工人政治》，复旦大学出版社，2013。

[13] 丁未：《流动的家园》，社会科学文献出版社，2014。

[14] 段成荣、杨舸、马学阳：《中国流动人口研究》，中国人口出版社，2012。

［15］道格·桑德斯：《落脚城市》，陈信译，上海译文出版社，2012。

［16］E. P. 汤普森：《英国工人阶级的形成》，钱乘旦等译，译林出版社，2013。

［17］费孝通：《乡土中国》，北京大学出版社，1998。

［18］弗兰克·韦伯斯特：《信息社会理论》，曹晋、梁静、李哲、曹茂等译，北京大学出版社，2011。

［19］范芝芬：《流动中国：迁移、国家和家庭》，邱幼云、黄河译，社会科学文献出版社，2013。

［20］葛正鹏、王宁、琚向红：《农民工就业问题研究》，中国水利水电出版社，2009。

［21］高献忠：《虚拟社区秩序的生成机制研究》，黑龙江大学出版社，2013。

［22］国务院发展研究中心课题组：《农民工市民化：制度创新与顶层设计》，中国发展出版社，2011。

［23］国家人口和计划生育委员会流动人口服务管理司：《流动人口理论与政策综述报告》，中国人口出版社，2011。

［24］韩长赋：《中国农民工的发展与终结》，中国人民大学出版社，2007。

［25］韩震：《全球化朝代的文化认同与国家认同》，北京师范大学出版社，2013。

［26］何明洁：《劳动与姐妹分化》，四川大学出版社，2009。

［27］贺雪峰、袁松、宋丽娜：《农民工返乡研究》，山东人民出版社，2010。

［28］黄锟：《中国农民工市民化制度分析》，中国人民大学出版社，2011。

［29］黄佩：《网络社区：我们在一起》，中国宇航出版社，2010。

［30］黄丽云：《新生代农民工市场化中的价值观》，社会科学文献出版社，2012。

［31］黄岩：《全球化与中国劳动政治的转型》，上海人民出版社，2011。

［32］候亚非、张展新：《流动人口的城市融入》，中国经济出版社，2010。

［33］胡泳：《众声喧哗：网络时代的个人表达与公共讨论》，广西师范大学出版社，2008。

［34］简·梵·迪克：《网络社会》，蔡静译，清华大学出版社，2014。

［35］乔纳森·弗里德曼：《文化认同与全球性过程》，郭建如译，商务印书馆，2004。

［36］卡尔·波兰尼：《巨变》，黄树民译，商务印书馆，2013。

［37］孔飞力：《中国现代国家的起源》，陈兼、陈之宏译，生活·读书·新知三联书店，2013。

［38］孔飞力：《他者中的华人》，李明欢译，江苏人民出版社，2016。

［39］赖涪林：《长三角农民工的非稳态转移》，上海财经大学出版社，2009。

［40］李春玲、吕鹏：《社会分层理论》，中国社会科学出版社，2008。

［41］李培林：《农民工：中国进城农民工的经济社会分析》，社会科学文献出版社，2003。

［42］李培林：《村落的终结》，商务印书馆，2004。

［43］李强：《转型时期的中国社会分层结构》，黑龙江人民出版社，2002。

［44］李强：《农民工与中国社会分层》，社会科学文献出版社，2012。

［45］李一：《网络行为失范》，社会科学文献出版社，2007。

［46］李一：《网络社会治理》，中国社会科学出版社，2014。

［47］李春霞、吴加志、洪眉：《京城保姆》，九州出版社，2013。

［48］刘佳宁：《中国人口问题研究》，广东经济出版社，2012。

［49］林南：《社会资本——关于社会结构与行动的理论》，张磊译，上海人民出版社，2005。

［50］罗伯特·帕特南：《独自打保龄》，刘波、祝乃娟等译，北京大学出版社，2011。

［51］罗伯特·V.库兹奈特：《如何研究网络人群和社区》，叶韦明译，重庆大学出版社，2016。

［52］刘华芹：《天涯虚拟社区》，民族出版社，2005。

［53］吕途：《中国新工人：迷失与崛起》，法律出版社，2013。

［54］吕途：《中国新工人：文化与命运》，法律出版社，2014。

［55］梁肇庭：《中国历史上的移民与族群性》，冷剑波、周云水译，社会科学文献出版社，2013。

［56］刘传江、董延芳：《农民工的代际分化、行为选择与市民化》，科学出版社，2014。

［57］迈克尔·A.豪格、多米尼克·阿布拉姆斯：《社会认同过程》，高明华译，中国人民大学出版社，2011。

［58］M.卡斯特：《网络社会》，社会科学文献出版社，2009。

［59］M.卡斯特：《认同的力量》，夏铸九、黄丽玲译，社会科学文献出版社，2003。

［60］M. 卡斯特:《网络社会的崛起》,夏铸九等译,社会科学文献出版社,2003。

［61］马修·弗雷泽、苏米特拉·杜塔:《社交网络改变世界》,谈冠华、郭小花译,中国人民大学出版社,2013。

［62］马向阳:《纯粹关系:网络分享时代的社会交往》,清华大学出版社,2015。

［63］马杰伟、张潇潇:《媒体现代》,复旦大学出版社,2011。

［64］玛黑特·里、瑞格荷德·路德、歌德·霍普斯登·汉森:《在中国制造》,朱善杰译,世纪出版集团,2013。

［65］麦克尔·E. 罗洛夫:《人际传播社会交换论》,王龙江译,上海译文出版社,1997。

［66］C. 赖特·米尔斯:《社会学的想像力》,陈强、张永强译,生活·读书·新知三联书店,2005。

［67］孟德拉斯:《农民的终结》,李培林译,社会科学文献出版社,2010。

［68］孟庆洁:《上海市外来流动人口的生活方式研究》,上海社会科学院出版社,2009。

［69］尼葛洛庞蒂:《数字化生存》,湖泳、范海燕译,海南出版社,1997。

［70］邱林川:《信息朝代的世界工厂》,广西师范大学出版社,2013。

［71］任远:《城市流动人口的居留模式与社会融合》,上海三联书店,2012。

［72］任远、谭静、陈春林、余欣甜:《人口迁移流动与城镇化发展》,上海人民出版社,2014。

［73］瑞雪·墨菲:《农民工改变中国农村》,黄涛、王静译,浙江人民出版社,2009。

［74］任义科、杜海峰、陈盈晖:《农民工社会网络结构》,社会科学文献出版社,2011。

［75］上官子木:《网络交往与社会变迁》,社会科学文献出版社,2010。

［76］唐魁玉:《网络化的后果》,社会科学文献出版社,2011。

［77］王铭铭:《作为世界图式的天下》,载赵汀阳编《年度学术2004》,中国人民大学出版社,2004。

［78］王春光:《社会流动与社会重构》,浙江人民出版社,1995。

［79］汪建华:《生活的政治》,社会科学文献出版社,2015。

［80］乌尔里希·贝克、伊丽莎白·贝克－格恩斯海姆:《个体化》(中文版

序），李荣山等译，北京大学出版社，2011。

[81] 王培安：《中国特大城市人口规模调控研究报告》，中国发展出版社，2014。

[82] 熊贵彬：《国家权力与社会结构视野下的农民工城市化》，中国社会出版社，2009。

[83] 醒客：《重新理解媒介》，中信出版社，2014。

[84] 项飙：《跨越边界的社区》，生活・读书・新知三联书店，2000。

[85] 项飙：《全球猎身》，王迪计，北京大学出版社，2012。

[86] 阎云翔：《中国社会的个体化》，陆洋等译，上海译文出版社，2012。

[87] 夏晓娟、陈信行、黄德北：《跨界流离：全球化下的移民与移工》，（台北）唐山出版社，2008。

[88] 雅诺什・科尔奈：《后社会主义转轨的思索》，肖梦译，吉林人民出版社，2011。

[89] 伊万・塞勒尼：《新古典社会学的想像力》，吕鹏、刘建洲等译，社会科学文献出版社，2010。

[90] 丹尼尔．米勒等编：《数码人类学》，王心远译，人民出版社，2014。

[91] 袁方：《社会研究方法教程》，北京大学出版社，1997。

[92] 赵联飞：《现代性与虚拟社区》，社会科学文献出版社，2012。

[93] 赵德余：《以权利看待发展》，复旦大学出版社，2011。

[94] 张声华：《上海流动人口的现状与展望》，华东师范大学出版社，1998。

[95] 朱迪、何祎金、田丰：《生活在此处：中国社交网络赋能研究》，社会科学文献出版社，2018。

[96] 张友庭：《社区秩序的生成》，上海社会科学院出版社，2014。

[97] 郑晓云：《文化认同与文化变迁》，中国社会科学出版社，1992。

[98] 郑素侠：《媒介化社会中的农民工》，中国社会科学出版社，2013。

[99] 周永明：《中国网络政治的历史考察》，商务印书馆，2013。

[100] 《中共中央国务院关于"三农"工作的一号文件汇编（1984—2014）》，人民出版社，2014。

[101] 中国工运研究所编《新生代农民工：问题・研判・对策建议》，中国工人出版社，2011。

[102] 亓昕：《欠薪与讨薪》，首都经济贸易大学出版社，2011。

[103] 付丽丽：《关系型虚拟社区的结构及商业价值研究》，电子工业出版

社，2013。

［104］国家卫计委流动人口司：《中国流动人口发展报告2012》，中国人口
出版社，2012。

［105］国家卫计委流动人口司：《中国流动人口发展报告2013》，中国人口
出版社，2013。

［106］国家卫计委流动人口司：《中国流动人口发展报告2014》，中国人口
出版社，2014。

［107］柯兰群、李汉林：《都市里的村民》，中央编译出版社，2001。

［108］李静君：《中国工人阶级的转型政治》，载李友梅、孙立平、沈原编
《当代中国社会分层理论》，社会科学文献出版社，2006。

［109］清华大学社会学系课题组：《短工化：农民工就业趋势研究》，载沈原
主编《清华社会学评论》（第六辑），社会科学文献出版社，2013。

［110］潘毅：《从富士康跳楼事件看中国农民工未完成的无产阶级化》，载郑
广怀、朱健刚编《公共生活评论》（第二辑），中国社会科学出版
社，2011。

［111］沈原：《社会转型与新生代农民工》，载沈原主编《清华社会学评论》
（第六辑），社会科学文献出版社，2013。

［112］斯各特·拉什：《信息批判》，杨德睿译，北京大学出版社，2009。

［113］亚当·普沃斯基：《无产阶级的阶级形成历程》，刘建洲译，载沈原编
《清华社会学评论》（第六辑），社会科学文献出版社，2013。

［114］谭深：《搜身事件与萌生的阶级意识》，载郑广怀、朱健刚编《公共生
活评论》（第二辑），中国社会科学出版社，2011。

［115］郑广怀：《劳工权益与安抚型国家》，载郑广怀、朱健刚编《公共生活
评论》（第二辑），中国社会科学出版社，2011。

［116］郑广怀：《新生代农民工：界定、特征和制度回应》，载郑广怀、朱健
刚编《公共生活评论》（第二辑），中国社会科学出版社，2011。

二、期刊

［1］卜玉梅：《虚拟民族志：田野、方法与伦理》，《社会学研究》2012年第6期。

［2］蔡昉：《农民工市民化与新消费者的成长》，《中国社会科学院研究生院
学报》2011年第3期。

［3］曹锦清：《中国土地制度：农民工与工业化、城市化》，《社会建设》2015 年第 3 期。

［4］陈映芳：《"农民工"：制度安排与身份认同》，《社会学研究》2005 年第 3 期。

［5］陈映芳：《违规的空间》，《社会学研究》2013 年第 3 期。

［6］柴晋颖、王飞绒：《虚拟社区研究现状及展望》，《情报杂志》2007 年第 5 期。

［7］陈卫、吴丽丽：《中国人口迁移与生育关系研究》，《人口研究》2006 年第 1 期。

［8］崔新建：《文化认同及其根源》，《北京师范大学学报》2004 年第 4 期。

［9］陈峰：《国家、制度与工人阶级的形成》，《社会学研究》2009 年第 5 期。

［10］丁义浩：《虚拟社区与虚拟社区交往初探》，《武汉市经济管理干部学院学报》2004 年第 3 期。

［11］陈晓强、胡新华：《从社会学视角解析虚拟社会交往》，《山西高等学校社会科学学报》2003 年第 9 期。

［12］邓志强：《网络时代青年的社会认同困境及应对策略》，《中国青年研究》2014 年第 2 期。

［13］董敬畏：《流动人口污名化与公共服务》，《中共福建省委党校学报》2013 年第 7 期。

［14］董敬畏：《个体化：新生代流动人口新趋势》，《浙江学刊》2014 年第 4 期。

［15］董敬畏：《流动人口文化认同的过程、困境及其消解》，《江汉学术》2015 年第 4 期。

［16］董敬畏：《流动、嵌入与网络认同个体化》，《浙江学刊》2016 年第 4 期。

［17］董敬畏：《时空抽离与流动人口的文化认同》，《中国社会科学院研究生院学报》2016 年第 3 期。

［18］董敬畏：《网络社区的性质、议题分类及其影响》，《广西社会科学》2016 年第 5 期。

［19］董敬畏：《网络社区与流动人口个体化》，《长白学刊》2016 年第 3 期。

［20］杜骏飞、巢乃鹏：《认同之舞：虚拟社区里的人际交流》，《新闻大学》

2003 年第 2 期。

[21] 范雷：《城市化进程上的劳动力市场分割》，《江苏社会科学》2012 年第 5 期。

[22] 符平：《嵌入性：两种取向及其分歧》，《社会学研究》2009 年第 5 期。

[23] 甘满堂：《城市农民工与转型期中国社会的三元结构》，《福州大学学报》2001 年第 4 期。

[24] 郭星华、储卉娟：《从乡村到都市》，《江海学刊》2004 年第 3 期。

[25] 郭彦辰：《网络社会兴起的社会学思考》，《社会科学研究》2012 年第 1 期。

[26] 郭志刚：《家庭代际关系的人口社会学研究》，教育部人文社会科学重点研究基地 2004 年度重大项目立项课题报告，2008。

[27] 葛笑如、卢璇：《脆弱性与风险：农民工人生风险的另类分析》，《山西农业大学学报》2016 年第 15 期。

[28] 洪朝辉：《论中国农民工的社会权利贫困》，《当代中国研究》2007 年第 4 期。

[29] 黄少华、武玉鹏：《网络行为研究现状：一个文献综述》，《兰州大学学报》2007 年第 3 期。

[30] 李培林：《流动民工的社会网络和社会地位》，《社会学研究》1996 年第 4 期。

[31] 李强：《中国城市化进程中的"半融入与不融入"》，《河北学刊》2011 年第 5 期。

[31] 李超海、唐斌：《城市认同、制度性障碍与民工荒现象》，《青年研究》2006 年第 7 期。

[32] 刘少杰：《城市化进程上的认同分化与风险聚集》，《探索与争鸣》2011 年第 2 期。

[33] 刘少杰：《网络化时代的社会结构变迁》，《学术月刊》2012 年第 10 期。

[34] 刘瑛、杨伯淑：《互联网与虚拟社区》，《社会学研究》2003 年第 5 期。

[35] 刘梅、李桂平：《青年网民的社会认同研究》，《湖南社会科学》2014 年第 5 期。

[36] 刘燕舞：《返乡农民工的基本类型》，《社会科学报》2009 年 4 月 2 日，第 002 版。

[37] 刘志军、王宏：《流动人口医保参保率影响因素研究》，《浙江大学学

报》（人文社会科学版）2014 年第 5 期。

[38] 刘正强：《"居住证"如何 XX 我们的生活》，《城市论坛》第 20 期，2017 年 4 月 4 日，https：//mp. weixin. qq. com/s?＿＿biz＝MzA5MjM5Njc4 NQ%3D%3D&chksm＝8b820b38bcf5822e250d8c283492b76262ab3be70c 39ecefca09113cfa1386f8d6788e23c60c&idx＝1&mid＝2652595878&scene＝ 21&sn＝54bd82d083efa2aa553041f0eaeba305。

[39] 楼天阳、陆雄文：《虚拟社区与成员心理联结机制的实证研究》，《南开 管理评论》，2011 年第 14 期。

[40] 戚攻：《"虚拟社会"与社会学》，《社会》2001 年第 2 期。

[41] 潘毅：《阶级的失语和发声》，《开放时代》2005 年第 2 期；

[42] 潘毅、陈敬慈：《阶级话语的消逝》，《开放时代》2008 年第 5 期。

[43] 潘毅、卢晖临等：《农民工：未完成的无产阶级化》，《开放时代》 2009 年第 6 期。

[44] 任焰、潘毅：《跨国劳动过程的空间政治》，《社会学研究》2006 年第 4 期。

[45] 宋林飞：《城市移民的文化矛盾与社会安全》，《江苏社会科学》2005 年第 5 期。

[46] 孙立平等：《改革开放以来中国社会结构的变迁》，《中国社会科学》 1994 年第 2 期。

[47] 沈原：《社会转型与工人阶级的再形成》，《社会学研究》2006 年第 2 期。

[48] 唐灿、冯小双：《河南村：流动农民的分化》，《社会学研究》2000 年 第 4 期。

[49] 杨菊华：《从隔离、选择融入到融合》，《人口研究》2009 年第 1 期。

[50] 汪建华：《互联网互动员与代工厂工人集体抗争》，《开放时代》2011 年第 11 期。

[64] 汪建华、郑广怀、孟泉、沈原：《制度化与激进化之间：新生代农民工 的组织化趋势》，《二十一世纪》2015 年第 8 期。

[51] 王春光：《新生代农村流动人口的社会认同与城乡整合的关系》，《社会 学研究》2001 年第 3 期。

[52] 王春光：《警惕农民工底层化意识加剧》，《中国党政干部论坛》2006 年第 5 期。

[53] 王春光：《农村流动人口的"半城市化"研究》，《社会学研究》2006年第5期。

[54] 王冠：《网络社会概念的社会学建构》，《学习与实践》2013年第11期。

[55] 王冠：《叙事分析：网络社会认同研究的方法》，《学习与探索》2013年第7期。

[56] 王汉生、刘世定、孙立平、项飙：《浙江村：中国农民进入城市的一种独特方式》，《社会学研究》1997年第1期。

[57] 王小章：《从生存到承认：公民权视野下的农民工问题》，《社会学研究》2009年第1期。

[58] 闻翔：《西方劳动过程理论与中国经验》，《中国社会科学》2007年第3期。

[59] 吴鹏森：《进城农民：中国社会特殊的身份集团》，《安徽师大学报》（哲学社会科学版）1998年第2期。

[60] 姚玉杰：《传播视野中的网络虚拟社区文化形态透析》，《社会科学战线》2010年第8期。

[61] 张萌萌：《西方身份认同研究述评》，《云梦学刊》2011年第2期。

[62] 张江华：《卡里斯玛、公共性与中国社会》，《社会》2010年第5期。

[63] 张发亮：《不同类型虚拟社区的特点比较分析》，《图书馆学研究》2006年第7期。

[64] 张淑华等：《身份认同研究综述》，《心理研究》2012年第5期。

[65] 张荣：《网络社会的公共性难题》，《山东社会科学》2014年第6期。

[66] 张萍：《社会风险研究的个体视角》，《思想战线》2013年第3期。

[67] 郑中玉、何明升：《网络社会的概念辨析》，《社会学研究》2004年第1期。

[68] 郑松泰：《信息主导背景下农民工的生存状态与身份认同》，《社会学研究》2010年第2期。

[69] 朱妍、李煜：《双重脱嵌：农民工代际分化的政治经济学分析》，《社会科学》2013年第11期。

[70] 周怡：《家与家乡：流动者的乡土情感》，《社会科学》2011年第11期。

[71] 周晓虹：《认同理论：社会学与心理学的分析路径》，《社会科学》2008年第4期。

三、英文文献

［1］ Bargh，John A. and Katelyn Y. A. McKenna. "The Internet and Social Life." *Annual Review of Psychology* 55 （2004）：573 – 590.

［2］ M. S. Granovetter "Economics Action and Social Structure：The Problem of Embeddedness." *The American Journal of Society* 91，No. 3 （1985）：481 – 510.

［3］ Anderson，B. *Imagined Communities：Reflections on the Origin and Spread of Nationalism.* London：Verso Press，1983.

［4］ Abrams，Dominic，and Michael A. Hogg （eds.）. *Social Identity Theory：Constructive and Critical Advances.* New York：Harvester Wheat sheaf，1990.

［5］ Haythornthwaite，Caronline，and Barry Wellman. "The Internet in Everyday Life." In *The Internet in Everyday Life*，Barry Wellman and Caroline Haythornthwaite eds. Malden：Backwell Publishing，2002.

［6］ Rheingold，Howard *The Virtual Community：Homesteading on the Electronic Frontier.* Cambridge，MA：The MIT Press，1993.

［7］ Erikson，Erik H. *Childhood and Society.* New York：Norton，1950.

［8］ Bargh，John A.，and Katelyn Y. A. McKenna. The Internet and Social Life. *Annual Review of Psychology* 55 （2004）：573 – 590.

四、网络报刊资料

［1］ 艾瑞咨询集团：《中国网络社区研究报告》（简版），www. iresearch. com. cn/pdf/2009 年中国网络社区研究报告简版 . pdf。

［2］ 《国务院关于解决农民工问题的若干意见》，（国发 2006 第 5 号），http：//www. gov. cn/zhuanti/2015 – 06/13/content_ 2878968. htm。

［3］ 中华人民共和国中央人民政府：《国务院关于实施支持农业转移人口市民化若干财政政策的通知》，http：//www. gov. cn/zhengce/content/2016 – 08/05/content_ 5097845. htm。

［4］ 人民网：《29 省份居住证制度落地 居住证含金量各有不同》，http：//politics. people. com. cn/n1/2016/0129/c1001 – 28095482. html。

［5］ 人民网：《社科院蓝皮书：农民工普遍感觉社会不公》，http：//news. sina. com. cn/c/2013 - 01 - 07/111525974693. shtml。

［6］ 光明网：《告诉你一个真实的农村："80 后不会种地"，"90 后不提种地"》，http：//news. gmw. cn/2016 - 05/30/content_ 20329859. htm。

［7］ 金融时报：《崛起的中国劳工力量》，http：//www. ftchinese. com/story/ 001056164。

［8］ 新华网：《我国沿海村镇本地与外来人口倒挂 冲突对立加剧》，http：//news. xinhuanet. com/local/2011 - 06/18/c_ 121551638. htm。

［9］ 新华网：《农民工爱上互联网 +》，http：//news. xinhuanet. com/newmedia/2015 - 06/15/c_ 134326233. htm。

［10］ 腾讯互联网与社会研究院：《新生代农民工社交网络使用调查》，http：//cache. baiducontent. com/c？ m = 9f65cb4a8c8507ed4fece7631053803d530fdc743ca08c4e3894c414d0231a1b1c71e3cc767f4f1980853a3c50f11e41eaf23576200356b59bdf883cdebe8f2e2c8e2633771f914165895ff09552609c60c655fede1ef0c9fb25e2afc5a7dc4352ba44757197838d4d0164dd1e830341e8b1ef49022e11adec40728e2f605d953431b6508ee5256f779687ae4b38b53da16206e7db&p = 882a9e41838750e602be9b7c1142&newp = 9a3fc64ad49707f308e29f7a554f92695803ed603fd3d701298ffe0cc4241a1a1a3aecbf26201b04d2c07a6506ac4959e0f236783d0034f1f689df08d2ecce7e7bce7b &user = baidu&fm = sc&query = % C5% A9% C3% F1% B9% A4% CA% B9% D3% C3% CD% F8% C2% E7% CA% FD% C1% BF&qid = d9459b0 f000c1d28&p1 = 8。

［11］ 中国互联网信息中心：《第 38 次中国互联网络发展状况统计报告》，http：//www. cnnic. net. cn/gywm/xwzx/rdxw/2016/201608/t20160803 _ 54389. htm。

［12］ 中国互联网信息中心：《2016 年中国社交用户行为研究》，http：//www. 199it. com/archives/461288. html。

［13］ 中新网：《北京共有产权住房可落户上学 或成以后主流住房模式》，http：//news. china. com/news100/11038989/20170815/31098395. html。

［14］ 南方农村报：《城镇化的文化难题》，http：//epaper. nfncb. cn/nfnc/content/20140320/Articel02005FM. htm。

［15］《关于户口，这是我听到的最佳解译》，http：//mt. sohu. com/20160827/

n466346583. shtml。

[16] 项坚民、杨慧丽：《土地征收时农村外嫁女土地补偿分配之相关权益保护》，杭州律师，http：//www. hzlawyer. net/news/detail. php？ id＝7115。

[17] 浙江在线：《全市工会关爱飞来杭州的 "小候鸟"》，http：//zjnews. zjol. com. cn/zjnews/hznews/201707/t20170721＿ 4605830. shtml。

[18] 中国青年网：《人均收入大比拼 城乡差距：贵州最大浙江最小》，http：//picture. youth. cn/xwjx/201702/t20170221＿ 9148100＿ 1. htm。

[19] 中国青年网：《北京求贤村将对外来人口收费 违反者将被搬出》，http：//news. youth. cn/jsxw/201707/t20170714＿ 10298177. htm。

[20] 《农民工参与社区共建的宁波经验》，《改革内参》，2012 年第 27 期，http：//www. qystats. gov. cn/web/style/default/content. jsp？ issueId＝182729。

[21] "新生代" lilabour 课题组：《全总 PK 富士康》，2015 年 4 月。

五、硕士学位论文

[1] 刘辉：《虚拟社区人际互动的社会学研究》，硕士学位论文，西北大学，2008，未刊稿。

索 引

后　记

　　在书稿即将付梓之际，我首先要感谢国家社科基金的资助，本书是在国家社科基金项目（项目号：13CSH060）资助成果的基础上修订而成的；也要感谢中国社会科学院社会学研究所博士后流动站，因为有了其资助，才有了本书的出版。同时，调研过程中所有研究对象（包括NGO从业者、企业管理人员、相关政府管理人员等）对我的帮助和支持，我一直感恩于心。我和部分研究对象长期保持联系，很多研究对象由于种种原因，在本书付梓之际，已经离开原有工作地或者原有工作，到其他地方工作或者从事其他工作。比如为本研究提供最大支持的NGO从业者李磊已经不再从事NGO工作，为本研究提供调研渠道和便利的政府管理人员沈大友处长也已经退休。这份友谊和支持，我将永远感念于心！

　　在某种程度上，本研究是我和研究对象共同完成的成果。研究对象在流动过程中的经历、遭遇，他们对本研究的参与、批评，既让我感动，也让我更多思考研究的价值和意义。尽管我和一部分研究对象已经成为朋友，然而这些研究对象作为活生生的人，在为本研究提供翔实资料的同时，客观上我只能将他们工具化，即将他们视为资料来源。我曾试图深描这个群体中部分个体在社会变迁中的遭遇，但离部分研究对象对我的期望依然有一段距离。对于部分研究对象试图在流动过程中改变自身命运的执着，我只有敬佩。对于部分研究对象的不幸，我只有回之以叹息、报之以同情，提供极其有限的个人帮助，这是我在研究即将告一段落时依然萦绕在内心的憾事，我内疚和不安的心理根源也在于此。也许这就是学术研究在伦理方面的困扰。我只能对遇到的所有研究对象说，感谢你们，感谢你们对本研究的理解和包容！

　　同时，我要深深感谢上海大学社会学院的授业恩师张江华教授。张老

・234・

师带领我进入学术的殿堂，尽管我天资驽钝，但张老师依然倾囊相授，从学业素养和人文关怀方面对我循循善诱，在某些方面近乎严苛的学术训练，迄今都让我感念、感激！本研究的思路、框架受益于和博士后导师张翼研究员的讨论，张老师学术功底深厚、学术触角敏锐，他的一些观点让我受益匪浅。张老师在对本研究提出批评的同时也给予笔者诸多鼓励，尽管书稿依然存在诸多不足，当然这种不足缘于我的学术素养、积累和田野调查经验的不足，但张老师依然亲自为本书作序，作为鼓励。我还要感谢中共浙江省委党校（浙江行政学院）副校长陈立旭教授，他对我的包容和引领，他对经世致用的理解，他的诸多新颖而独到的见解，都已化为本研究的诸多细节。

作为一个学术共同体，中共杭州市委党校的黄鹏进教授、中共上海市委党校（上海行政学院）的刘建洲教授，是我的好友兼书稿的评阅人，他们经常会对我的观点提出自己独到的见解。除此之外，李一教授、林晓珊教授、范晓光研究员、张东峰老师、曹玉华老师、郑琼老师等，从各个层面给本研究以启发和帮助，我在此深表感谢。

最后，我要向家人致歉并表示感谢！感谢李娜，没有她的支持，我将一事无成！感谢董梓钰，是她给了我人生的圆满和惊喜，也给了我充足的人生动力！

董敬晨

2021 年 10 月于陋室

第九批《中国社会科学博士后文库》专家推荐表 1

　　《中国社会科学博士后文库》由中国社会科学院与全国博士后管理委员会共同设立,旨在集中推出选题立意高、成果质量高、真正反映当前我国哲学社会科学领域博士后研究最高学术水准的创新成果,充分发挥哲学社会科学优秀博士后科研成果和优秀博士后人才的引领示范作用,让《文库》著作真正成为时代的符号、学术的示范。

推荐专家姓名	张翼	电　话	13693663597
专业技术职务	研究员	研究专长	社会治理、流动人口
工作单位	中国社会科学院社会发展战略研究院	行政职务	社发院院长、书记
推荐成果名称	流动人口网络社区的文化认同		
成果作者姓名	董敬畏		

　　(对书稿的学术创新、理论价值、现实意义、政治理论倾向及是否具有出版价值等方面做出全面评价,并指出其不足之处)

　　董敬畏博士后的出站报告,选题具有较强的理论和现实意义,具有相当的创新性。作者对相关研究文献做了扎实的梳理,在此基础上提出了信息朝代农民工网络社区认同的形成及其影响的问题,并根据宣、定性方法收集的数据,开展了系统、深入的分析,得出的结论有一定的创新性,并具有一定的政策参考价值。

　　建议未来结合大数据等新的研究和分析方法,对此议题进行进一步深入系统的研究。

签字 张翼

2019 年 12 月 31 日

说明:该推荐表须由具有正高级专业技术职务的同行专家填写,并由推荐人亲自签字,一旦推荐,须承担个人信誉责任。如推荐书稿入选《文库》,推荐专家姓名及推荐意见将印入著作。

第九批《中国社会科学博士后文库》专家推荐表 2

《中国社会科学博士后文库》由中国社会科学院与全国博士后管理委员会共同设立，旨在集中推出选题立意高、成果质量高、真正反映当前我国哲学社会科学领域博士后研究最高学术水准的创新成果，充分发挥哲学社会科学优秀博士后科研成果和优秀博士后人才的引领示范作用，让《文库》著作真正成为时代的符号、学术的示范。

推荐专家姓名	王春光	电　话	18611100018
专业技术职务	研究员	研究专长	流动人口、城乡社区
工作单位	中国社科院社会学研究所	行政职务	社会学研究所副所长
推荐成果名称	流动人口网络社区的文化认同		
成果作者姓名	董敬畏		

（对书稿的学术创新、理论价值、现实意义、政治理论倾向及是否具有出版价值等方面做出全面评价，并指出其不足之处）

董敬畏博士后的出站报告，通过对"流动人口网络社区的文化认同"的研究。以深度访谈、田野观察、案例分析、比较研究、兼取一定数量的问卷调查分析等方法，收集了相关数据，研究了农民工的网络行为与农民工的个体化之间的关系，丰富了学术界对农民工网络参与问题的研究学术材料，有利于相关政策的制定。

建议加强政策性建议的相关性和针对性。

签字：

2020 年 1 月 3 日

说明：该推荐表须由具有正高级专业技术职务的同行专家填写，并由推荐人亲自签字，一旦推荐，须承担个人信誉责任。如推荐书稿入选《文库》，推荐专家姓名及推荐意见将印入著作。